汽车类专业人才培养系列教材

二手车鉴定评估

◆第4版◆微课版◆

吴兴敏 金艳秋 金玲◎主编

张成利 高元伟 郭明华◎副主编

陈建兴◎主审

人民邮电出版社

北 京

图书在版编目（CIP）数据

二手车鉴定评估：微课版 / 吴兴敏，金艳秋，金玲
主编. — 4版. — 北京：人民邮电出版社，2024.4
汽车类专业人才培养系列教材
ISBN 978-7-115-62436-9

Ⅰ．①二… Ⅱ．①吴… ②金… ③金… Ⅲ．①汽车－
鉴定－教材②汽车－价格评估－教材 Ⅳ．①U472.9
②F766

中国国家版本馆CIP数据核字(2023)第144782号

内 容 提 要

本书主要介绍二手车技术状况鉴定和价格估算方法，按《二手车鉴定评估技术规范》（GB/T 30323
—2013）规定的二手车鉴定评估流程，将各工作步骤分类整理后，设计为"前期准备""现场鉴定""估
算价格"3 个模块，考虑到实际工作的需要，增设"二手车收购与销售定价"为第 4 个模块。本书系
统地介绍受理鉴定评估，查验可交易车辆，签订二手车鉴定评估委托书及拟订作业方案，登记基本信
息及判别事故车，鉴定二手车技术状况，估算二手车价格，编制二手车鉴定评估报告并归档，引导客
户办理二手车交易后续业务，二手车收购定价，二手车销售定价等内容。

本书可以作为职业院校汽车相关专业的教材，也可以作为二手车鉴定评估专业人员的培训教材和
从事二手车相关工作者的自学参考书。

- ◆ 主　　编　吴兴敏　金艳秋　金　玲
　　副 主 编　张成利　高元伟　郭明华
　　主　　审　陈建兴
　　责任编辑　王丽美
　　责任印制　王　郁　焦志炜
- ◆ 人民邮电出版社出版发行　　北京市丰台区成寿寺路 11 号
　　邮编　100164　电子邮件　315@ptpress.com.cn
　　网址　https://www.ptpress.com.cn
　　北京市艺辉印刷有限公司印刷
- ◆ 开本：787×1092　1/16
　　印张：12.5　　　　　　　　　2024 年 4 月第 4 版
　　字数：400 千字　　　　　　　2025 年 11 月北京第 5 次印刷

定价：59.80 元（附小册子）

读者服务热线：(010)81055256　印装质量热线：(010)81055316
反盗版热线：(010)81055315

前　言

一、教材背景

本书自 2009 年以《二手车鉴定与评估》为名出版以来，由于理论知识的深度、知识与技能的融合方式适应职业教育突出技能培养的要求，且配备了较为全面的教学素材，因此受到广大使用者的关注。本书第 2 版考虑到与《二手车流通管理办法》及《二手车鉴定评估技术规范》等相关规定统一，并与新版专业课程标准统一，更名为《二手车鉴定评估》，于 2015 年出版发行。2021 年 9 月出版了本书第 3 版。

二、修订原因及内容

为全面贯彻落实党的二十大精神，在注重内容科学性、理论性和实践性的基础上，更好地体现教材时代性、把握规律性、富于创造性，坚定"四个自信"，弘扬中华优秀传统文化，体现"十四五"职业教育国家规划教材建设理念，故对教材进行必要的修订。

本次教材修订，坚持"德育为先、能力为重、创新发展"的教材建设理念，具体修订内容如下。

（1）删除陈旧的内容，补充企业案例。

（2）精减理论知识内容，突出实践能力培养。

（3）依据课程的特点采取恰当方式，自然融入中华优秀传统文化、科学精神和爱国情怀等元素，弘扬精益求精的专业精神、职业精神和工匠精神，培养学生的创新意识，将"为学"和"为人"相结合。

（4）增加微课、动画、仿真等立体化教学资源。

（5）为体现教材编写的严谨性，特聘请行业专家为本书主审。

三、修订后教材特色

本次修订后，教材具备以下特色。

（1）"校企"双元合作建设。本书编写团队由中、高职职业学校教师及汽车维修企业高级二手车鉴定评估师组成，体现教、学、用的无缝对接，体现"生产与教学紧密结合"和"校企"双元合作建设的特点。

（2）采用模块化设置，以真实工作项目为载体，以工作过程为导向，以职业素养和职业能力培养为重点组织教学内容。

（3）"岗课赛证"融通。对应二手车评估岗位，重构课程内容，引入企业"1+X"证书职业技能标准，融合全国交通运输职业教育教学指导委员会全国二手车鉴定评估师技能大赛比赛项目及评分标准。

（4）在每个任务的"学习目标"中，均提出知识目标、能力目标及素质目标。通过精心设计，将公平、公正、科学、严谨的职业品格和爱国情怀融入专业内容中，通过弘扬精益求精的职业精神和工匠精神，培养学生的创新意识，激发学生的爱国热情。

（5）教材对应的课程为国家"双高计划"建设教学资源和精品在线课程立项项目，已经完成微课、动画等辅助教学资源建设，达到了富媒体资源的要求。

（6）同步出版数字教材，推进教育数字化。

四、教学学时建议

本课程建议教学学时为48学时，具体安排如下表所示。

序号	模块	教学学时数		
		小计	授课	实操
1	模块1 前期准备	6	4	2
2	模块2 现场鉴定	16	12	4
3	模块3 估算价格	20	14	6
4	模块4 二手车收购与销售定价	6	4	2
	学时合计	48	34	14

五、编写说明

本书由辽宁省交通高等专科学校吴兴敏教授、金艳秋和抚顺市第二中等职业技术专业学校金玲任主编，辽宁省交通高等专科学校张成利、高元伟、郭明华任副主编，由北京物研科技有限公司陈建兴任主审。参与本书编写的其他人员有吴志强、马志宝、郭大民、宋孟辉等。

受编者水平限制，书中难免存在疏漏和不妥之处，敬请广大读者批评指正。

编者

2023年6月

目 录

模块 1　前期准备 ················ 1

任务 1.1　受理鉴定评估 ··········· 2
　【任务分析】 ······················ 2
　【学习目标】 ······················ 2
　【相关知识学习】 ·················· 2
　　一、机动车报废标准与报废机动车 ····· 2
　　二、机动车使用寿命及其影响因素 ····· 7
　　三、二手车及二手车交易 ··········· 8
　　四、二手车鉴定评估的内涵 ········· 10
　　五、二手车鉴定评估机构 ··········· 15
　【任务实施】 ····················· 17
　　受理委托 ······················· 17
　【任务考核】 ····················· 17
　【学习效果检验】 ················· 18

任务 1.2　查验可交易车辆 ········ 18
　【任务分析】 ····················· 18
　【学习目标】 ····················· 18
　【相关知识学习】 ················· 19
　　一、二手车法定证件 ··············· 19
　　二、二手车税费证明 ··············· 21
　　三、车辆识别信息 ················· 24
　　四、车辆交易规定 ················· 30
　【任务实施】 ····················· 30
　　一、核查法定证件 ················· 30
　　二、核查税费证明 ················· 38
　　三、鉴别走私车和盗抢车 ··········· 41
　【任务考核】 ····················· 44
　【学习效果检验】 ················· 44

**任务 1.3　签订二手车鉴定评估委托书及
　　　　　 拟订作业方案** ·········· 44
　【任务分析】 ····················· 44
　【学习目标】 ····················· 44

　【相关知识学习】 ················· 45
　　一、我国汽车产品型号编制规则 ······· 45
　　二、汽车信息查询 ················· 46
　　三、二手车价格评估的前提条件 ······· 47
　　四、二手车价格评估的计价标准 ······· 48
　　五、二手车价格评估的基本方法 ······· 49
　　六、二手车价格评估方法的选择 ······· 54
　【任务实施】 ····················· 54
　　一、签订二手车鉴定评估委托书 ······· 54
　　二、拟订二手车鉴定评估作业方案 ····· 55
　【任务考核】 ····················· 56
　【学习效果检验】 ················· 56

模块 2　现场鉴定 ················ 57

任务 2.1　登记基本信息及判别事故车 ··· 57
　【任务分析】 ····················· 57
　【学习目标】 ····················· 58
　【相关知识学习】 ················· 58
　　一、事故车概述 ··················· 58
　　二、非承载式车身的碰撞变形 ········· 60
　　三、承载式车身的碰撞损伤及变形 ····· 62
　　四、漆膜厚度 ····················· 66
　【任务实施】 ····················· 67
　　一、登记车辆基本信息 ············· 67
　　二、目视鉴别碰撞事故车 ··········· 68
　　三、设备检测碰撞事故车 ··········· 70
　　四、鉴别泡水车 ··················· 72
　　五、鉴别火烧车 ··················· 73
　　六、事故车判别描述 ··············· 73
　【任务考核】 ····················· 73
　【学习效果检验】 ················· 74

任务 2.2　鉴定二手车技术状况 ···· 74

【任务分析】 ……………………… 74
【学习目标】 ……………………… 74
【相关知识学习】 ………………… 74
　　一、汽车技术状况 …………… 74
　　二、汽车主要技术参数 ……… 76
　　三、汽车主要技术使用性能 … 78
　　四、二手车拍照的要求 ……… 82
【任务实施】 ……………………… 82
　　一、核查机动车维修保养记录 … 82
　　二、检查外观 ………………… 83
　　三、检查前机舱 ……………… 88
　　四、检查驾驶舱 ……………… 91
　　五、检查起动性 ……………… 92
　　六、检查行车状况 …………… 93
　　七、检查车辆底盘 …………… 97
　　八、检查功能性零部件 ……… 97
　　九、拍摄二手车照片 ………… 98
【任务考核】 ……………………… 99
【学习效果检验】 ………………… 99

模块 3　估算价格 ……………… 100

任务 3.1　估算二手车价格 ……… 100
【任务分析】 ……………………… 100
【学习目标】 ……………………… 100
【相关知识学习】 ………………… 101
　　一、成新率的计算方法 ……… 101
　　二、用重置成本法计算二手车价格 … 112
　　三、用收益现值法计算二手车价格 … 119
　　四、用现行市价法计算二手车价格 … 120
　　五、用清算价格法计算二手车价格 … 123
　　六、计算二手车价格的其他方法 … 123
【任务实施】 ……………………… 124
　　一、重置成本法应用实例 …… 124
　　二、收益现值法应用实例 …… 125
　　三、现行市价法应用实例 …… 126
　　四、清算价格法应用实例 …… 128
　　五、GB/T 30323—2013 推荐的方法应用
　　　实例 ………………………… 129
　　六、成本比率法应用实例 …… 132
【任务考核】 ……………………… 133

【学习效果检验】 ………………… 133

任务 3.2　编制二手车鉴定评估报告并
　　　　　归档 ……………………… 133
【任务分析】 ……………………… 133
【学习目标】 ……………………… 133
【相关知识学习】 ………………… 134
　　一、二手车鉴定评估报告的作用 …… 134
　　二、编制二手车鉴定评估报告的基本
　　　要求 ………………………… 134
　　三、二手车鉴定评估报告的基本
　　　内容 ………………………… 135
　　四、编制二手车鉴定评估报告的步骤 … 137
　　五、编制二手车鉴定评估报告时应
　　　注意的事项 ………………… 139
【任务实施】 ……………………… 139
　　一、编制二手车鉴定评估报告 … 139
　　二、归档工作底稿 …………… 141
【任务考核】 ……………………… 141
【学习效果检验】 ………………… 141

任务 3.3　引导客户办理二手车交易后续
　　　　　业务 ……………………… 141
【任务分析】 ……………………… 141
【学习目标】 ……………………… 141
【相关知识学习】 ………………… 142
　　一、机动车相关登记 ………… 142
　　二、二手车交易合同 ………… 144
　　三、二手车交易程序 ………… 152
　　四、机动车转移登记程序 …… 155
　　五、机动车档案管理 ………… 155
【任务实施】 ……………………… 155
　　一、引导客户办理交易过户手续 …… 155
　　二、引导客户办理登记过户手续 …… 158
　　三、引导客户办理其他税、证变更
　　　手续 ………………………… 161
　　四、引导客户办理网络平台二手车交易
　　　业务 ………………………… 162
　　五、引导客户办理二手车委托拍卖
　　　业务 ………………………… 164
　　六、引导客户办理二手车转出登记
　　　手续 ………………………… 165

七、引导客户办理二手车转入登记
　　手续 ······ 166
【任务考核】 ······ 168
【学习效果检验】 ······ 168

模块 4　二手车收购与销售定价 ···· 169

任务 4.1　二手车收购定价 ······ 169
【任务分析】 ······ 169
【学习目标】 ······ 169
【相关知识学习】 ······ 170
　一、机动车折旧 ······ 170
　二、二手车收购定价影响因素 ······ 172
　三、二手车收购定价方法 ······ 173
　四、二手车收购定价计算方法 ······ 173
　五、二手车收购中的风险与防范 ······ 174
【任务实施】 ······ 176
　一、折旧法应用实例 ······ 176
　二、引导客户收购二手车 ······ 177
【任务考核】 ······ 178

【学习效果检验】 ······ 178
任务 4.2　二手车销售定价 ······ 178
【任务分析】 ······ 178
【学习目标】 ······ 178
【相关知识学习】 ······ 179
　一、二手车销售定价的影响因素 ······ 179
　二、二手车销售定价的目标 ······ 180
　三、二手车销售定价的方法 ······ 181
　四、二手车销售定价的策略 ······ 182
　五、二手车最终销售定价 ······ 183
　六、汽车置换及其定价 ······ 183
　七、二手车质量保证 ······ 186
【任务实施】 ······ 187
　一、二手车销售定价计算实例 ······ 187
　二、引导客户办理二手车销售手续 ······ 188
【任务考核】 ······ 188
【学习效果检验】 ······ 189

参考文献 ·········· 190

模块 1

前期准备

进行二手车鉴定评估时，必须遵守评估程序。二手车鉴定评估工作程序，也称为二手车鉴定评估作业流程，是指二手车鉴定评估机构在承接具体的车辆评估业务时，从接受立项、受理委托到完成评估任务，直至出具鉴定评估报告全过程的具体步骤和工作环节。

根据《二手车鉴定评估技术规范》（GB/T 30323—2013）的规定，二手车鉴定评估作业流程如图 1-1 所示。

流程步骤	说明
受理鉴定评估	明确评估目的、评估对象和其他业务基本事项
查验可交易车辆	对不可交易的车辆，除特殊需要外，不进行技术鉴定和价值评估
签订委托书	拟订评估计划，安排鉴定评估人员
登记基本信息	包括车辆类别、名称、型号、生产厂家、注册登记日等
判别事故车 是	指出事故部位与事故状态，用代码表示，中止评估
否 鉴定技术状况	检查车身及重要部件，计算技术状况分值，描述缺陷，评定技术等级
评估车辆价值	
编写并出具鉴定评估报告	向委托方出具鉴定评估报告
归档工作底稿	

图 1-1　二手车鉴定评估作业流程

由此分析，可将二手车鉴定评估工作程序归纳为前期准备、现场鉴定和估算价格 3 个工作环节。前期准备环节包括受理鉴定评估、查验可交易车辆和签订委托书 3 个工作步骤；现场鉴定环节包括登记基本信息、判别事故车和鉴定技术状况 3 个工作步骤；估算价格环节包括评估车辆价值、编写并出具鉴定评估报告和归档工作底稿 3 个工作步骤。

任务1.1 受理鉴定评估

【任务分析】

受理鉴定评估即通常所说的业务洽谈，是承接二手车评估业务的第一步。

与客户洽谈的主要内容有：车主基本情况，车辆情况，委托评估的目的、意向和时间要求等。

本任务的学习内容为与受理鉴定评估相关的理论知识及业务洽谈的内容与方法。通过本任务的学习,学生应该能够规范地进行二手车鉴定评估的业务洽谈并解答客户相关咨询问题。

【学习目标】

1. 知识目标
（1）能够正确描述二手车鉴定评估的一般程序。
（2）能够正确解释机动车报废标准及报废机动车、二手车、拼装机动车、改装机动车的概念。
（3）能够正确解释机动车技术使用寿命、合理使用寿命和经济使用寿命的含义及三者的关系。
（4）能够正确描述二手车鉴定评估的目的、范围、原则。
（5）能够正确描述二手车鉴定评估机构的职能、特征、地位。

2. 能力目标
能够规范地进行二手车鉴定评估业务洽谈。

3. 素质目标
（1）具备交流沟通及团队协作的职业素养。
（2）具备遵纪守法的综合素养。

【相关知识学习】

一、机动车报废标准与报废机动车

1. 机动车报废标准
（1）定义。机动车报废标准是对各类机动车报废年限和行驶里程的强制性规定。
（2）制定机动车报废标准的目的。为保障道路交通安全、鼓励技术进步,加快建设资源节约型、环境友好型社会,商务部、国家发展和改革委员会、公安部和生态环境部根据《中华人民共和国道路交通安全法》及其实施条例、《中华人民共和国大气污染防治法》《中华人民共和国噪声污染防治法》,制定并公布了《机动车强制报废标准规定》,于2013年5月1日起施行。
（3）报废标准内容。《机动车强制报废标准规定》从累计行驶里程数和（或）使用年限两个方面,对各类机动车的报废年限（里程）做了具体规定,见表1-1。

表 1-1　　　　　　　　机动车使用年限及行驶里程参考值

车辆类型与用途				使用年限/年	行驶里程参考值/万 km
汽车	载客	营运	出租客运	小、微型	8	60
				中型	10	50
				大型	12	60
			租赁		15	60
			教练	小型	10	50
				中型	12	50
				大型	15	60
			公交客运		13	40
			其他	小、微型	10	60
				中型	15	50
				大型	15	80
		专用校车			15	40
		非营运	小、微型客车，大型轿车*		无	60
			中型客车		20	50
			大型客车		20	60
	载货	微型			12	50
		中、轻型			15	60
		重型			15	70
		危险品运输			10	40
		三轮汽车、装用单缸发动机的低速货车			9	无
		装用多缸发动机的低速货车			12	30
	专项作业	有载货功能			15	50
		无载货功能			30	50
挂车	半挂车	集装箱			20	无
		危险品运输			10	无
		其他			15	无
	全挂车				10	无
摩托车	正三轮				12	10
	其他				13	12
轮式专用机械车					无	50

注：1. 表中机动车主要依据《机动车类型 术语和定义》（GA 802—2008）进行分类；标注*车辆为乘用车。
作者批注：截至目前 GA 802—2008 已经被新标准《道路交通管理 机动车类型》（GA 802—2019）代替。
2. 对小、微型出租客运汽车（纯电动汽车除外）和摩托车，省、自治区、直辖市人民政府有关部门可结合本地实际情况，制定严于表中使用年限的规定，但小、微型出租客运汽车使用年限不得低于 6 年，正三轮摩托车使用年限不得低于 10 年，其他摩托车使用年限不得低于 11 年。

说　明

表 1-1 中相关汽车分类按以下标准执行。

1. 大型客车是指核定载客人数大于等于 20 人的载客汽车；中型客车是指核定载客人数大于等于 10 人而小于等于 19 人的载客汽车；小型客车是指核定载客人数小于等于 9 人的载客汽车；微型载客汽车是指核定载客人数小于等于 8 人，且排气量小于等于 1L 的载客汽车，它是小型客车的一种，也称为微型客车。

2. 微型货车的总质量小于等于1.8t；轻型货车的总质量大于1.8t而小于等于6t；中型货车的总质量大于6.0t而小于等于14t；重型货车的总质量大于14t。

3. 低速货车是以柴油机为动力，最高设计车速小于等于70km/h，最大设计总质量小于等于4500kg，车长小于等于6m，车宽小于等于2m，车高小于等于2.5m，具有4个车轮的货车。

《机动车强制报废标准规定》还有如下补充规定。

① 机动车使用年限起始日期按照注册登记日期计算，但自出厂之日起超过2年未办理注册登记手续的，按照出厂日期计算。

② 对于没收的走私机动车，其注册登记日期按照机动车的出厂年份录入年，按确定机动车登记编号的日期录入月、日。

③ 部分机动车的使用期限既规定了累计行驶里程数，也规定了使用年限，那么当其中的一个指标达到报废标准时，即认为该车辆已达到报废规定。

④ 营运载客汽车与非营运载客汽车相互转换的（变更使用性质或转移登记），按照营运载客汽车的规定报废；但小、微型非营运载客汽车和大型非营运轿车转为营运载客汽车的，应重新核算，其计算公式为

累计使用年限＝原状态已使用年＋（1−原状态已使用年/原状态使用年限）×状态改变后年限

说　明

其中的原状态已使用年不足1年的按1年计算，例如，已使用2.5年按照3年计算；原状态使用年限数值取定值为17；累计使用年限计算结果向下圆整为整数，且不超过15年。

⑤ 不同类型的营运载客汽车相互转换的，按照使用年限较严的规定报废。

⑥ 小、微型出租客运汽车和摩托车需要转出登记所属地省、自治区、直辖市范围的，按照使用年限较严的规定报废。

⑦ 危险品运输载货汽车、半挂车与其他载货汽车、半挂车相互转换的，按照危险品运输载货汽车、半挂车的规定报废。

⑧ 剩余使用年限距报废标准在1年以内（含1年）的机动车，不得变更使用性质、转移所有权或者转出登记地所属地市级行政区域。

机动车报废标准

2．报废机动车

（1）定义。报废机动车是指已经达到国家《机动车强制报废标准规定》或各地方制定的有关报废规定、报废标准的；或虽未达到报废规定，但因交通事故或车辆超负荷使用造成发动机和底盘严重损坏，经检验不符合《机动车运行安全技术条件》（GB 7258—2017）规定的有关汽车安全、尾气排放要求的各种汽车、挂车、摩托车和轮式专用机械车。

（2）报废机动车管理。国家实施汽车强制报废制度，依照《报废机动车回收管理办法》和《汽车贸易政策》的规定，报废机动车是一种特殊商品，报废机动车所有人应当将报废机动车及时交售给具有合法资质的报废机动车回收企业，任何单位或者个人不得将报废机动车出售、赠予或者以其他方式转让给非报废机动车回收企业或者个人。国家鼓励老旧汽车报废更新，并制定了老旧汽车报废更新补贴资金管理办法，符合有关规定的报废机动车所有人可申请相应的资金补贴。

除上述规定外，《机动车强制报废标准规定》还规定下述车辆应该报废。

① 经修理和调整仍不符合《机动车运行安全技术条件》（GB 7258—2017）对在用车有关要求的。

② 经修理和调整或者采用控制技术后，向大气排放污染物或者噪声仍不符合国家标准对在用车有关要求的。

③ 在检验有效期届满后连续 3 个机动车检验周期内未取得机动车检验合格标志的。

说　明

检验合格标志主要指机动车安全技术检验合格标志。根据《中华人民共和国道路交通安全法实施条例》规定，机动车必须进行安全技术检验，检验合格后，公安机关发放合格标志。机动车检验合格标志应贴在机动车前风窗玻璃右上角，目前，由于核发电子版检验合格标志，故无须粘贴。

（3）报废机动车的拆解回收。报废机动车回收企业不得拆解、改装、拼装、倒卖疑似赃物或者获罪工具的机动车或者其发动机、方向机（转向机）、变速器、前后桥、车架（以下统称"五大总成"）和其他零部件。

拆解的报废机动车"五大总成"具备再制造条件的，可以按照国家的有关规定出售给具有再制造能力的企业，经过再制造予以循环利用；不具备再制造条件的，应当作为废金属，交售给钢铁企业作为冶炼原料。

拆解的报废机动车"五大总成"以外的零部件符合保障人身和财产安全等强制性国家标准，能够继续使用的，可以出售，但应当标明"报废机动车回用件"（俗称"拆车件"）。

报废机动车回收企业凭公安机关交通管理部门出具的"机动车报废证明"收购报废机动车，并向报废机动车拥有单位或者个人出具"报废机动车回收证明"。报废机动车拥有单位或者个人凭"报废机动车回收证明"向汽车注册登记地的公安机关办理注销登记。

说　明

机动车注销登记是指已注册登记的机动车，在达到了国家规定的报废标准、灭失或者因故不在我国境内道路上使用时，机动车所有人到机动车管辖地车辆管理所申请办理注销登记手续。办理注销登记手续时，车辆管理所在机动车登记证书上记载注销登记事项，收回机动车号牌、机动车行驶证和机动车登记证书。对于因机动车灭失无法交回机动车号牌和机动车行驶证的，将公告该机动车号牌和机动车行驶证作废。

3．拼装机动车

拼装机动车是指使用报废机动车的"五大总成"以及其他零部件组装的机动车。国家《报废机动车回收管理办法》第十五条规定，禁止任何单位或者个人利用报废机动车"五大总成"和其他零部件拼装机动车，禁止拼装的机动车交易。除机动车所有人将报废机动车依法交售给报废机动车回收企业外，禁止报废机动车整车交易。

《中华人民共和国道路交通安全法》第十六条规定，任何单位或个人不得有下列行为。

（1）拼装机动车或者擅自改变机动车已登记的结构、构造或者特征。

（2）改变机动车型号、发动机号、车架号或者车辆识别代号。

（3）伪造、变造或者使用伪造、变造的机动车登记证书、号牌、行驶证、检验合格标志、保险标志。

说　明

　　保险标志主要指机动车交通事故责任强制保险（简称交强险）标志。《机动车交通事故责任强制保险条例》规定，在中华人民共和国境内道路上行驶的机动车的所有人或者管理人，应当依照《中华人民共和国道路交通安全法》的规定投保机动车交通事故责任强制保险。签订机动车交通事故责任强制保险合同时，投保人应当一次支付全部保险费；保险公司应当向投保人签发保险单、保险标志。被保险人应当在被保险机动车上放置保险标志。

　　保险标志要求粘贴于前风窗玻璃右上角，目前，由于保险系统采用电子凭证，所以不再发放交强险标志。

　　（4）使用其他机动车的登记证书、号牌、行驶证、检验合格标志、保险标志。

　　拼装机动车的另一种形式是采取进口全散件（Completely Knocked Down，CKD）或进口半散件（Semi-Knocked Down，SKD），将整车分拆，并以零部件的名义报关，在缴纳了低得多的零部件关税进口后，再组装成整车出售，以逃避整车进口的高关税，牟取非法利益。CKD与SKD的区别在于：前者是指汽车以完全拆散的状态进口，再把全部零部件组装成整车；后者则是指进口汽车总成（如发动机、底盘等），再装配成整车。国家《构成整车特征的汽车零部件进口管理办法》规定，对汽车生产企业进口汽车零部件在国内生产组装销售的，所进口的汽车零部件凡构成整车特征的，海关实施先保税加工、后征税清关的管理制度。凡构成整车特征的，按整车适用税率征税；不构成整车特征的，按零部件适用税率计征关税。

　　4. 改装机动车

　　改装机动车有两种基本类型：一是厂家的改装，使用的是经国家鉴定合格的零配件，对原车重新设计、改装；二是消费者自己或委托汽车改装公司在已购买汽车（主要是轿车和越野汽车等）的基础上，做一些外形、内饰和性能的改装。二手车交易市场常讲的改装机动车是指后者。车辆改装在法规里的描述是车辆变更，其行为是受法律约束的。

　　5. 相关注意事项

　　建设法治国家、法治政府、法治社会是我国一直坚持的发展目标。对于国家《机动车强制报废标准规定》和《报废机动车回收管理办法》等法律法规中的下列几点规定和精神，从事二手车鉴定评估和交易的业务人员应给予特别的关注。

　　（1）严禁已报废机动车和拼装机动车继续上路行驶。

　　（2）严禁给已报废机动车办理注册登记。

　　（3）严禁已报废机动车整车、"五大总成"和拼装机动车进入市场交易或者以其他任何方式交易。

报废、拼装、改装机动车

　　（4）车辆达到报废标准后，在定期检验时连续3次不合格，车辆管理所将收回机动车号牌和机动车行驶证，强制车辆报废（各地规定不尽相同）。

　　（5）对尾气检测不达标的机动车不予办理年审，对尾气超标却拒不整改或经治理无法达标的车辆进行强制报废（各地规定不尽相同）。

　　（6）汽车改装后的尾气排放要达标，不能对汽车的外观大幅改动，要与行驶证上的照片一致，不能改变汽车的发动机号和底盘号。

　　（7）保险公司只按照车辆原来承保的样子进行理赔，对于车主自己改装的部分，保险公司不予赔付。

二、机动车使用寿命及其影响因素

机动车使用寿命是指从机动车初次注册登记日开始计算到不能被使用时为止，所经历的总使用时间或总行驶里程。其中，总使用时间既包括工作时间，也包括停驶时间。机动车不能再使用的判断标准有 4 个，即技术使用寿命、国家机动车报废标准规定的寿命（即规定使用寿命）、经济使用寿命和合理使用寿命。

1．机动车使用寿命

（1）技术使用寿命。机动车技术使用寿命也称机动车自然寿命，是指机动车从开始使用（初次注册登记日）到其主要机件到达技术极限状态而不能再继续修理时为止的总工作时间或总行驶里程。这种极限的标志，在结构上表现为零部件的工作尺寸、工作间隙达到极限，而在性能上常表现为机动车总体的动力性下降或燃料、润料的极度消耗。

机动车的技术使用寿命主要取决于各部分总成的设计水平、制造质量、机动车使用情况与维修状况等。机动车到达技术使用寿命时，应对其进行报废处理。机动车维修工作做得越好，机动车的技术使用寿命就越长。不过随着机动车使用时间的延长，机动车维修费用也会日益增加。

（2）规定技术使用寿命。机动车规定技术使用寿命即机动车报废标准规定的寿命，是指从机动车初次注册登记日开始计算，到依据国家或地方的相关法律法规不允许继续使用为止的总使用时间或总行驶里程。

国家规定机动车必须进行年检，经检验不符合国家《机动车运行安全技术条件》以及各地制定的有关机动车安全、尾气排放要求的，便不允许（在该地区）继续使用，即使这些机动车还能够继续正常行驶，也要将其转移至其他区域、城市或进行报废处理。

各地方制定的机动车尾气排放标准不尽相同，同一辆机动车的规定技术使用寿命可能在不同地区是不一样的，如北京、上海的环保标准比较高，因此在北京、上海已经达到规定技术使用寿命的机动车，在其他环保标准比较低的地方，可能还没有达到规定技术使用寿命而允许继续使用。

机动车的规定技术使用寿命主要与其注册登记地的机动车尾气排放标准有关，尾气排放标准越高，机动车的规定技术使用寿命就越短。

（3）经济使用寿命。经济使用寿命是指对机动车使用进行全面经济分析后得出的能获得最大经济效益的使用期限。全面经济分析从汽车运输总成本出发，分析汽车购置、使用和维修费用，以及企业管理开支和车辆折旧等一系列因素，进行综合经济评定，确定机动车继续使用的经济合理性。目前经济使用寿命的确定以购买机动车成本与保持机动车正常工作状况的单位消耗之和的最小值为效益准则。

购买机动车的单位费用（购车费用除以机动车总行驶里程，单位为元/km）随行驶里程增加而逐渐下降，使用和修理的单位费用（简称使用费用）随行驶里程的增加而提高，这些费用的总和值最小时的行驶里程就作为机动车经济使用寿命。

（4）合理使用寿命。机动车合理使用寿命是指从机动车初次注册登记日开始计算，在到达经济使用寿命后，因为更新资金和更新车型来源等因素的制约，将机动车继续使用一段时间后的总使用年数或总行驶里程。2022 年，国家对机动车报废标准做了调整，多种机动车在达到报废年限后，还可延缓报废，在定期检验合格的情况下，允许延长机动车使用年限的原因之一，就是基于机动车合理使用寿命考虑的。

技术使用寿命、合理使用寿命和经济使用寿命之间的关系为

$$技术使用寿命＞合理使用寿命≥经济使用寿命$$

2．机动车使用寿命的影响因素

机动车的使用寿命，尤其是技术使用寿命，会因受一些外部环境的影响而变化，影响机动车使用寿命的因素主要有以下几种。

（1）磨损和腐蚀。磨损和腐蚀会使零件配合关系失常、密封性减弱，以至于漏气、漏油、漏水、振动和噪声加剧等，使机动车性能恶化并产生故障，造成机动车不能正常运行或机件损坏。

（2）积垢和变质。这是指机动车专用液（冷却液、润滑油、燃料、制动液、传动液等）在使用中变质和被污染。这时，其一方面使机动车专用液的性能和作用下降，另一方面使机件内部积垢，造成通道变窄甚至堵塞，增加零部件磨损，从而使机动车性能恶化、产生故障。

（3）老化。橡胶及塑料等非金属材料零件，因为使用时间的延长和温度的作用，会发生老化，其强度大幅下降，质地变脆或开裂，极易被破坏或失去作用。此外，电气元件老化还易引起电气系统的故障。

（4）材料疲劳、机件变形或制造质量欠佳。这些原因引起的故障往往是由汽车设计或制造不当所引发的，机动车用户无法控制。

（5）使用中操作失误或调整不当。使用者对机动车操作的生疏而造成的误操作，对机动车构造和调整方法不清楚而造成的错误调整，以及使用的消耗材料（燃料、润滑油、冷却液、制动液等）质量不佳、选择不当、标号不对甚至是伪劣产品等因素，是发生机动车故障的非正常现象，只有通过提高使用者的业务能力和净化市场来解决。

（6）不正确的维修。低水平的维修、野蛮操作或反复拆装等会造成机件的隐性破坏，电气系统的短路、断路、虚接，部件内部脏污，安装和调整错误以及机械损伤等现象，是造成故障隐患和缩短机动车使用寿命的原因之一。

机动车的使用寿命及其影响因素

三、二手车及二手车交易

1．二手车

二手车过去被称为旧机动车。商务部、公安部、国家工商行政管理总局、国家税务总局于2005年颁布的《二手车流通管理办法》第二条对二手车的定义描述为"二手车是指从办理完注册登记手续到达到国家强制报废标准之前进行交易并转移所有权的汽车（包括三轮汽车、低速载货汽车，即原农用运输车）、挂车和摩托车。"

《二手车流通管理办法》取代了1998年出台的《旧机动车交易管理办法》。在以往的国家正式文件上，一直没有出现过"二手车"，只出现过"旧机动车"。在《二手车流通管理办法》中，首次明确地将"二手车"的内涵与"旧机动车"等同。为了与《二手车流通管理办法》保持一致性，本书全部采用二手车的概念。

尽管只是提法上的不同，但是"旧机动车"会让人感觉车辆很破旧，几乎没什么好车，从而在一定程度上影响人们的消费情绪。其实二手车不等于旧车，通常认为只要上了牌照的车再交易时就是二手车，实际上有很多七八成新的机动车流入二手车市场。"二手车"通俗易懂，在提法上也更中性，同时与国际惯例接轨。

在国外，二手车确实不等于旧车，不少国家对新车销售年限有严格的规定，比如年生产600万辆新车，卖掉了500万辆，剩下的100万辆过了规定的新车销售时间，就不能再进入新车的渠道销售,这些车就进入拍卖场,也就归入二手车一类了。

2．二手车交易

二手车交易是指以二手车为交易对象,在国家规定的二手车交易市场或其他经合法审批的交易场所中进行二手车交换和产权交易。

由于二手车交易中车辆技术状况各不相同,判定难度大,交易价格的构成复杂,因此二手车交易在技术和管理难度上远远超过一般旧货交易行为。为了规范交易双方的行为,保证交易双方的合法权益,1998 年,国家贸易部发布了《旧机动车交易管理办法》,首次规范了二手车交易。为适应新的市场环境,2005 年 10 月 1 日,商务部等颁布了《二手车流通管理办法》,对二手车交易规定进行调整。《二手车流通管理办法》指出,所有二手车交易必须在经合法审批后设立的二手车交易市场或其他经合法审批的交易场所进行,并接受工商、税务、公安交管、环保、治安等部门的相应管理,涉及国有资产的交易行为还要受国有资产管理部门的监督。所有的交易车辆必须是办理了机动车注册登记等手续,距报废标准规定年限 1 年以上的汽车(含摩托车)及特种车辆。交易完成后,还应到有关管理部门办理过户登记等手续,以确保该交易车辆在以后的使用过程中责任、权利的明晰。

说　明

机动车过户是指已注册登记的机动车的所有权发生转移,且原机动车所有人和现机动车所有人的住所在同一车辆管理所管辖区,现机动车所有人应当于车辆所有权转移之日起 30 日内,到机动车管辖区车辆管理所申请办理过户登记手续(即完成车主变更手续)。

相关的二手车经营行为还包括二手车经销、拍卖、经纪、鉴定评估、置换、寄卖等。

(1)二手车经销是指二手车经销企业收购、销售二手车的经营活动。

(2)二手车拍卖是指二手车拍卖企业以公开竞价的形式将二手车转让给最高应价者的经营活动。

(3)二手车经纪是指二手车经纪机构以收取佣金为目的,为促成他人交易二手车而从事的居间、行纪或者代理等经营活动。各种二手车网即新兴的二手车经纪形式,是指为二手车交易双方提供评估、看车、网络代卖、代办过户等相关服务的二手车经纪机构。

(4)二手车鉴定评估是指二手车鉴定评估机构对二手车技术状况及其价值进行鉴定评估的经营活动。

(5)狭义的二手车置换就是指以旧换新业务,即经销商通过二手车的收购与新车的对等销售获取利益。广义的置换则是指在以旧换新业务的基础上,同时兼容二手车的整新、跟踪服务,二手车再销售乃至折抵、分期付款等项目的一系列业务组合,从而形成一种有机而独立运营的营销方式。由于可以推动新车销售,二手车置换业务往往背靠汽车品牌专营店。其背后有汽车制造厂商的强大技术支持,经销商为二手车的再销售提供一定程度的质量担保,这大大降低了二手车交易中消费者的购买风险,规范了交易双方的交易行为,发展潜力巨大。

(6)二手车寄卖。我国的二手车寄卖主要分为 3 种类型:一是自行定价型,即由车主自行定价,委托商家代卖,等到成交后支付佣金;二是二次付款型,即由商家先行支付部分费用,等到成交后付余款,佣金以利润比例来定;三是周期寄卖型,即由商家向车主承诺交易周期,车价由双方共同确定,而佣金则以成交时间和成交金额双重标准来定。

3. 二手车交易市场及其行政管理

在二手车交易中，由于每一辆二手车在技术状况、使用经历和交易条件上千差万别，交易信息难以完备，因此交易过程复杂、交易风险大。为了保护交易双方的合法权益，防止道德风险的发生，国家有关部门制定了一系列的法律法规，以规范二手车交易市场和交易双方的行为。其中一个十分重要的内容就是，所有的二手车交易必须在依法设立的二手车交易市场或其他经合法审批的交易场所进行。二手车交易市场是指依法设立、为买卖双方提供二手车集中交易和相关服务的场所，是二手车信息和资源的集散地，是买卖双方进行二手车商品交换和产权交易的场所。《二手车流通管理办法》规定：二手车交易市场经营者应当为二手车经营主体（从事二手车经销、拍卖、经纪、鉴定评估的企业）提供固定场所和设施，并为客户提供办理二手车鉴定评估、转移登记、保险、纳税等手续的条件，二手车经销企业、经纪机构应当根据客户要求，代办二手车鉴定评估、转移登记、保险、纳税等手续。

国务院商务主管部门、工商行政管理部门、税务部门在各自的职责范围内负责二手车流通的有关监督管理工作。省、自治区、直辖市和计划单列市商务主管部门（以下简称省级商务主管部门）、工商行政管理部门、税务部门在各自的职责范围内负责辖区内二手车流通的有关监督管理工作。

国家建立二手车交易市场经营者和二手车经营主体备案制度。凡经工商行政管理部门依法登记，取得营业执照的二手车交易市场经营者和二手车经营主体，应当自取得营业执照之日起2个月内向省级商务主管部门申请备案。省级商务主管部门应当将二手车交易市场经营者和二手车经营主体有关备案情况定期报送国务院商务主管部门。

二手车交易市场经营者和二手车经营主体应当定期将二手车交易量、交易额等信息通过所在地（市、县）商务主管部门报送省级商务主管部门。省级商务主管部门将上述信息汇总后报送国务院商务主管部门。国务院商务主管部门定期向社会公布全国二手车流通信息。国务院工商行政管理部门会同商务主管部门建立二手车交易市场经营者和二手车经营主体信用档案，定期公布违规企业名单。

二手车及二手车交易

四、二手车鉴定评估的内涵

二手车鉴定评估是指对二手车进行技术状况检测、鉴定，确定某一时点价值的过程。二手车鉴定评估包含二手车技术状况鉴定和二手车价值评估两层含义。二手车技术状况鉴定是对二手车技术状况进行缺陷描述和等级评定；二手车价值评估是根据二手车技术状况鉴定结果和鉴定评估目的，对目标二手车价格进行计算。

1. 基本要素

二手车鉴定评估属于资产评估，因此二手车鉴定评估理论和方法以资产评估学为基础。二手车鉴定评估主要由8个基本要素构成，包括评估的主体、客体、原则、目的、依据、程序、标准和方法，见表1-2。

表1-2　　　　　　　　　　二手车鉴定评估基本要素

序号	基本要素名称	含义
1	主体	二手车鉴定评估业务的承担者，指评估机构或评估人员
2	客体	被评估的二手车
3	原则	二手车鉴定评估中应遵循的行为准则

续表

序号	基本要素名称	含义
4	目的	二手车发生经济行为的性质，如交易、典当、资产清查、抵押贷款、司法咨询（裁决）、拍卖等
5	依据	二手车鉴定评估中所依据的理论、价格及相关标准、法规等
6	程序	二手车鉴定评估工作从开始到结束的工作流程
7	标准	二手车鉴定评估时采用的计价标准
8	方法	确定二手车鉴定评估值的手段和途径

2. 基本要求

根据《二手车流通管理办法》的相关规定，二手车鉴定评估应当本着买卖双方自愿的原则，不得强制进行；属国有资产的二手车应当按国家有关规定进行鉴定评估。二手车鉴定评估机构应当遵循客观、真实、公正和公开原则，依据国家法律法规开展二手车鉴定评估业务，出具车辆鉴定评估报告；并对鉴定评估报告中车辆技术状况，包括是否属事故车辆等评估内容负法律责任。

二手车鉴定评估人员必须经过专业培训，通过国家有关部门组织的资格考试，取得二手车鉴定评估师职业资格证书，方可上岗从事有关鉴定评估业务。但 2017 年，人力资源和社会保障部颁布文件，取消了二手车鉴定评估师这一职业资格证书，这意味着二手车鉴定评估师的执业资格不再由国家统一管理。由于社会的需要，目前，部分行业组织仍然在进行二手车鉴定评估师职业技能的培训、考核与职业技能等级证书核发工作。

鉴于以上原因，本书之后不再述及二手车鉴定评估师职业资格证书及其相关的事宜。

3. 意义

二手车鉴定评估过程不仅仅是原有价值的重置和现时价值的形成过程，其背后还隐含着很多深层次的重要意义，具体如下。

（1）促进二手车交易。二手车鉴定评估人员以第三方角色进行二手车的鉴定评估，其评估结果易于被交易双方接受，从而有助于促成交易。

（2）保证合理税收。二手车进入市场再流通，属固定资产转移和处置范畴，应按国家有关规定缴纳一定的税费。目前各地对这一类税费的征管，基本是以交易额为计征依据的，实行比例税（费）率，采用从价计征的办法，而这里的计征依据实质上就是评估价格。因此，二手车鉴定评估的准确与否直接关系到国家税收和财政收入的多少及其公正、合理性。目前，大部分地区已经减免二手车交易税。

（3）参与国有资产管理。我国很多车辆为国家和集体所有，这是我国车辆管理方面有别于其他发达国家的明显之处。因此对二手车的鉴定评估很大程度上就是对国有资产的评估，评估结果直接关系到国有资产是否流失的问题。

（4）防止非法交易。二手车流通涉及车辆管理、交通管理、环保管理、资产管理等各方面，属特殊商品流通。目前我国对进入市场再流通的二手车有严格的规定，鉴定评估环节恰恰是防止非法交易发生的重要手段。

（5）促进相关行业业务的有序开展。二手车鉴定评估还关系到金融系统有关业务的健康、有序开展，司法裁决公平、公正进行及企业依法破立、重组等诸多经济和社会问题。特别是在目前二手车市场已逐步成为我国汽车市场不可分割的重要组成部分的情况下，应该把科学、准确地对二手车进行鉴定评估提高到促进汽车工业进步，有效扩大需求，乃至保障国民经济持续、稳定发展和社会安定的高度来认识和把握。

4．目的

二手车鉴定评估的目的是正确反映二手车的价值量及其波动，为将要发生的经济行为提供公平的价格尺度。具体而言，二手车鉴定评估的目的有以下几点。

（1）提供车辆交易的参考价格。车辆交易即二手车的买卖，是二手车业务中最常见的一种经济行为。在二手车的交易过程中，买卖双方对交易价格的期望值是不同的。而二手车鉴定评估人员对交易的二手车进行的估价是第三方估价，可以作为双方议价的基础，从而起到协助确定二手车成交额的作用，进而协助二手车交易的达成。二手车鉴定评估人员必须站在公正、独立的立场对交易车辆进行评估，提供评估值，作为买卖双方磋商的参考价格。

（2）确定车辆置换时的二手车价格。随着2005年《汽车贸易政策》的颁布，越来越多的品牌专卖店（如4S店）开展以旧换新的置换业务，为使车辆置换顺利进行，必须对置换的二手车进行鉴定评估并提供评估值。

（3）确定资产价值。在公司合作、合资、联营、分设、合并、兼并等经济活动中，牵涉资产所有权的转移，车辆作为固定资产的一部分，自然也存在产权变更的问题，在产权变更时，必须对其价值进行评估。

（4）提供车辆拍卖的底价。法院罚没车辆、企业清算车辆、海关获得的抵税和放弃车辆、个人或单位的抵债车辆、公车改革的公务用车等均须经过拍卖市场公开拍卖变现，拍卖前必须对车辆进行评估，为拍卖公司提供拍卖的底价。

（5）提供贷款额度参考基数。银行为了确保放贷安全，要求贷款人以一定的资产作为抵押，如以在用汽车为抵押物，给予贷款人与汽车价格相适应的贷款。这个抵押物的具体价值是多少，也只有经过评估才能确定。因此，需要专业鉴定评估人员对汽车的价格进行评估。汽车价格评估值的高低，对贷款人而言则决定其可申请贷款的额度；对放贷者而言，评估的准确性在一定程度上影响着贷款回收的安全性。

（6）提供车辆投保额度。出险车主因车辆损坏从保险公司所获得的赔付额最大不得超过出险前的车辆价值，故必须对出险前车辆进行评估。

（7）为司法部门鉴定评估非法车辆提供判决证据。当事人遇到涉及车辆的诉讼时，委托鉴定评估人员对车辆进行评估，有助于把握事实真相；同时，法院判决时，可以依据评估结果进行宣判，这种评估也可由法院委托鉴定评估机构进行。此外鉴定评估机构也接受法院等司法部门或个人的委托，鉴别走私车、盗抢车、非法拼装车等非法车辆。

（8）提供事故车辆维修范围。汽车修理厂应根据鉴定评估提供的查勘定损清单资料，确定更换部件的名称、数量、金额和修理部件的范围、工时定额费用及附加费等，从而控制事故车辆总的修理费用，防止修理范围任意扩大。

（9）提供车辆的可担保额度。担保是指车辆所有人以其拥有的机动车为其他单位或个人的经济行为提供担保，并承担连带责任的行为。担保额度的大小取决于车辆的评估价格。

（10）提供典当时放款参考额度。为了保障典当业务的正常进行，可以委托二手车鉴定评估机构对典当车辆的价值进行评估，典当行可以以此作为放款的依据。当典当车辆发生绝当时，对绝当车辆的处理，同样需要委托二手车鉴定评估机构为其提供鉴定评估服务。

5．范围

随着汽车与经济和社会活动联系的紧密和功能的拓展，二手车鉴定评估也逐步渗透社会的各个领域，成为资产评估重要组成部分。通过二手车鉴定评估的目的可知，二手车鉴定评估的范围包括以下领域。

（1）流通领域。二手车在不同消费能力群体中互相转手，需要经过鉴定评估。

（2）二手车经营企业。收购、代购、代销、租赁、置换、回收（拆解）等二手车经营企业需要鉴定评估。

（3）金融系统。银行、信托商店及保险公司开展抵押贷款、典当、保险理赔等业务时，需要对相关车辆进行鉴定评估。

（4）企事业单位。通过拍卖形式处理罚没、抵押、企业清算等车辆时，需要对车辆进行鉴定评估以获取拍卖底价。公司注册、合资、合作、联营及合并、兼并、重组过程中也会涉及二手车鉴定评估业务。

（5）司法部门。在处理相关案件时，需要以涉案车辆的鉴定评估结果作为裁定依据。

除此以外，二手车鉴定评估的一个重要任务就是鉴别走私车、盗抢车、报废车、拼装车等非法车辆，防止其通过二手车市场重新流入社会。

6．业务类型

按鉴定评估服务对象的不同，二手车鉴定评估的业务类型分为交易类业务和咨询服务类业务两大类（也称为转移产权类业务和不转移产权类业务）。

（1）交易类业务。交易类业务服务于交易市场内部，主要目的是判定二手车的来历，为交易双方提供交易的参考价格。

（2）咨询服务类业务。咨询服务类业务是服务于市场外部的二手车业务，如资产评估（涉及车辆部分）、抵押贷款评估、法院咨询等。

交易类业务和咨询服务类业务一般是有偿服务，其鉴定评估的程序和作业内容并没有太大的差别，但依鉴定评估的特定目的的不同，其鉴定评估作业的侧重点有所不同。例如，交易类业务鉴定评估的侧重点是二手车的来历、能否进入二手车市场流通及二手车的估价；而咨询服务类业务鉴定评估牵涉识伪判定、交易程序解答、市场价格咨询、国家相关法规咨询等方面的内容多些，当然也有一些要求提供正式的车辆评估价格。

7．特点

汽车虽然属于机器设备一类的固定资产，但汽车有其自身的特点，主要表现在以下几个方面。

（1）单位价值大，使用时间长。

（2）技术性强，使用范围广。汽车属于有形资产，同时也是无形资产的载体。

（3）使用强度、使用条件、维护水平差异较大。

（4）使用管理严格，税费高。

由于汽车本身具有以上特点，而二手车流通又属于特殊商品流通，与其他资产鉴定评估相比，二手车鉴定评估具有以下特点。

（1）知识面广。二手车鉴定评估理论和方法以资产评估学为基础，涉及经济管理、市场营销、金融、价格、财会及机械原理、汽车构造等多方面知识，技术含量高，因此二手车鉴定评估的知识依赖性较强。

（2）政策性强。二手车鉴定评估人员既要熟知《中华人民共和国拍卖法》《国有资产评估管理办法》《机动车强制报废标准规定》《二手车流通管理办法》等政策法规，还要掌握车辆管理有关规定及各地相关的配套措施。

（3）实践和技能水平要求高。要求从业人员不仅能驾驶汽车，还能使用检测仪器和设备，并能通过目测、耳听、手摸等手段判断二手车外观、总成的基本技术状况，能够通过路试判断发动机、传动系统、转向系统、制动系统、电路、油路等工作情况，甚至对汽车主要部件功能和更换方法也要有一定的了解。评估过程是以人的智力活动为中心展开的，评估质量的高低取决于鉴定评估人员掌握的信息、知识结构和经验等，体现鉴定评估人员的主体性。

（4）动态特征明显。目前汽车产品更新换代快，结构升级、技术创新频繁，加之市场经济条件下行情的多变难测，使二手车鉴定评估工作具有极强的动态性、时效性。要求从业人员在具体工作中不仅要掌握有关的账面原值、净值、历史依据等信息，更要结合评估基准日这一时点的现时价格和行情，才能准确得出评估结果。

> **说 明**
>
> 　　账面原值就是购买新车时发票上显示的价格；净值是当二手车作为固定资产时，账面原值减去提取的累计折旧额得到的差值。相关的二手车价值术语还有继续使用价值、交换价值、残余价值和报废价值等。继续使用价值是指二手车作为整车能继续使用而存在的价值；交换价值是指二手车在公平市场条件下能够实现的交易价值；二手车零部件回收的价值称为残余价值；二手车报废回收金属的价值称为报废价值。

（5）以技术鉴定为基础。汽车是集机械、电子、自动控制和信息技术于一身的产品，二手车鉴定评估涉及鉴定评估人员对其技术状况的了解。此外，汽车在长期使用中，由于机件的磨损和自然力的作用，处于不断磨损的过程中。随着行驶里程和使用年限的增加，车辆的有形损耗、无形损耗加剧，而其损耗程度的大小因使用强度、使用条件、维护水平的不同相差很大，这些差异只有通过专业的技术鉴定才能鉴别出来。因此，要评估二手车当前的实际价值，往往需要通过检测等技术手段来鉴定其损耗程度。

（6）单车评估。由于汽车产品在不同环节的价值属性比较复杂，决定了二手车鉴定评估的多样性，因此对二手车应该采用一车一评估（单车评估），才能保证评估价格合理。

（7）评估要考虑附加值。国家对汽车实施车籍管理，使用中需缴纳的税、费较多，税、费附加值较高。因此，对二手车进行鉴定评估时，除考虑其实体性价值外，还要考虑车籍管理的手续费用及使用过程中各种规费的价值。

8．依据

二手车鉴定评估的依据包括理论依据、法律法规依据和价格依据3种。

（1）理论依据。二手车鉴定评估实质上属于资产评估的范畴，因此其理论依据必然是资产评估学的有关理论和方法。

（2）法律法规依据。二手车鉴定评估具体涉及的主要政策法规有《国有资产评估管理办法》《国有资产评估管理办法施行细则》《机动车强制报废标准规定》《二手车流通管理办法》《二手车交易规范》《二手车鉴定评估技术规范》及其他有关的政策法规。

（3）价格依据。二手车鉴定评估中的价格依据主要有历史依据和现实依据。前者主要是二手车的账面原值、净值等资料，具有一定的客观性，但不能作为估价的直接依据；后者在评估价值时都以评估基准日为准，即以现时价格、现时车辆功能状态等为准。

9．原则

为了保证鉴定评估结果的客观、真实、公正、公开，二手车鉴定评估必须遵循一定的原则，具体体现在以下几个方面。

（1）公平性。鉴定评估人员必须处于中立的立场对车辆进行评估，这是鉴定评估人员应遵守的基本道德规范。目前在不规范的二手车市场中，时有鉴定评估人员和二手车经销或经纪人员互相勾结损害消费者利益和"私卖公"高估而"公卖私"则低估的现象，这是严重违反职业道德的行为。

（2）独立性。要求二手车鉴定评估人员依据国家的有关法律和规章制度及可靠的资料数据等，对被评估的车辆独立地进行评定。坚持独立性原则，是保证评估结果具有客观性的基础。要坚持独立性原则，首先鉴定评估机构必须具有独立性，鉴定评估机构不应从属于和交易结果有利益关系的二手车市场，目前已不允许二手车市场建立自己的鉴定评估机构。

（3）客观性。客观性指评估结果应有充分的事实依据。评估工作应尊重客观事实，反映被评估车辆的真实情况，所收集的与被评估车辆相关的统计数据准确。它要求车辆技术状况的鉴定评估结果必须翔实、可靠，只有这样才能达到对被评估车辆现值的客观评估。

（4）科学性。科学性指在二手车的评估过程中，必须依据评估的目的，选用合适的评估标准和评估方法，使评估结果准确、合理。如拍卖、抵押车辆等适用清算价格标准计算；而一般的车辆交易则选用重置成本标准或现行市价标准。

（5）专业性。要求鉴定评估人员接受相关部门的职业培训，达到从事二手车评估的要求或获得相关部门核发的职业资格（或职业技能等级）证书。

（6）可行性。要求鉴定评估人员的素质是合格的；鉴定评估机构有可供利用的汽车检测设备；能获得评估所需的数据资料，而且这些数据资料是真实、可靠的；评估的程序和方法是合法的、科学的。

五、二手车鉴定评估机构

GB/T 30323—2013 对二手车鉴定评估机构的定义：从事二手车鉴定评估经营活动的第三方服务机构。

1. 相关规定

由于二手车鉴定评估直接涉及当事人双方的权益，是一项政策性和专业性都很强的工作，所以无论是对专业鉴定评估机构，还是对专业鉴定评估人员都有较高的要求。

持有国务院或者省、自治区、直辖市人民政府国有资产管理行政主管部门颁发的国有资产评估资格证书的资产评估公司、会计师事务所、财务咨询公司，经国务院或者省、自治区、直辖市人民政府国有资产管理行政主管部门认可的临时评估机构（统称资产评估机构），可以接受占有单位的委托，从事国有资产评估业务。

依据我国保险监督管理委员会公布的《保险公估机构监管规定》设立的保险公估机构，也可经营汽车承保前的估价与出险后的估损等相关业务。

2017 年 9 月 14 日，商务部发布《商务部关于废止和修改部分规章的决定》（商务部令2017 年第 3 号）。经公安部、工商总局、税务总局同意，删去《二手车流通管理办法》（商务部、公安部、工商总局、税务总局令〔2005〕第 2 号）第九条、第十条、第十一条。自发布日起，二手车鉴定评估人员及鉴定评估机构应具有以下特点。

（1）从事二手车鉴定评估业务的人员不再要求持有二手车鉴定评估师职业资格证，可去职业培训学校学习二手车鉴定评估职业技能，并考取相应的职业能力证书作为执业水平的有效证明。

（2）设立二手车鉴定评估机构不再需要商务部审批的"二手车鉴定评估机构核准证书"，可直接去工商部门申请设立企业。

（3）解除外资进入二手车市场的限制，进一步释放二手车市场活力。

2．职能

二手车鉴定评估机构主要有评估职能、公证职能和中介职能。

（1）评估职能。评估即评价、估算，指对某一事物或物质进行评判和预估。二手车鉴定评估机构与其他公估人一样具有广义的评估职能，包括评价职能、勘验职能、鉴定职能、估价职能等。二手车鉴定评估机构对二手车进行评估，得出评估结论，并说明得出结论的充分依据和推理过程，体现出其评估职能。评估职能是二手车鉴定评估机构的关键职能。

（2）公证职能。公证职能指二手车鉴定评估机构对二手车评估结论出具符合实际、可以信赖的证明。二手车鉴定评估机构之所以具有公证职能，是因为以下两点。

① 二手车鉴定评估人员有丰富的二手车评估知识和技能，在判断二手车评估结论准确与否的问题上更具资格和权威性。

② 作为当事人之外的第三方，二手车鉴定评估机构完全站在中立、公正的立场上就事论事、科学办事。

公证职能是二手车鉴定评估机构的重要职能，并具有以下特征。

① 公证职能虽然不具备定论作用，但却有促成司法结案、买卖成交的作用，因为当事人双方难以找出与评估结论完全不同的原因或理由。

② 公证职能虽然不具备法律效力，但评估结论可以接受法律的考验。这是因为二手车鉴定评估机构的评估结论确定之后，必须经当事人双方接受才能结案或使买卖成交。一旦当事人双方有一方不能接受，则可选择其他途径解决，如协商、调解、仲裁或诉讼。但是，二手车鉴定评估机构可以接受委托方的委托出庭辩护，甚至可被聘请为诉讼代理人出庭诉讼，本着对委托方特别是对评估报告负责的原则，促成双方接受既定结论。

（3）中介职能。二手车鉴定评估机构作为中介人，从事评估活动，不参与相关利益的分配，为当事人提供服务，具有鲜明的中介职能。这是因为二手车鉴定评估机构可以受托于双方当事人中的任何一方，二手车鉴定评估机构以当事人之外的第三方身份从事二手车鉴定评估活动，从当事人一方获得委托，以中间人立场执行二手车鉴定评估，并收取合理费用。这样，二手车鉴定评估机构就以中间人的身份，独立地开展二手车鉴定评估，从而得出评估结论，促成双方当事人接受该评估结论，为当事人提供中介服务，从而发挥其中介职能。

3．地位

二手车鉴定评估机构的地位是独立的，主要表现在以下几方面。

（1）执行评估业务独立。二手车鉴定评估机构执行评估业务时，既不代表双方当事人，也不受行政权力等外界因素干扰。

（2）思维方式和判断标准独立。在开展二手车鉴定评估业务的整个过程中，二手车鉴定评估人员保持着独立的思维方式和判断标准。

（3）评估分析和结论独立。二手车鉴定评估人员的评估分析和结论保持独立，这一特征在二手车鉴定评估机构所出具的评估报告中得以充分体现。

（4）鉴定评估人员坚持独立的立场。二手车鉴定评估人员具有知识密集性和技术密集性的特征，在二手车鉴定评估领域具有一定的权威地位，但从法律的角度看，这种权威地位是相对的。就市场地位而言，二手车鉴定评估人员必须坚持独立的立场，无论针对哪一方委托的事务都应给出客观、公平的评价。

二手车鉴定评估机构

【任务实施】

受理委托

1. 了解车主基本情况

车主即二手车所有人，指车辆所有权的单位或个人。受理委托前应了解委托人是否是车主，是车主即有车辆处置权，否则，无车辆处置权；同时应了解车主（或委托人）的单位（或个人）名称、隶属关系和所在地等其他信息。

《二手车流通管理办法》第十七条规定，二手车所有人委托他人办理车辆出售的，应当与受托人签订委托书。

2. 了解车主要求评估的目的

评估的目的是评估所服务的经济行为的具体类型，根据评估的目的，选择计价标准和评估方法。车主要求评估的目的有交易、司法鉴定、抵押、典当、置换、资产清查等，一般来说，委托鉴定评估大多数属于交易类业务，车主要求评估的目的大多是作为买卖双方磋商的参考底价。

3. 了解评估对象及其基本情况

（1）二手车类别。判断车辆是乘用车，还是商用车；是客车、轿车还是货车等。

（2）二手车品牌、型号、生产厂家和出厂日期。

（3）二手车初次注册登记日期和行驶里程。

（4）新车来历。新车来历包括购买、走私罚没处理、捐赠、继承、中奖、法院判决、仲裁裁定等。

（5）车籍。车籍指车辆牌证发放地。

（6）使用性质。使用性质包括营运和非营运两大类，其中营运又分为出租客运、租赁、教练、公交客运、专用校车和其他营运。

（7）手续是否齐全，是否年检。

4. 确定委托评估意向

对上述基本情况了解清楚以后，就可以给出是否受理委托的决定。如果受理委托，接下来就要进行车辆查验和签订二手车鉴定评估委托书。

受理委托

对于评估数量较多的业务，在签订二手车鉴定评估委托书之前，应到实地考察评估对象的情况。实地考察的目的是了解鉴定评估的工作量、工作难易程度和车辆现时状态（在用、已停放很久不用、在修或停驶待修等）。

【任务考核】

（1）两名学生自由组合为一个小组，分别互相扮演委托人及二手车鉴定评估人员，模拟业务洽谈接待现场，进行二手车鉴定评估委托业务洽谈，并完成实训工单 1.1。

（2）教师观察学生业务洽谈情况（做适当的记录），审阅学生完成的工单，并给出评价。

【学习效果检验】

具体内容见实训手册。

|任务 1.2　查验可交易车辆|

【任务分析】

与客户达成二手车鉴定评估意向之后，二手车鉴定评估人员就要进行车辆与车务手续的对比查验，以确认车辆及其相关手续的合法性。

二手车交易市场、公安车辆管理部门进行车辆登记、变更、转移登记（交易）等相关后续业务所必需的文件资料统称为车务手续，主要包括机动车来历证明、机动车登记证书、机动车行驶证、车辆购置税完税证明、机动车保险单、车船税完税证明等。查验可交易车辆，即查验车务手续是否齐全、合法、有效，判定待评估车辆是否符合可交易条件。如对这些证件资料有疑问，应向委托方提出，由委托方向发证机关（单位）索取证明材料，或自行向发证机关（单位）查询核实。

GB/T 30323—2013 规定，对于不可交易的车辆，除特殊需要外，不进行技术鉴定和价值评估。

本任务主要学习二手车法定证件、二手车的税费证明、车辆识别信息、车辆交易规定等内容。

【学习目标】

1．知识目标

（1）能够正确描述二手车的相关证件、税费证明的种类及其各自的作用。

（2）能够通过各种有效途径识别车辆。

（3）能够熟知国家相关法规对车辆交易的规定。

2．能力目标

（1）能够对二手车一般手续的齐全性、合法性及有效性进行检查。

（2）能够通过有效途径查询车辆的出险记录。

（3）能够准确判定车辆是否为走私车或盗抢车。

（4）能够准确判定待评估车辆是否为可交易车辆。

3．素质目标

（1）具备经验积累的职业素养。

（2）具备建设法治社会的责任感。

【相关知识学习】

车务手续主要包括二手车法定证件和二手车税费证明两大类。

一、二手车法定证件

二手车法定证件主要有机动车来历证明、机动车行驶证、机动车登记证书、机动车号牌、机动车所有人身份证明以及道路运输许可证、机动车检验合格标志等。

1. 机动车来历证明

机动车来历证明是二手车来源的合法证明，主要包括以下几种类型。

（1）购车发票。在国内购买的机动车的来历证明，可分为新车来历证明和二手车来历证明两种。在国外购买的机动车，其来历证明是该车销售单位开具的销售发票及其翻译文本。

① 新车发票。新车发票是指经国家工商行政管理机关验证（加盖工商验证章）的机动车销售发票（即原始购车发票）。通常在购买新车时，可在当地的工商行政管理局机动车市场管理分局办理工商验证手续（该项工作一般由销售单位办理）。

② 二手车发票。二手车发票是指经国家工商行政管理机关验证（加盖工商验证章）的二手车交易发票。二手车交易发票反映了即将交易的车辆曾是一辆已经交易过的合法使用的二手车。2005 年 10 月，《二手车流通管理办法》颁布施行，全国统一了二手车销售发票，目前统一用新版的"二手车销售统一发票"。而在二手车销售统一发票施行之前，各地的二手车交易发票样式繁多，提高了管理上的难度。

（2）其他来历证明。

① 人民法院调解、裁定或者判决转移的机动车，其来历证明是人民法院出具的已经生效的"调解书""裁定书""判决书"或"协助执行通知书"。

② 仲裁机构仲裁裁决转移的机动车，其来历证明是"仲裁裁决书"。

③ 继承、赠予、中奖和协议抵偿债务的机动车，其来历证明是继承、赠予、中奖和协议抵偿债务的相关文书和公证机关出具的"公证书"。

④ 资产重组或者资产整体买卖中包含的机动车，其来历证明是资产主管部门的批准文件。

⑤ 国家机关统一采购并调拨到下属单位未注册登记的机动车，其来历证明是全国统一的机动车销售发票和该部门出具的调拨证明。

⑥ 国家机关已注册登记并调拨到下属单位的机动车，其来历证明是该部门出具的调拨证明。

⑦ 经公安机关破案发还的被盗抢且已向原机动车所有人理赔完毕的机动车，其来历证明是保险公司出具的"权益转让证明书"。

⑧ 更换的发动机、车身、车架的来历证明，是销售单位开具的发票及修理单位开具的修理发票（附维修结算单）。

2. 机动车行驶证

机动车行驶证是由公安车辆管理部门依法对车辆进行注册登记核发的证件，是机动车取得合法行驶权的凭证。《中华人民共和国道路交通安全法》第十一条规定，机动车行驶证是车辆上路行驶必须携带的证件。

3．机动车登记证书

机动车登记证书是由公安机关交通管理部门核发和管理的，是机动车的"户口本"和所有权证明，具有产权证明的性质。

所有机动车的详细信息及机动车所有人的资料都记载在机动车登记证书上。

当机动车登记证书上所记载的原始信息发生变动时，机动车所有人应当及时到车辆管理所办理变更登记；当机动车所有权转移时，原机动车所有人应当将机动车登记证书做变更登记后随车交给现机动车所有人。因此，机动车登记证书是机动车从注册登记到报废的完整记录。

4．机动车号牌

机动车号牌是由各地公安车辆管理部门依法对机动车进行注册登记核发的。它和机动车行驶证一同核发，其号码与机动车行驶证上记载的一致，是机动车取得合法行驶权的标志。

5．机动车所有人身份证明

《机动车登记规定》明确说明，机动车所有人身份证明包括国内公民的"居民身份证"，组织机构的"组织机构代码证"在内的9类。"居民身份证"和"组织机构代码证"这两类较为常见。

2016年1月1日起，国家实施"三证合一"（工商营业执照、组织机构代码证和税务登记证），不再向机关、事业单位、社会团体和其他依法成立的机构发放和更换组织机构代码证，所以其登记的机动车所有人身份证明为公司营业执照即可。

6．道路运输许可证

道路运输许可证是县级以上交通主管部门设置的道路运输管理机构对从事旅客运输（包括城市出租客运）、货物运输的单位和个人核发的随车携带的证件。营运车辆转籍过户时，应到道路运输管理机构及相关部门办理营运过户有关手续。

7．机动车检验合格标志

机动车必须进行安全技术检验（即年检），检验合格后，由公安机关交通管理部门发放机动车检验合格标志。

目前车辆年检按2022年10月颁布的新规执行，具体如下。

（1）车龄6年以下。免检，但是需要每2年申领一次机动车检验合格标志。

（2）车龄6到10年。第6年和第10年需要进行上线检测。

（3）车龄10年以上。1年1审。

注　意

该规定只针对9座及9座以下的非营运载客车，并且不包含面包车、非法改装被处罚车辆、造成人员伤亡的交通事故车，其他类型的车辆依旧按照原先的年检周期进行年检。

根据《中华人民共和国道路交通安全法实施条例》第十三条的规定，机动车检验合格标志应粘贴在机动车前风窗右上角。

年检标志的不同颜色代表不同年份，年检标志一般情况下是按照黄、绿、蓝的颜色顺序排列的。如果2020年的是黄色，那么2021年的就是绿色，2022年的就是蓝色，到了2023年又会变成黄色，以此类推，如图1-2所示，这主要是为了便于交警在执法时识别出哪些车没有及时年检。

自2020年6月起，全国开始实行年检标志电子化，可通过"交管12123"App查询、下载、使用电子化的年检标志，不再要求粘贴机动车检验合格标志。电子化机动车检验标志的实施，促进了优质、高效的服务业新体系的构建。

图 1-2　新版机动车检验合格标志

二、二手车税费证明

二手车税费证明主要指车辆购置税完税证明、车船税完税证明和机动车保险单等。

1．车辆购置税完税证明

车辆购置税完税证明是税务机关核发的车辆购置税缴纳证明。车辆购置税是国家向所有购置车辆的单位和个人以纳税形式征收的一项费用，它由车辆购置附加费演变而来，其目的是解决发展公路运输事业与国家财力紧张的突出矛盾，筹集交通基础建设资金。

《中华人民共和国车辆购置税法》于 2018 年 12 月 29 日在中华人民共和国第十三届全国人大常务委员会第七次会议通过并公布，自 2019 年 7 月 1 日起施行，2000 年 10 月 22 日国务院公布的《中华人民共和国车辆购置税暂行条例》同时废止。

（1）车辆购置税的征收范围。在中华人民共和国境内购置汽车、有轨电车、汽车挂车、排气量超过 150mL 的摩托车（以下统称应税车辆）的单位和个人，为车辆购置税的纳税人，应当依法缴纳车辆购置税。

（2）车辆购置税的计算。车辆购置税的征收标准，目前是按车辆计税价格的 10% 计征，由车辆登记注册地的主管税务机关征收。它是纳税人购买车辆后支出的最大一项费用，其计算公式为

$$车辆购置税应纳税额=计税价格×10\%$$

计税价格按照下列情况确定。

① 纳税人购买自用应税车辆的计税价格，为纳税人实际支付给销售者的全部价款，不包括增值税税款。

② 纳税人进口自用应税车辆的计税价格，为关税完税价格加上关税和消费税。

③ 纳税人自产自用应税车辆的计税价格，按照纳税人生产的同类应税车辆的销售价格确定，不包括增值税税款。

④ 纳税人以受赠、获奖或者其他方式取得自用应税车辆的计税价格，按照购置应税车辆时相关凭证载明的价格确定，不包括增值税税款。

纳税人申报的应税车辆计税价格明显偏低，又无正当理由的，由税务机关依照《中华人民共和国税收征收管理法》的规定核定其应纳税额。

纳税人以外汇结算应税车辆价款的，按照申报纳税之日的外汇汇率价折合成人民币计算缴纳税款。

（3）车辆购置税的免税范围。车辆购置税的免税范围按下列规定执行。

① 依照法律规定应当予以免税的外国驻华使馆、领事馆和国际组织驻华机构及其有关人员自用的车辆。

② 中国人民解放军和中国人民武装警察部队列入装备订货计划的车辆。

③ 悬挂应急救援专用号牌的国家综合性消防救援车辆。

④ 设有固定装置的非运输专用作业车辆。

⑤ 城市公交企业购置的公共汽电车辆。

根据国民经济和社会发展的需要，国务院可以规定减征或者其他免征车辆购置税的情形，报全国人民代表大会常务委员会备案。

（4）其他规定。《中华人民共和国车辆购置税法》还有如下规定。

① 纳税人购置应税车辆，应当向车辆登记地的主管税务机关申报缴纳车辆购置税；购置不需要办理车辆登记的应税车辆的，应当向纳税人所在地的主管税务机关申报缴纳车辆购置税。

② 车辆购置税的纳税义务发生时间为纳税人购置应税车辆的当日。纳税人应当自纳税义务发生之日起 60 日内申报缴纳车辆购置税。

③ 纳税人应当在向公安机关交通管理部门办理车辆注册登记前，缴纳车辆购置税。

公安机关交通管理部门办理车辆注册登记，应当根据税务机关提供的应税车辆完税或者免税电子信息对纳税人申请登记的车辆信息进行核对，核对无误后依法办理车辆注册登记。

④ 免税、减税车辆因转让、改变用途等原因不再属于免税、减税范围的，纳税人应当在办理车辆转移登记或者变更登记前缴纳车辆购置税。计税价格以免税、减税车辆初次办理纳税申报时确定的计税价格为基准，每满一年扣减 10%。

⑤ 纳税人将已征车辆购置税的车辆退回车辆生产企业或者销售企业的，可以向主管税务机关申请退还车辆购置税。退税额以已缴税款为基准，自缴纳税款之日至申请退税之日，每满一年扣减 10%。

⑥ 税务机关和公安、商务、海关、工业和信息化等部门应当建立应税车辆信息共享和工作配合机制，及时交换应税车辆和纳税信息资料。

⑦ 车辆购置税的征收管理，依照本法和《中华人民共和国税收征收管理法》的规定执行。

⑧ 纳税人、税务机关及其工作人员违反本法规定的，依照《中华人民共和国税收征收管理法》和有关法律法规的规定追究法律责任。

2．车船税完税证明

车船税完税证明是税务机关核发的，证明机动车所有人缴纳车船税的证明文件。目前的车船税由承保交强险的保险公司代扣，其证明文件是在交强险保险单中的相关记录。

（1）车船税征收依据。2011 年 11 月 23 日，国务院第 182 次常务会议通过并公布了《中华人民共和国车船税法实施条例》，自 2012 年 1 月 1 日起施行。所以目前车船税征收依据为《中华人民共和国车船税法》和《中华人民共和国车船税法实施条例》。

《中华人民共和国车船税法》规定，在中华人民共和国境内属于本法所附《车船税税目税额表》规定的车辆、船舶（以下简称车船）的所有人或者管理人，为车船税的纳税人，应当依照本法缴纳车船税。车船的适用税额依照本法所附"车船税税目税额表"执行，见表 1-3。

表 1-3　　　　　　　　　　　　　　车船税税目税额表

税目		计税单位	年基准税额	备注
乘用车（按发动机气缸容量/排气量分挡）	1.0L（含）以下的	每辆	60～360 元	核定载客人数 9 人（含）以下
	1.0L 以上至 1.6L（含）的		300～540 元	
	1.6L 以上至 2.0L（含）的		360～660 元	
	2.0L 以上至 2.5L（含）的		660～1200 元	
	2.5L 以上至 3.0L（含）的		1200～2400 元	
	3.0L 以上至 4.0L（含）的		2400～3600 元	
	4.0L 以上的		3600～5400 元	
商用车	客车	每辆	480～1440 元	核定载客人数 9 人以上，包括电车
	货车	整备质量每吨	16～120 元	包括半挂牵引车、三轮汽车和低速载货汽车等
挂车		整备质量每吨	按照货车税额的 50%计算	
其他车辆	专用作业车	整备质量每吨	16～120 元	不包括拖拉机
	轮式专用机械车		16～120 元	
摩托车		每辆	36～180 元	
船舶	机动船舶	净吨位每吨	3～6 元	拖船、非机动驳船分别按照机动船舶税额的 50%计算
	游艇	艇身长度每米	600～2000 元	

（2）免征车船税的范围。《中华人民共和国车船税法》第三条规定，下列车船免征车船税。

① 捕捞、养殖渔船。

② 军队、武装警察部队专用的车船。

③ 警用车船。

④ 依照法律规定应当予以免税的外国驻华使领馆、国际组织驻华代表机构及其有关人员的车船。

（3）其他规定。

① 对节约能源、使用新能源的车船可以减征或者免征车船税；对受严重自然灾害影响纳税困难以及有其他特殊原因确需减税、免税的，可以减征或者免征车船税。具体办法由国务院规定，并报全国人民代表大会常务委员会备案。

② 省、自治区、直辖市人民政府根据当地实际情况，可以对公共交通车船，农村居民拥有并主要在农村地区使用的摩托车、三轮汽车和低速载货汽车定期减征或者免征车船税。

③ 从事机动车第三者责任强制保险业务的保险机构为机动车车船税的扣缴义务人，应当在收取保险费时依法代收车船税，并出具代收税款凭证。

④ 购置的新车船，购置当年的应纳税额自纳税义务发生的当月起按月计算。应纳税额

为年应纳税额除以 12 再乘以应纳税月份数。

⑤ 在一个纳税年度内，已完税的车船被盗抢、报废、灭失的，纳税人可以凭有关管理机关出具的证明和完税证明，向纳税所在地的主管税务机关申请退还自被盗抢、报废、灭失月份起至该纳税年度终了期间的税款。

⑥ 已办理退税的被盗抢车船失而复得的，纳税人应当从公安机关出具相关证明的当月起计算缴纳车船税。

⑦ 已缴纳车船税的车船在同一纳税年度内办理转让过户的，不另纳税，也不退税。

3．机动车保险单

机动车保险单是保险公司核发的，是机动车所有人投保机动车相关险种的证明。

我国机动车保险险种分为基本险和附加险两大类。基本险是指可以单独投保和承保的险别；附加险是指不能单独投保和承保的险别，投保人只能在投保基本险的基础上，根据自己的需求选择加以投保。基本险和附加险又分别有不同险种。基本险（又称主险）分为车辆损失险（简称车损险）、第三者责任险；附加险分为全车盗抢险（简称盗抢险）、车上责任险、无过失责任险、车载货物掉落责任险、玻璃单独破碎险、车辆停驶损失险、自燃损失险、新增设备损失险和不计免赔特约险等。基本险与附加险的关系是：如果附加险的条款和基本险条款发生抵触，抵触之处的解释以附加险条款为准；如果附加险条款未作规定，则以基本险条款为准。保险人按照承保险别分别承担保险责任。

交强险是我国首个由国家法律规定实行的强制保险制度。国务院 2006 年 3 月颁布的《机动车交通事故责任强制保险条例》规定：被保险机动车发生道路交通事故造成受害人（不包括本车人员和被保险人）人身伤亡、财产损失的，由保险公司依法在机动车交强险责任限额范围内予以赔偿。《机动车交通事故责任强制保险条例》第二条规定，在中华人民共和国境内道路上行驶的机动车的所有人或者管理人，应当依照《中华人民共和国道路交通安全法》的规定投保交强险。交强险具有强制性、广覆盖性及公益性的特点。

《机动车交通事故责任强制保险条例》规定，公安机关交通管理部门、农业（农业机械）主管部门（以下统称机动车管理部门）应当依法对机动车参加交强险的情况实施监督检查。对未参加交强险的机动车，机动车管理部门不得予以登记，机动车安全技术检验机构不得予以检验。

公安机关交通管理部门及其交通警察在调查处理道路交通安全违法行为和道路交通事故时，应当依法检查交强险的保险标志。

上道路行驶的机动车未放置保险标志的，公安机关交通管理部门应当扣留机动车，通知当事人提供保险标志或者补办相应手续，可以处警告或者 20 元以上 200 元以下罚款。

伪造、变造或者使用伪造、变造的保险标志，或者使用其他机动车的保险标志，由公安机关交通管理部门予以收缴，扣留该机动车，处 200 元以上 2000 元以下罚款；构成犯罪的，依法追究刑事责任。

二手车法定证件和税费证明

三、车辆识别信息

准确对汽车进行识别，是确定二手车鉴定评估中新车购置价的重要依据，也是准确判断、快速确定二手车价值的重要前提，在查验二手车是否为可交易车辆时，车辆识别信息也是必须查验的主要内容。车辆识别信息一般包括汽车车标、车辆铭牌、车辆识别代号等。

1. 汽车车标

汽车车标是指在整车车身前部外表面显而易见部位上装置的至少一个能永久保持的标识，是各种汽车品牌的标志。这些标识往往成为汽车企业的代表，是识别车辆、认识车辆的首选途径。汽车车标在树立企业形象、培养用户认同感和信赖感等方面有着重要的作用，并且每个车标都有自己的寓意。图 1-3 所示为上汽荣威汽车车标，整体结构为稳定、牢固的盾形，寓意其产品质量可靠、受人尊敬，体现上海汽车自主创新、向国际化发展的坚定决心和意志。它由红、黑、金 3 个关键色调组成。红色代表温暖和欢乐，黑色象征着尊严和庄严，金色代表财富。双狮图案以直观的艺术化手法，展现出尊贵、威仪、睿智的强者气度。

图 1-3 上汽荣威汽车车标

在二手车交易中常常会碰到一些车主在使用车辆过程中私自改装汽车车标的现象，对这些车辆的身份应该注意加以辨别。有些品牌汽车在不同时期会由于生产商的原因出现不同的标志图案，这也是识别车型年份和批次的重要依据之一。例如，海南马自达福美来轿车在历经合资到自主品牌的变化过程中，也伴随着汽车车标的变更。图 1-4 所示为福美来轿车的两代车标，可以折射出福美来轿车"合资"到"自主品牌"的演变过程。一般来讲，在正常情况下，早期合资品牌的车辆在性能和可靠性上会优于自主品牌，所以在二手车交易过程中会对这两代车给出不同的评估值。但目前自主品牌车辆的性能一般高于其早期合资品牌（如一汽大众的捷达轿车）。

（a）福美一代车标（与马自达合资）　　　　　　（b）福美来二代车标（自主品牌）

图 1-4 福美来轿车的两代车标

2. 车辆铭牌

汽车制造厂商除了在其产品上装置汽车车标外，还要装置一个能永久保持的车型标牌，称为车辆铭牌。

车辆铭牌的内容由上、下两个半区组成，上半区为规定区，下半区为自由区。上、下两个半区用一根横线隔开，如图 1-5（a）所示。

规定区内容：厂牌（品牌）文字或图案、车辆识别代号、最大允许总质量、发动机型号、发动机排量、发动机最大净功率、制造年月、整车型号、乘坐人数、制造厂家名称、制造国、最大设计装载质量（货车）、额定载客人数（客车）等信息。

自由区内容：如果车辆是在无车身的非完整车辆的基础上制造完成的，车辆制造厂应在自由区内对车身类型加以描述。另外，还可以根据实际情况标出其他与车辆有关的信息，如车身颜色代码等。

对于大多数车辆，因为没有需要在自由区内标示的内容，所以铭牌上没有自由区，如图 1-5（b）所示。

（a）有自由区的车辆铭牌　　　　　　　　　（b）无自由区的车辆铭牌

图 1-5　车辆铭牌示例

车辆铭牌的要求有：装置在不受更换部件影响的部位；内容应该编写规范、防腐且耐磨、字码清晰并且易于阅读；固定在显而易见的位置；出口车辆的铭牌，可将汉字与外文并列标注，也可根据使用国的要求制作铭牌。在二手车鉴定评估时，车辆铭牌也是至关重要的一个检查项目，可从中获取其必要信息。

各型号车辆铭牌的位置不尽相同，如上海大众汽车的车辆铭牌在前机舱后围板，小型货车的车辆铭牌在右前外柱，丰田轿车的车辆铭牌在前机舱后围板、左前门下（靠 B 柱）、左前减振器塔上，大多数轻型客车的车辆铭牌在座椅下，而中大型客车的车辆铭牌多在仪表板左下方。

3. 车辆识别代号

车辆识别代号（Vehicle Identification Number，VIN）是识别汽车必不可少的工具，被称为"汽车身份证号"，也是通常所说的车架号（大架号）、底盘号。车辆识别代号是车辆生产企业为了识别某一辆车而为该车辆指定的一组字码，由 17 位字码组成。车辆识别代号中的数字和字母排列组合后的结果可以使同一车型在 30 年内不会发生重号现象。因现在生产的汽车车型的更新换代年限逐渐缩短，一般 8～12 年后就被淘汰，不再生产，所以 17 位字码足以够用。

车辆识别代号中含有车辆的生产年份、车型、发动机型号、车身类型、制造厂家以及其他装备等信息。全世界每辆汽车都有其独一无二的车辆识别代号，具有唯一性，并贯穿一辆车从出厂到报废的整个过程。在二手车鉴定评估过程中，需要重点查验车辆识别代号，通过车辆识别代号来确定车辆的合法来源、出厂年份、产地、配置类型等要素。车辆识别代号也是在二手车登记过户过程中交通管理部门要核对的一个重要信息。

（1）作用。随着汽车修理逐步实现计算机管理和故障自诊断，在各种测试仪表和维修设备中存储的车辆识别代号数据，可作为汽车修理中故障查询的依据和记录。车辆识别代号在汽车配件经营管理上也起着至关重要的作用，比如在查找零件目录中的汽车零件之前，首先确认车辆识别代号中的车型年份和相应的车辆配置，以免出现误购、错装零配件等情况。

车辆识别代号用于加强对机动车的管理，各国机动车管理部门办理牌照时可以将其输入计算机存储起来，以备需要时调用，如保险索赔、报案、处理交通事故、查获被盗车辆等。没有车辆识别代号的车辆是不允许交易的，有的国家规定不准进口没有车辆识别代号的车辆。

在二手车鉴定评估时查验车辆的车辆识别代号，不仅可以获得车辆的车型年份、车身类型、国别、发动机型号等技术资料，还可以查询故障维修记录，鉴定其是否为拼装车、走私车等非法车辆。

（2）组成和基本内容。车辆识别代号共由 17 位字码（阿拉伯数字和大写拉丁字母）构成，分为 3 部分，即世界制造厂识别代号（World Manufacturer Identifier，WMI）、车辆说明部分（Vehicle Descriptor Section，VDS）、车辆指示部分（Vehicle Indicator Section，VIS），如图 1-6 所示。在构成车辆识别代号的所有字码中，为避免混淆，规定不使用 I、O、Q。

图 1-6　车辆识别代号的组成

① 世界制造厂识别代号。世界制造厂识别代号由国际标准化组织（International Standards Organization，ISO）统一分配管理，根据地理区域分配给各个车辆制造厂，该代号由 3 个字码组成，包括车辆识别代号的第 1～3 位，用来表示由某个国家的某个车辆制造厂生产的某种类型的汽车。世界制造厂识别代号必须经过申请、批准和备案后才能使用。

第 1 位字码标明地理区域或国家。如国际标准化组织统一分配给亚洲地区的字码是 J～R，L 为中国。

第 2 位字码标明国家或制造厂。如国际标准化组织分配给中国的字码为 0～9、A～Z。如北京吉普汽车有限公司（BJC）的字码为 E。

第 3 位字码标明车辆制造厂或车型类别。如 4 表示 BJ2021 系列。

若车辆制造厂年产量小于 1000 辆，则第 3 位字码为 9。

中国及其常见进口车辆国家字码（即第 1 位字码），见表 1-4。

表 1-4　　　　　　　　　　　中国及其常见进口车辆国家字码

字码	国家	字码	国家	字码	国家
1	美国	J	日本	S	英国
2	加拿大	K	韩国	T	瑞士
3	墨西哥	L	中国	Y	法国
4	美国			W	德国
6	澳大利亚			Y	瑞典
9	巴西			Z	意大利

② 车辆说明部分。车辆说明部分为车辆识别代号的第 4～9 位，由 6 位字码组成。其中第 9 位为校验位，用于核对车辆识别代号记录的准确性。第 4～8 位用以识别车辆的特征，不同的制造厂对这 5 位字码的定义不相同。车辆说明部分包括车辆种类、车身类型、发动机类型、底盘类型等内容。常见的车辆需要标明的特征如下。

MPV：车身类型、种类、发动机类型、系列及车辆额定总质量。

客车：车身类型、型号或种类、制动系统、发动机类型及系列。

载货汽车：驾驶室类型、系列、底盘、发动机类型、型号或种类、制动系统及额定总质量。

轿车：发动机类型、种类、车身类型、系列及约束系统类型。

③ 车辆指示部分。车辆指示部分为车辆识别代号的第10~17位，由8个字码组成。

车辆识别代号的第 10 位字码表示年份，不一定是车辆实际生产的年份，但一般与实际生产的年份之差不超过 1 年。例如，2015 款的雪铁龙爱丽舍不只在 2015 年生产，在 2016 年可能还会生产，但 2017 年就不大可能继续生产了。在进行二手车鉴定评估时，要特别注意第 10 位字码，以查出二手车年份。2001—2032 年的车型年份与指示字码对应关系见表 1-5。在年份字码中，除英文字母 I、O、Q 不用外，数字 0 和字母 U、Z 也不用，这样可以保证车辆识别代号 30 年内不会重复。

表 1-5　　　　　　　　　　　车型年份与指示字码对应关系

代码	年份	代码	年份	代码	年份	代码	年份
1	2001	9	2009	H	2017	S	2025
2	2002	A	2010	J	2018	T	2026
3	2003	B	2011	K	2019	V	2027
4	2004	C	2012	L	2020	W	2028
5	2005	D	2013	M	2021	X	2029
6	2006	E	2014	N	2022	Y	2030
7	2007	F	2015	P	2023	1	2031
8	2008	G	2016	R	2024	2	2032

车辆识别代号的第 11 位字码可以用来指示装配厂，若无装配厂，制造厂可规定其他的内容。

如果制造厂生产的某种类型的车辆年产量大于等于 1000 辆，则第 12~17 位字码表示生产顺序号；如果制造厂的年产量小于 1000 辆，则第 12、13 和 14 位字码与第一部分的 3 位字码一起来表示车辆制造厂。

车辆识别代号"JT1GK12E7S9092125"中各位字码的含义，见表 1-6。

表 1-6　　　　　车辆识别代号"JT1GK12E7S9092125"中各位字码的含义

位数	字码	意义
1	J	生产国家（日本）
2	T	制造厂（丰田汽车公司）
3	1	汽车类型（乘用车）
4	G	发动机为 1MZ-FE 3.0 L V6
5	K	车辆品牌为佳美
6	1	汽车种类为 MCV10 L 型
7	2	汽车系列为 LE
8	E	车身类型为 4 门轿车
9	7	工厂检验代码
10	S	车型年份（1995 年）
11	9	总装工厂（日本）
12~17	092125	汽车的生产顺序号

（3）管理要求。

① 每一辆汽车、挂车、摩托车和轻便摩托车等都必须有车辆识别代号。

② 在 30 年内生产的任何车辆的车辆识别代号不得相同。

③ 车辆识别代号应尽量位于车辆的前半部分、易于看到且能防止磨损或易于替换的部位。

④ 9 座或 9 座以下的车辆和最大总质量小于或等于 3.5t 的载货汽车的车辆识别代号应位

于仪表板上，在白天日光照射下，观察者无须移动任一部件即可从车外分辨出车辆识别代号。我国轿车的车辆识别代号大多数设置在仪表板上方前风窗玻璃下面（即 VIN 槽内）。

⑤ 车辆识别代号在任何情况下都应是字迹清楚、坚固耐久和不易替换的。若直接打印在汽车和挂车（车架、车身等部件）上，则字码高度至少应为 7mm；其他情况则字码高度至少应为 4mm，深度大于 0.3mm。

⑥ 车辆识别代号在文件上表示时应写成一行，且不要有空格，打印在车辆上或车型标牌上时也应表示成一行。如果由于技术上的原因，车辆识别代号必须写成两行时，两行之间不应有间隙，每行的开始与终止处应选用一个分隔符表示。分隔符必须不同于车辆识别代号所用的任何数字和字母，且不易与车辆识别代号中的数字和字母混淆。

⑦ 车辆识别代号采用阿拉伯数字和大写拉丁字母：0～9、A～Z（字母 I、O、Q、U、Z 和数字 0 在年份位不用，I、O、Q 在整个车辆识别代号中不用）。

⑧ 车辆识别代号中的后 4 位必须为数字。

4．车身标识

目前汽车技术发展迅速，不同品牌或同一品牌的车身上（通常在车辆的尾部）不断出现一些字母或者数字标识，这些标识通常称为车身标识。车身标识是展现品牌、型号、汽车技术，区别不同款型汽车的最有效、最直接的方法之一。在二手车交易过程中，辨别某一款车辆的特殊性，或者用于区别同一款车的不同型号、配置等，都离不开这些直观、有效的标识。下面仅列举一些目前常见的车身标识，并解释其含义。

（1）大众"TSI"。"TSI"在国外的含义是双涡轮增压和分层燃烧，在国内"T"表示废气涡轮增压、"SI"表示燃油缸内直喷，并没有分层燃烧的技术含义。在国内，经常会看到不同的"TSI"标志，有全红色的、有"SI"是红色的、有"I"是红色的，这是为了区分不同的排量。通常，2.0L 排量和 1.8L 排量的车辆，"SI"是红色的；而 2.0L 排量的 TSI 车型中的高配车型或者高端车型则使用全红色的标识；1.4L 排量的 TSI 车型只有"I"是红色的。

（2）缸内直喷技术。表示缸内直喷技术的车身标识有大众的"TSI"，奥迪的"TFIS"（汽油）、"TDI"（柴油），奔驰的"CGI"（汽油）、"CDI"（柴油）等。

（3）发动机可变正时技术。表示发动机可变正时技术的车身标识有本田的"VTEC""i-VTEC"、丰田的"VVT-i"、日产的"CVVT"、三菱的"MIVEC"、铃木的"VVT"等。

（4）绿色发动机。油电混合（Hybrid）动力汽车，是指同时装备两种动力源（热动力源，由传统的汽油机或者柴油机产生；电动力源，由电池与电动机产生）的汽车。

"BEV"表示纯电动汽车，"HEV"表示混合动力汽车。"DM"表示双模电动车，是一种将控制发动机和电动机两种混合力量相结合的技术，实现了既可充电又可加油的多种能量补充方式。

（5）驱动系统。四轮驱动的标识为"4WD"或"4×4"。

两轮驱动通常不设标识，但有些汽车厂商为了区分车型特点还是会设置两轮驱动的标识，如宝马用"sDrive"表示后轮驱动。

全时四轮驱动的标识为"AWD"或"Quattro"，但一些汽车厂商会用不同的标识来表示，如宝马的"xDrive"、奔驰的"4MATIC"均表示全时四轮驱动。

（6）变速器。"MT"是指手动挡变速器，"AT"是指自动挡变速器，"CVT"是指无级变速器。

车辆识别信息

四、车辆交易规定

根据《二手车流通管理办法》的规定，下列车辆禁止经销、买卖、拍卖和经纪。

（1）已报废或者达到国家强制报废标准的车辆。

（2）在抵押期间或者未经海关批准交易的海关监管车辆。

（3）在人民法院、人民检察院、行政执法部门依法查封、扣押期间的车辆。

（4）通过盗窃、抢劫、诈骗等违法犯罪手段获得的车辆。

（5）发动机号码、车辆识别代号或者车架号码与登记号码不相符，或者有凿改迹象的车辆。

（6）走私、非法拼（组）装的车辆。

（7）不具有《二手车流通管理办法》第十九条所列证明、凭证的车辆。

> **说 明**
>
> 按《二手车流通管理办法》第十九条规定，车辆法定证明、凭证主要包括机动车登记证书、机动车行驶证、有效的机动车安全技术检验合格标志、车辆购置税完税证明、车船税缴付凭证、车辆保险单。

（8）在本行政辖区以外的公安机关交通管理部门注册登记的车辆。

（9）国家法律、行政法规禁止经营的车辆。

二手车交易市场经营者和二手车经营主体发现车辆具有（4）、（5）、（6）情形之一的，应当及时报告公安机关、工商行政管理部门等执法机关。

对交易违法车辆的，二手车交易市场经营者和二手车经营主体应当承担连带赔偿责任和其他相应的法律责任。

此外，车辆上市交易前，必须先到公安机关交通管理部门申请临时检验，经检验合格，在其机动车行驶证上签注检验合格记录后，方可进行交易。

【任务实施】

一、核查法定证件

1. 核查机动车来历证明

通过核查机动车来历证明可以及时发现该车是否合法、是否为涉案车辆等，同时，登录公安机关交通管理部门的"全国被盗抢汽车信息系统"网站，确认车辆是否为盗抢车，从而有效杜绝盗抢车、走私车、拼装车和报废车的非法交易，避免二手车交易市场成为非法车辆销赃的场所，切实维护消费者的合法权益。

二手车鉴定评估机构应拥有各类机动车来历证明样本，以便鉴定评估人员进行对比鉴别。图1-7所示为机动车销售统一发票示例，图1-8所示为二手车销售统一发票示例。

目前可通过"国家税务总局全国增值税发票查验平台"或企业开发的发票验真软件进行发票真伪的核查。

图 1-7   机动车销售统一发票示例

图 1-8   二手车销售统一发票示例

对于机动车销售统一发票或二手车销售统一发票，应重点核查以下内容。

① 发票的真伪。

② 发票上记载的所有人姓名、身份证号码与其他车务手续是否一致。

③ 不含税的价格和税点。

④ 销售单位、工商验证签章。

2．核查机动车行驶证

在二手车鉴定评估的手续核查中，机动车行驶证也是核查二手车合法性的凭证之一。机动车行驶证上标注有机动车的重要信息，如图1-9所示。

（a）　　　　　　　　　　　　（b）

图1-9　机动车行驶证

（1）核查机动车行驶证的真伪。

① 查验照片。2009年以前，机动车行驶证正本上的车辆照片上是带车牌号进行拍照，然后塑封。而在2009年以后，照片上不带有车牌号，但照片上的背景一定要清晰。

② 查验文字和数字。对比机动车行驶证正/副页之间的文字和数字。如果数字或文字颜色和形状明显差别很大，就可以判定是假证件。另外，真证件上打印的数字或文字是用专用打印机以喷墨或激光方式打印的；而假证件制造者为了用一台打印机制造多种规格的假证件，通常使用针式打印机。

③ 查验正/副页的纸质。正/副页的纸是在一张纸上裁下的，把正/副页放在一起，材质完全吻合的才是真证件。把手指弄湿，然后来回搓正/副页纸，如果发现纸面发毛、花纹仍在但不清晰则是真；如果发现纸面越搓越光滑并且花纹逐渐消失就是假证件。

④ 查验公章。2001年以前的公章为"××省××市公安局车辆管理所"；2001—2004年的公章为"××省××市公安局交通警察支队车辆管理所"；2004年之后的公章为"××省××市公安局交通警察支队"。

⑤ 用验钞灯检查防伪标识。

（2）核查主页信息。

① 车牌号码是否与汽车牌照上的号码一致。

② 车辆类型是否与原车一致。不同的车辆类型，报废年限不同，所以要认真检查。

③ 所有人信息应与身份证明匹配。

④ 使用性质为营运还是非营运。需要与车辆类型合并认真检查，因为这一项涉及车辆的规定使用年限。

⑤ 车辆识别代号是否与汽车铭牌上、车外前风窗玻璃左下沿处（不同的汽车，位置不同）打刻的号码一致，如图1-10所示，车体上打刻的号码是否有改动、凿痕、锉痕、重新打刻的痕迹。进一步判断车辆是国产车还是进口车。

图1-10　前风窗玻璃左下沿处打刻的号码

轿车和客车几乎全部为承载式车身，即没有独立的车架，所以其车架号与车辆识别代号相同。轿车通常在前风窗玻璃下沿处的前围挡板（俗称防火墙）上打刻车架号，也可能在车身其他部位（如副驾驶席位置的地板胶下面）打刻车架号，如图 1-11 所示。

（a）防火墙上的车架号　　　　　　　（b）副驾驶席位置的地板胶下面的车架号

图 1-11　轿车的车架号

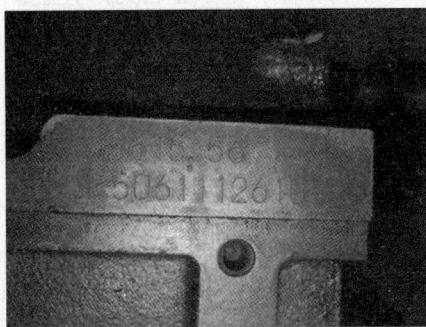

对于货车（及部分大客车），由于有独立的车架，所以会在车架上打刻车架号，如图 1-12 所示。

⑥ 核查机动车行驶证上记录的车辆发动机号（或出厂编号）是否与发动机缸体上的号码一致，发动机上打刻的号码是否有改动、凿痕、锉痕、重新打刻的痕迹。

发动机号（或出厂编号）应打刻（或铸造）在发动机气缸体侧平面上，如图 1-13 所示。如气缸体上打刻（或铸出）的发动机号（或出厂编号）不易见，应检查在发动机易见部位是否具有能永久保持的发动机号（或出厂编号）的标牌。

图 1-12　货车的车架号　　　　　　　　　图 1-13　发动机号打刻的位置

⑦ 初次注册登记日与出厂日期是否有较大时间差距。如果有，应确定原因。

⑧ 发证日期与初次注册登记日是否为同一天，如果跨度较大，可能办理过转移登记或补领登记等。

（3）核查副页信息。

① 车牌号码应与正页相同。

② 备注栏内是否有报废期、监管信息等。

③ 检验记录栏内的年审日期，如果已过期，必须年审后才能过户。

（4）核查照片页。核查车辆颜色与车身装置是否与机动车行驶证上的车辆照片一致。如果出现差异，可能会影响之后的转移登记程序。

通过上述核查，可以初步判定二手车是否合法。

3．核查机动车登记证书

核查机动车登记证书是二手车鉴定评估人员必须认真完成的手续。机动车登记证书记录的信息比机动车行驶证更详细，一些评估参数必须从机动车登记证书上获取，如使用性质、国产/进口等。

（1）核查真伪。机动车登记证书俗称"绿皮本"，其封皮式样如图1-14所示。核查时首先要对比判断真伪，如发现机动车登记证书为伪造的，应报告公安机关。

机动车登记证书的真伪鉴别与机动车行驶证的鉴别方法基本相同。

（2）核查第一页重点信息。

① 所有人信息应与身份证明匹配，确认是否曾为出租或租赁公司的车辆。

② 机动车登记编号是否与实际车辆号牌号码一致。

③ 初次注册登记日与出厂日期是否跨度较大。

④ 过户、转入登记栏内是否有转籍登记记录。

（3）核查第二页重点信息。

① 车架号是否与车体上的号码一致。

② 是进口车还是国产车。核对进口车是否是海关进口车或海关罚没车。

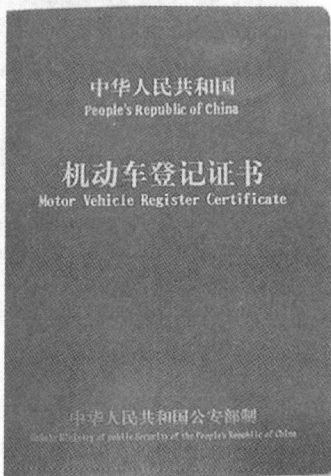

图1-14　机动车登记证书封皮式样

③ 使用性质是营运还是非营运。

④ 获得方式。确认是否为海关监管车辆。

⑤ 出厂日期。应与登记日期和车辆进行匹配检查。

⑥ 发证日期。可能涉及补换领证。

（4）核查第三页重点信息。

① 变更记录。核查是否有关于车架号、发动机号、车身颜色、使用性质等的变更记录。

② 是否有抵押记录，是否已经解除抵押。

③ 是否有转移登记记录，记录过户、转籍登记次数。

④ 是否有证书补领记录，补领的原因（灭失、丢失等）。

4．核查机动车号牌

机动车号牌是机动车取得合法行驶权的标志。《中华人民共和国道路交通安全法》第十一条规定，机动车号牌应当按照规定悬挂并保持清晰、完整，不得故意遮挡、污损。目前，我国规定使用的机动车号牌按《中华人民共和国机动车号牌》（GA 36—2018）制作。机动车号牌分类、规格、颜色及其适用范围，见表1-7。

表1-7　　　　机动车号牌分类、规格、颜色及其适用范围

序号	分类	外廓尺寸/ （mm×mm）	颜色	数量	适用范围
1	大型汽车号牌	前：440×140 后：440×220	黄底黑字，黑框线	2	符合GA 802—2019规定的中型（含）以上载客、载货汽车和专项作业车（适用大型新能源汽车号牌的除外）；有轨电车
2	挂车号牌	440×220		1	符合GA 802—2019规定的挂车

续表

序号	分类	外廓尺寸/（mm×mm）	颜色	数量	适用范围
3	大型新能源汽车号牌	480×140	黄绿底黑字、黑框线		符合 GA 802—2019 规定的中型（含）以上的新能源汽车
4	小型汽车号牌	440×140	蓝底白字、白框线		符合 GA 802 规定的中型以下的载客、载货汽车和专项作业车（适用小型新能源汽车号牌的除外）
5	小型新能源汽车号牌	480×140	渐变绿底黑字，黑框线	2	符合 GA 802—2019 规定的中型以下的新能源汽车
6	使馆汽车号牌		黑底白字，白框线		符合外发〔2017〕10 号通知规定的汽车
7	领馆汽车号牌				驻华领事馆的汽车
8	港澳人出境车号牌	440×140	黑底白字，白框线		港澳地区入出内地的汽车
9	教练汽车号牌		黄底黑字，黑框线		教练用汽车
10	警用汽车号牌		白底黑字，红"警"字，黑框线		汽车类警车
11	普通摩托车号牌		黄底黑字，黑框线		符合 GA 802—2019 规定的两轮普通摩托车、边三轮摩托车和正三轮摩托车
12	轻便摩托车号牌	220×140	蓝底白字，白框线	1	符合 GA 802—2019 规定的两轮轻便摩托车和正三轮轻便摩托车
13	使馆摩托车号牌		黑底白字，白框线		符合外发〔2017〕10 号通知规定的摩托车
14	领馆摩托车号牌		黑底白字，白框线		驻华领事馆的摩托车
15	教练摩托车号牌		黄底黑字，黑框线		教练用摩托车
16	警用摩托车号牌		白底黑字，红"警"字，黑框线		摩托车类警车
17	低速车号牌	300×165	黄底黑字，黑框线	2	符合 GA 802—2019 规定的低速载货汽车、三轮汽车和轮式专用机械车
18	临时行驶车号牌	220×140	天（酞）蓝底纹，黑字黑框线	2	行政辖区内临时行驶的载客汽车
				1	行政辖区内临时行驶的其他机动车
			棕黄底纹，黑字黑框线	2	跨行政辖区临时行驶的载客汽车
				1	跨行政辖区临时行驶的其他机动车
			棕黄底纹，黑"试"字，黑字黑框线	2	试验用载客汽车
				1	试验用其他机动车
			棕黄底纹，黑"超"字，黑字黑框线	1	特型机动车，质量参数和/或尺寸参数超出 GB 1589—2016 规定的汽车、挂车
19	临时入境汽车号牌		白底棕蓝色专用底纹，黑字黑边框	1	临时入境汽车
20	临时入境摩托车号牌	88×60		1	临时入境摩托车
21	拖拉机号牌	按 NY345.1—2005 执行			上道路行驶的拖拉机

按 GA 36—2018 标准制作的机动车号牌，形式及内容均被严格规定。图 1-15 所示为小型汽车号牌制作标准示例，鉴别号牌真伪时，可根据相关的标准进行核对。

图 1-15　小型汽车号牌制作标准示例

机动车号牌真假的判别可采用"望、摸、问、查"4 种方法。

（1）"望"。观察车牌外形，从形、色、定的角度进行基本判断。正规的车牌经过高科技的处理，并采用一次成形技术，视觉效果好。而伪造车牌在正常阳光下存在颜色偏红或偏黄的色差，以及字体较窄等现象。

（2）"摸"。用手触摸车牌，尤其是感觉周边棱角处是否光滑，这是判断一辆车是否存在伪造车牌的重要标志。由于并非一次成形，伪造车牌上的字体边缘会有棱角，即使打磨过也难以掩盖痕迹。拆下车牌，可以发现背面有敲打过的痕迹。

（3）"问"。问车主是否可以过户。目前二手车市场上一些人经常把二手车的车牌卖掉，从中牟取暴利。遇上这种情况，购车人只要提出"能否过户"，若不能，则有可能用了假号牌。

（4）"查"。这是核查机动车号牌真伪最有效的方法之一。记下车牌号码后，到车辆管理部门或上网查询车辆登记档案。挪用牌照的套牌车有的是套用不同车型牌照，有的是套用同种车型牌照，有的还会涂改车架号和相关标志，上述情况只要在相关网站一查，便可了解清楚。

5．核查机动车所有人身份证明

（1）核查记载的内容。姓名（名称）、证件编号等应与机动车登记证书和机动车行驶证记载的一致。

（2）查验证件是否在有效期内。

营业执照示例如图 1-16 所示，可通过其中的"统一社会信用代码"，登录相关网站查询所需信息。

图 1-16 营业执照示例

6．核查道路运输经营许可证

营运车辆应有道路运输经营许可证，核查的主要内容是其真伪及其记载的信息是否真实、是否在有效期内等。

7．核查机动车检验合格标志

检验汽车前风窗右上角是否粘贴"机动车检验合格标志"。

如图 1-17 所示，对于已申领机动车检验合格标志（电子凭证）的，则要通过车主手机上的相关 App 等核查电子凭证的有无及其有效期等。

图 1-17 机动车检验合格标志（电子凭证）

核查法定证件

二、核查税费证明

《二手车流通管理办法》规定，二手车交易必须提供车辆购置税完税证明、车船税缴付凭证和车辆保险单等税费缴付凭证。

1. 核查车辆购置税完税证明

核查是否具有真实的车辆购置税完税证明。如果为免税车，应核查该车是否符合免税的有关规定。车辆购置税完税证明样本如图1-18所示。车辆购置税完税证明打印、填写完成后，正本部分交由车主保管，如图1-19所示。

图1-18　车辆购置税完税证明样本

图1-19　车辆购置税完税证明正本

对于车辆购置税完税证明，重点检查车辆购置税征税免税盖章情况。完税或减税车辆需加盖"车辆购置税征税专用章"，免税车辆需加盖"车辆购置免税专用章"并同时加盖征收机关的公章。

2019年6月1日开始使用车辆购置税完税证明（电子版），其样本如图1-20所示，也需要车主提供并进行核查。

2. 核查机动车保险单

核查车辆投保了哪些险种（如车辆损失险、交强险、盗抢险及其他附加险），并确认其保险单（有的为电子版）的真实性。

（1）检查保险单。

① 检查被保险人。被保险人与车主可能不是同一人，这是正常的。

② 检查保险是否在有效期内。

③ 检查车船税的代收情况，如图1-21所示。

图1-20　车辆购置税完税证明（电子版）样本

中国银行保险监督管理委员会监制　　　　　　　限在辽宁省销售

中国平安 PINGAN
专业·价值

机动车交通事故责任强制保险单（电子保单）

确认码：02PAIC
保单验真码：
保险单号：1060

下载平安好车主App统一认证二维码

投保人：
行驶证车主：

被保险人						
被保险人身份证号码(组织机构代码)						
地　址					联系电话	15009******

被保险机动车	号牌号码	辽	机动车种类	六座以下客车	使用性质	非营业
	发动机号码	GA0276	识别代码(车架号)	LFV2B20L0L4096937		
	厂牌型号	捷达FV6460LAADG多用途乘用车	核定载客	5	人 核定载质量	－
	排量	1.395L	功率	－	登记日期	2021年4月

责任限额	死亡伤残赔偿限额	180000元	无责任死亡伤残赔偿限额	18000元
	医疗费用赔偿限额	18000元	无责任医疗费用赔偿限额	1800元
	财产损失赔偿限额	2000元	无责任财产损失赔偿限额	100元

与道路交通安全违法行为和道路交通事故相联系的浮动比率：-10%

保险费合计：RMB855.00元（不含税保费：806.60元，税额：48.40元）（大写）人民币捌佰伍拾伍元整
其中救助基金(2%)￥：16.13元

保险期间自 2023 年 4 月 15 日 00:00 时起至 2024 年 4 月 14 日 24:00 时止

保险合同争议解决方式	诉讼

代收车船税	整备质量	1425.0kg		纳税人识别号	210	
	当年应缴	（￥ 420.00 元）	往年补缴	（￥ 0.00 元）	滞纳金	（￥ 0.00 元）
	合计（人民币大写）：	肆佰贰拾元整				（￥ 420.00 元）
	完税凭证号(减免税证明号)	————————	开具税务机关	————————		

特别约定	1) 尊敬的客户：投保次日起，承保及理赔等信息您可通过本公司网页www.　　　　　、客服热线　　　　　、门店、平安好车主App核实信息。若对查询结果有异议，请登录网站留言或拨打服务热线。 2) 保险期间内，如发生本保险合同约定的保险事故造成被保险车辆损失或第三者财产损失，保险人可采取实物或修复方式进行保险赔付。 3) 本保单的投保人为　　　，车主为　　　。 4) 车船税打印码：3PAIC　　　　　　。 5) 无其他特别约定。
	8123100　　　　　　　　　　银行流水号：CPC1
	收费确认时间：2023年3月16日15:06时　　投保确认时间：2023年3月16日15:06时　　打印时间：2023年3月16日15:06时

重要提示	1.请详细阅读保险条款，特别是责任免除和投保人、被保险人义务。 2.收到本保险单后，请立即核对，如有不符或疏漏，请及时通知保险人并办理变更或补充手续。 3.保险费应一次性交清，请您及时核对保险费和发票（收据），如有不符，请及时与保险人联系。 4.投保人应如实告知对保险费计算有影响的或被保险机动车因改装、加装、改变使用性质等导致危险程度增加的重要事项，并及时通知保险人办理批改手续。 5.被保险人应当在交通事故发生后及时通知保险人。

保险人	公司名称：	中国平安财产保险股份有限公司康平支公司	
	公司地址：	康平县	
	邮政编码：	110500　　服务电话：　　　　签单日期：	2023年3月16日　（保险人签章）

核保：admin　　　　　　制单：IHKUV-29271　　　　　　经办：　　　代理业务员
　　　2023年3月16日　　　　　2023年3月16日

温馨提示：您收到保单后可登录中国平安网站(http://www.　　　　　　　　)或拨打　　　，通过右上角的"保险单号"及"验真码"查验保单真伪。

中国平安财产保险股份有限公司
PING AN PROPERTY & CASUALTY INSURANCE COMPANY OF CHINA, LTD.

图 1-21　交强险单上面的代收车船税记录

④ 如图 1-22 所示，检查商业保险保费金额及有效期，因为在最终定价时要考虑这一部分的款项，所以会影响最终价格。另外，如果其缴纳的保险费比正常价格高，说明车辆出险率较高。

中国银行保险监督管理委员会监制　　　　　　　　　　　　　　　　限在辽宁省销售

中国平安 PING AN
专业·价值

机动车商业保险保险单（电子保单）

下载平安好车主APP　统一认证二维码

确认码：V0201PAIC210023030288950852886

保单验真码：VX

投保人：

行驶证车主：　　　　　　　　　　　　　　　　　　　　　保险单号：1068

鉴于投保人已向保险人提出投保申请，并同意按约定交付保险费，保险人依照承保险种及其对应条款和特别约定承担赔偿责任。

被保险人信息	以下信息来源于您的投保申请，是为您提供理赔及售后服务的重要依据，请务必仔细核对.如果有错误或遗漏请立即拨打95511进行修改					
	姓　名：		证件类型：身份证		证件号码：210	
	出生日期：1967-01-18		性别：男		联系电话：15009******	
	通讯地址：				E-Mail：	
车辆信息	号牌号码：辽A-		发动机号码 GA	车架号	LFV2B	
	核定载客：5 人		初登日期：2021-04-15	厂牌型号	捷达FV6460LAADG多用途乘用车	
	核定载质量：		使用性质：非营业	机动车种类	六座以下客车	
争议解决方式	诉讼					
保险期间	自　2023年4月15日00:00时起至2024年4月14日 24:00时止					

投保险别	保险金额/责任限额	保费小计（元）	绝对免赔率	保费合计（元）
机动车损失保险	108540.80元	1350.74	—	1350.74
机动车第三者责任保险	2000000.00元	848.22	—	848.22
附加医保外医疗费用责任险（三者）	共享保额	45.87	—	45.87
附加机动车增值服务特约条款　道路救援服务特约条款	2 次	—	—	—
车损险每次事故绝对免赔额	0元/次			
保险费合计	RMB2244.83元（不含税保费：2117.76元，税额：127.07元）（大写）人民币贰仟贰佰肆拾肆元捌角叁分			

特别约定	1) 非营业车辆如从事营业性运输或租赁活动，发生保险范围内的事故，本公司不负责赔偿。　2) 尊敬的客户：投保次日起，承保及理赔等信息您可通过本公司网页　　　、客服热线　　　、门店、平安好车主App核查信息。若对查询结果有异议，请登陆网站留言或拨打服务热线。　3) 保险期间内，如发生本保险合同约定的保险事故造成被保险车辆损失或第三方财产损失，保险人可采取实物或修复方式进行保险赔付。　4) 本保单所承保的道路救援服务区域覆盖全国直辖市、省会城市、地级市中心区100 km以内及县城市中心区50km以内救援车辆可通行的道路，高架、高速、隧道、政府管制区域、非车行驶道路不在服务范围内，服务项目包含搭电、换胎、故障拖（限50km），紧急脱困等，详细服务介绍可查阅平安好车主App道路救援专区《平安道路救援服务协议》。　5) 本保单的投保人为吴兴敏，车主为　　　。　6) 无其他特别约定。

银行流水号：CPC170

收费确认时间：2023年3月16日15:14时　投保确认时间：2023年3月16日15:14时　打印时间：2023年3月16日15:14时

重要提示	1.本保险合同由保险条款、投保单、保险单、批单和特别约定组成。 2.收到本保险单、承保险种对应的保险条款后，请立即核对，如有不符或疏漏，请及时通知保险人并办理变更或补充手续。 3.请详细阅读承保险种对应的保险条款，特别是责任免除和赔偿处理。 4.被保险机动车因改装、加装、改变使用性质等导致危险程度显著增加以及转卖、转让、赠送他人的，应通知保险人。 5.被保险人应当在保险事故发生后及时通知保险人。

公司名称：中国平安财产保险股份有限公司沈阳中心支公司
公司地址：沈阳市
报案及服务电话：　　　　网址：www.

签单日期：2023年3月16日

核保：admin 2023年3月16日　制单：QTRSM-95156 2023年3月16日　经办：

温馨提示：您收到保单后可登录中国平安网站（http://www.　　　）或拨打　　　，通过右上角的"保险单号"及"验真码"，查验保单真伪。

中国平安财产保险股份有限公司
PING AN PROPERTY & CASUALTY INSURANCE COMPANY OF CHINA, LTD.

图 1-22　机动车商业保险保险单示例

（2）核查车辆出险情况。委托车辆投保的保险公司查询车辆出险情况（出险次数、损伤情况等）。目前，二手车鉴定评估人员要与各保险公司保持密切联系，以便能及时、顺利地查询所评估车辆的出险情况。

3．相关法律条款

（1）《机动车登记规定》第三十条。被监察机关、人民法院、人民检察院、行政执法部门依法没收并拍卖，或者被仲裁机构依法仲裁裁决，或者被监察机关依法处理，或者被人民法院调解、裁定、判决机动车所有权转让时，原机动车所有人未向现机动车所有人提供机动车登记证书、号牌或者行驶证的，现机动车所有人在办理转让登记时，应当提交监察机关或者人民法院出具的未得到机动车登记证书、号牌或者行驶证的协助执行通知书，或者人民检察院、行政执法部门出具的未得到机动车登记证书、号牌或者行驶证的证明。车辆管理所应当公告原机动车登记证书、号牌或者行驶证作废，并在办理转让登记的同时，补发机动车登记证书。

（2）《机动车登记规定》第五十二条。机动车登记证书、行驶证灭失、丢失或者损毁的，机动车所有人应当向登记地车辆管理所申请补领、换领。申请时，机动车所有人应当确认申请信息并提交身份证明。

（3）《二手车流通管理办法》第十四条。二手车卖方应当向买方提供车辆的使用、修理、事故、检验以及是否办理抵押登记、缴纳税费、报废期等真实情况和信息。买方购买的车辆如因卖方隐瞒和欺诈不能办理转移登记，卖方应当无条件接受退车，并退还购车款等费用。

核查税费证明

三、鉴别走私车和盗抢车

鉴别走私车和盗抢车也称为识别非法车辆。识别非法车辆是二手车鉴定评估人员践行社会主义法治精神的体现。二手车鉴定评估人员在工作中应坚定捍卫法律的权威性和公正性，保障二手车消费市场的健康发展和消费者权益。

1. 鉴别走私车

所谓走私车，是指那些通过走私或非法渠道进口的汽车，俗称"水货"车。这些汽车有的是整车走私，有的是散件走私再境内组装，有的甚至是二手车拼装得来的。对于走私车，应从以下几个方面核查。

（1）查验商检标志。进口正品汽车（即习惯上称为"大贸进口"的汽车），是指通过正常的贸易渠道进口的汽车。此类汽车的前风窗玻璃上有黄色的商检标志，如图 1-23 所示，符合《中华人民共和国产品质量法》。进口正品汽车都附有中文使用手册和维修手册，有的还有零部件目录，而走私车则没有。

图 1-23　进口汽车商检标志（实际颜色为黄色）

（2）查验汽车型号。通过网络查看该型号汽车是否在我国进口汽车产品目录上，如图 1-24 所示。对于多年从事评估工作的业内人士，从外观就能看出汽车是否为我国进口汽车产品目录上的车型。

（3）检查外观漆面。检查车身是否有重新喷漆的痕迹，尤其是车窗玻璃下框处，因为有一种常见的走私车就是所谓的"割顶车"（也称"一刀车"）。走私者在境外将轿车从车窗玻璃下框处切成上、下两部分，如图 1-25 所示，分别作为汽车配件走私或进口，然后在境内将这两部分焊接起来，通过这种方法来达到走私整车的目的。要注意曲线部分的线条是否流畅，大面是否平整，在现有的技术条件下，"割顶车"要想做得天衣无缝还不可能，一般用肉眼仔细观察，用手从车顶部向下触摸，还是能够发现走私者留下的痕迹的。另外，如果可能，拆下立柱内护板，即可发现所有立柱几乎在同一水平位置均有焊接的痕迹，如图 1-26 所示。

图 1-24 我国进口汽车产品目录示例

图 1-25 "割顶车"切割方式

图 1-26 "割顶车"立柱背面的焊接痕迹

　　另外，走私车还有一种切割方式，称为"两刀车"。"两刀车"是指在"割顶车"的基础上，又把车身沿前、后方向给拦腰截断，回到境内后焊接拼装。对于这类车辆，应仔细观察车辆中部的纵向结构件，如地板纵梁、车门槛等，如果发现各纵向结构件几乎在同一车身横截面位置均有焊接的痕迹，即可断定为"两刀车"。

　　（4）观察前机舱内线束。打开前机舱盖，观察前机舱内线路、管路布置是否有条理，是否有重新装配和改装的痕迹。

　　（5）观察换挡杆。我国现有走私车中，日本车较多，右驾改左驾的较多，采用自动变速器的多。根据经验，采用自动变速器的右驾改左驾的车是很容易识别的。为了适应我国的交通管理法规，走私者将右驾改为左驾，而为了降低改装成本，走私者不可能更换变速器。采用自动变速器的右驾改左驾的车通过换挡杆就可以识别，因为自动变速器换挡杆的保险按钮仍在右侧，通过这一点可识别不少走私车。

　　2．鉴别盗抢车

　　检查门窗玻璃，根据门窗玻璃上的生产日期来判断门窗玻璃是否更换过，检查窗框四周的胶条是否有撬过的痕迹。

　　汽车玻璃上的标识位于玻璃的左（或右）下角，标识的含义如图 1-27 所示。所有玻璃的出厂日期应在车辆出厂日期前，且各玻璃生产日期相差不超过 6 个月，否则说明更换过玻璃。

目前汽车玻璃生产日期主要有以下 3 种表示方法。

第一种表示方法市场占有率 80%以上，如图 1-28 所示。这种表示方法是圆点+数字，数字表示生产年份的最后一位数字，如果圆点在数字前，则用 7−点数=月份；如果圆点在数字后，则用 13−点数=月份。图 1-28 中所示的"9 ••••"表示 2009 年或 2019 年 9 月份生产的玻璃。

图 1-27　汽车玻璃上的标识含义

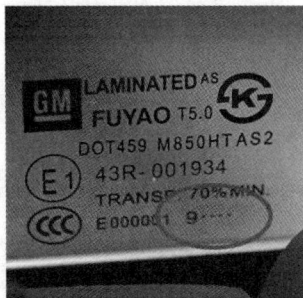

图 1-28　汽车玻璃生产日期第一种表示方法

第二种表示方法是数字右边有两种形状不同的点，如图 1-29 所示。数字表示生产年份（2003 年或 2013 年）；第一种形状点表示第几季度（2 个点表示第二季度）；第二种形状点表示第几个月（1 个点表示第 1 个月）。结合车辆其他情况判定，该玻璃的生产日期为 2013 年 4 月份。

第三种表示方法是数字加两行点，如图 1-30 所示。数字表示生产年份（2018 年）；数字后面的点表示月份，8 个点表示 8 月；第二行点由两种形状不同的点组成，第一种点 1 个点表示 10 天，2 个点表示 20 天，第二种点 1 个点表示 1 天，7 个点表示 7 天。图 1-30 所示的玻璃生产日期是 2018 年 8 月 27 日。

图 1-29　汽车玻璃生产日期第二种表示方法

图 1-30　汽车玻璃生产日期第三种表示方法

还有一些汽车玻璃上没有标注生产日期，比如宝马、进口奔驰等。

目前有很多可以更改玻璃生产日期的制假行为，改完后不太容易看出来，所以玻璃生产日期需要结合以下车辆现状一同判断。玻璃生产日期只是判断车辆信息的一个途径，不可全信。

（1）汽车门锁是否为新换的。

（2）点火开关是否有被破坏或更换的痕迹。

（3）车辆有效证件是否被篡改或伪造。

（4）汽车上的发动机号码和车辆识别代号是否与行驶证和车辆登记证书上的号码完全一致。

鉴别走私车和盗抢车

（5）车辆是否重新喷过漆并改变了原来的颜色。

（6）检查档案。到公安机关交通管理部门查询档案资料，掌握车辆情况，确定车辆的合法性及来源等情况，这是一种直接且有效的判别方法。

【任务考核】

（1）教师为每组学生准备好二手车，包括各项相关手续（可以不全），以及汽车各项证明材料的标准样本。

（2）学生结合本任务的知识与技能学习，针对现场二手车，逐项检查各项证明材料，并完成实训工单 1.2。

（3）教师观察学生操作情况（做适当的记录），审阅学生完成的工单，并给出评价。

【学习效果检验】

具体内容见实训手册。

|任务 1.3 签订二手车鉴定评估委托书及拟订作业方案|

【任务分析】

经过对车辆相关证件的查验后，如果将其判定为可交易车辆，就可以与委托方签订二手车鉴定评估委托书，以便使之后的鉴定评估工作在有法律保障的条件下进行。

二手车鉴定评估委托书是受托方与委托方对各自权利、责任和义务的协定，是一项经济合同性质的契约。

二手车鉴定评估委托书必须符合国家法律、法规和资产评估业的管理规定。涉及国有资产占有单位要求申请立项的二手车鉴定评估业务，应由委托方提供国有资产管理部门关于评估立项申请的批复文件，经核实后，方能接受委托。

签订委托书后，受托方要根据具体工作情况，拟订鉴定评估作业方案，即根据二手车鉴定评估委托书的要求而拟订评估工作规划和安排。其主要内容包括：评估目的、评估的范围、评估基准日、安排具有鉴定评估资格的评估人员及协助评估人员、现场工作计划、评估程序、评估具体工作和时间安排、拟采用的价格评估方法及其具体步骤等。

本任务主要学习与签订二手车鉴定评估委托书及拟订鉴定评估作业方案相关的理论知识，正确签订二手车鉴定评估委托书的方法，二手车鉴订评估作业方案包含的内容与基本格式。

【学习目标】

1．知识目标

（1）能够熟练掌握我国汽车产品型号编制规则。

（2）能够正确解释汽车品牌、车系、型号、车款。

（3）能够正确描述二手车价格评估的前提条件。

（4）能够正确说明二手车价格评估的计价标准的种类及各类型计价标准的应用条件。

（5）能够正确解释重置成本法、现行市价法、收益现值法和清算价格法的概念、理论依据、适用范围及特点。能够根据具体的二手车评估目的，选择正确的价格评估方法。

2．能力目标

（1）能够规范地签订二手车鉴定评估委托书。

（2）能够拟订二手车鉴定评估作业方案。

3．素质目标

（1）具备认真履行岗位职责的职业素养。

（2）具备国际化视野和科技强国的综合素养。

【相关知识学习】

一、我国汽车产品型号编制规则

我国汽车产品型号编制规则和我国专用车产品型号编制规则分别如图1-31和图1-32所示。

图 1-31 我国汽车产品型号编制规则

图 1-32 我国专用车产品型号编制规则

1．企业名称代号

企业名称代号由2～3位汉语拼音字母组成，代表某一个汽车生产企业，如EQ代表第二汽车制造厂。

2．车辆类别代号

车辆类别代号规定，见表1-8。

表 1-8   车辆类别代号规定

车辆类别代号	车辆种类	车辆类别代号	车辆种类
1	载货汽车	5	专用汽车
2	越野汽车	6	客车
3	自卸汽车	7	轿车
4	牵引汽车	8	半挂车

3．主参数代号

（1）载货汽车类。其主参数代号代表车辆的总质量（单位为 t）。当总质量在 100t 以上时，允许用 3 位数字表示。

（2）客车类。其主参数代号代表车辆长度（单位为 m）。当车辆长度小于 10m 时，应精确到小数点后一位，并以长度值的 10 倍数值表示。

（3）轿车类。其主参数代号代表发动机排量（单位为 L）。应精确到小数点后一位，并以其值的 10 倍数值表示。

主参数不足规定位数时，在参数前加"0"占位。

4．产品序号

产品序号用阿拉伯数字表示，数字由 0、1、2、…依次使用。

当车辆主参数有变化，且变化程度大于 10%时，应改变主参数代号，否则应改变其产品序号。

5．企业自定代号

同一种汽车结构略有变化而需要区别时，例如，汽油、柴油发动机，长、短轴距，单、双排座驾驶室，平、凸头驾驶室，左、右置转向盘等，可用汉语拼音字母和阿拉伯数字表示，位数由企业自定。供用户选装的零部件（如暖风装置、收音机、地毯、绞盘等）不属于结构特征变化的，不给予企业自定代号。

如"Jetta CiX"：捷达前卫，其中"C"表示普及型；"i"表示电控燃油喷射；"X"表示新车型。

6．专用汽车分类代号

专用汽车分类代号由 3 位汉语拼音字母构成，第一位是专用汽车结构特征代号，其具体规定见表 1-9，后两位是车辆用途代号，如"SS"表示洒水车，"YY"表示运油车等。

我国汽车产品型号编制规则

表 1-9   专用汽车结构特征代号规定

结构类型	结构特征代号	结构类型	结构特征代号
厢式汽车	X	特种结构汽车	T
罐式汽车	G	起重举升汽车	J
专用自卸汽车	Z	仓栅式汽车	C

二、汽车信息查询

二手车不同于新车，它是完全的个体，且涉及众多品牌、众多型号的车款，如何精确分类和查找，对二手车鉴定评估人员而言是有现实意义的。

1．品牌

品牌（Brand）是车款的第一级，是制造商对一类车辆所给予的名称，如别克、奥迪、本田、大众等。有的品牌和制造商名相同，如大众、本田等；有的则不同，如别克的制造商是通用。

2．车系

车系（Line）是指制造商对一个品牌中的一组或一批车辆给予的名称，这些车辆在结构上（如车身、底盘、驾驶室类型）具有一定的共性。

如普桑、桑塔纳 2000 属于桑塔纳车系；别克世纪、GL8 属于别克 G 车系。

3．型号

型号（Model）又称车型，是制造商对具有相同品牌、车系和车身类型的车辆所给予的名称。如别克的赛欧、GL8；奥迪的 A4、A6；大众的帕萨特、捷达等。

4．子车型

所有的子车型（Submodel）属于同一车型，但某些附件或选装件不同。如 Jetta Ci 表示经济型两气门；Jetta Gi 表示豪华型两气门；Jetta CiX 表示捷达前卫；Jetta GiX 表示捷达前卫豪华型；Jetta GTX 表示豪华型 5V 改型捷达王（新捷达王）；Jetta AT 表示自动变速新捷达王（都市先锋）。

对子车型型号代码中的各字母（或数字）的含义，各汽车生产厂商具有不同的规定。如一汽大众规定"C"代表普及型；"G"代表豪华舒适型；"X"代表新型；"i"代表电控燃油喷射。子车型对配件和保险行业具有重要使用意义。

5．车型年份

车型年份（Model Year）不一定表示实际生产的年份，一般表示制造商指定的车型年份。在北美，每年 9 月以后上市的车辆，其车型年份都标注为下一年款。现在，新车推出的时间有前移的趋势，甚至 7 月就推出了下一年的车型。

6．制造工厂

制造工厂（Plant）为标贴车辆识别代号的工厂，一般是指装配工厂。

同一年份的同一车型，可能出自不同的装配工厂。购买进口车的车主一定要注意车辆的装配工厂，因为不同的装配工厂，其出厂的汽车技术水平可能有较大的差异。

汽车信息查询

三、二手车价格评估的前提条件

二手车的价格评估运用资产评估的理论和方法，它是建立在一定的前提条件之上的，这些前提条件也称为假设。二手车价格评估的假设有继续使用假设、公开市场假设和破产清算假设。

1．继续使用假设

继续使用假设是指二手车将按现行用途继续使用，或转换用途继续使用。对这些车辆进行评估，就要从继续使用假设出发，而不能按车辆拆零后出售零部件所得收入之和进行评估。比如一辆汽车用作营运，其估价可能是 4 万元；而将其拆成发动机、底盘等零部件分别出售时则可能仅值 3 万元。可见同一辆车按不同的假设用于实现不同的目的，其价格是不一样的。

在确定二手车能否继续使用时，必须充分考虑以下条件。

（1）车辆具有显著的剩余使用寿命，而且能以其提供的服务或用途，满足所有者在经营上或工作上的期望。

（2）车辆所有权明确，并保持完好。

（3）车辆从经济上和法律上允许转作他用。

（4）车辆的使用功能。

2．公开市场假设

公开市场是指充分发育与完善的市场条件。公开市场假设是指假定在二手车交易市场上，交易双方地位平等，双方都有获取足够市场信息的机会和时间，以便对车辆的功能、用途及其交易价格等进行理智的判断。

公开市场假设基于市场客观存在的现实，即二手车在市场上可以公开买卖。不同类型的二手车，其性能、用途不同，市场化程度也不一样。用途广泛的车辆一般比用途狭窄的车辆市场活跃，但车辆的买者或卖者都希望得到车辆的最大最佳效用。所谓最大最佳效用是指车辆在可能的范围内，最有利又可行和法律上允许的用途。在评估二手车时，按照公开市场假设处理或做适当调整，才有可能使车辆获得的收益最大。最大最佳效用由车辆所在地区具体特定条件，以及市场供求规律决定。

3．破产清算假设

破产清算假设是指二手车所有者在某种压力下被强制进行二手车整体或拆零，经协商或以拍卖方式在公开市场上出售。在这种情况下进行的二手车价格评估具有一定的特殊性，要适应强制出售中市场均衡被打破的实际情况，二手车的评估价格会大大低于继续使用假设或公开市场假设条件下的评估值。

上述3种不同假设，形成3种不同的评估结果。在继续使用假设下要求评估二手车的继续使用价格；在公开市场假设下要求评估二手车的市场价格；在破产清算假设下要求评估二手车的清算价格。因此，二手车鉴定评估人员在业务活动中要充分分析、判断被评估二手车可能的效用，以便得出二手车的公平价格。

二手车价格评估
的前提条件

四、二手车价格评估的计价标准

我国资产评估中有4种价格计量标准（简称计价标准），即重置成本标准、现行市价标准、收益现值标准和清算价格标准。二手车评估属于资产评估，因此，二手车评估也遵守这4种计价标准。对于同一辆二手车，采用不同的计价标准估价，会得出不同的价格结果。这些价格不仅在质上不同，在量上也存在较大差异。因此，必须根据评估的目的，选择与二手车评估业务相匹配的计价标准。

1．重置成本标准

重置成本是指在现时条件下，按功能重置车辆并使其处于在用状态所耗费的成本。重置成本的构成与历史成本一样，都能反映车辆在购置、运输、注册登记等过程中所支出的全部费用，但重置成本是按现有技术条件和价格水平计算的。

重置成本标准适用的前提是车辆处于在用状态，一方面反映车辆已经投入使用；另一方面反映车辆能够继续使用，对所有者具有使用价值。

2．现行市价标准

现行市价是指车辆在公平市场上的销售价格。所谓公平市场，是指充分竞争的市场，买卖双方没有垄断和强制，双方的交易行为都是自愿的，都有足够的时间与能力了解市场行情。

现行市价标准适用的前提条件有以下两个。

（1）需要存在一个充分发育、活跃、公平的二手车交易市场。

（2）与被评估车辆相同或类似的车辆在市场上有一定的交易量，能够形成市场行情。

3．收益现值标准

收益现值是指根据车辆未来的预期获利能力大小，以适当的折现率将未来收益折成现值。从"以利索本"的角度看，收益现值就是为获得车辆预期收益的权利所支付的货币总额。在折现率相同的情况下，车辆未来的效用越大，获利能力越强，其评估值就越大。投资者购买车辆时，一般要进行可行性分析，只有在预期回报率超过评估的折现率时，才可能支付货币购买车辆。

> **说　明**
>
> 折现率是指将未来预期收益折算成现值的比率。从本质上讲，折现率是一种期望投资报酬率，是投资者在投资风险一定的情况下，对投资所期望的回报率。

收益现值标准适用的前提条件是车辆投入使用后可连续获利。

4．清算价格标准

清算价格是指在非正常市场上限制拍卖的价格。与现行市价相比，两者的根本区别在于：现行市价是公平市场价格；而清算价格是非正常市场上的拍卖价格，这种价格由于受到期限限制和买主限制，一般大大低于现行市价。

清算价格标准适用于企业破产清算，以及因抵押、典当等不能按期偿债而导致的车辆变现清偿等二手车价格评估业务。

二手车价格评估的计价标准

五、二手车价格评估的基本方法

根据价格评估目的不同，二手车价格评估可分为鉴定评估和收购评估两种。二手车鉴定评估是第三方中介资产评估，其价格评估方法和资产评估方法一样，按照国家规定的重置成本法、收益现值法、现行市价法和清算价格法4种方法进行，评估价格具有约束性。二手车收购评估是二手车经营企业为了自身发展需求开展的业务，收购价格由买卖双方自由确定，具有灵活性。

1．重置成本法

（1）概念。重置成本法是指在现时市场条件下重新购置一辆全新状态的被评估车辆所需的全部成本，减去该被评估车辆的各种陈旧贬值后的差额作为被评估车辆现时价格的一种评估方法。其评估思路可表示为

二手车评估值＝重置成本−实体性贬值−功能性贬值−经济性贬值

由此可以看出，重置成本法的概念涉及4个基本要素，即重置成本、实体性贬值、功能性贬值和经济性贬值。

① 重置成本。二手车重置成本是按现行市场条件重新购置一辆与被评估二手车功能相同或相近的全新车辆所支付的全部货币总额，也称为重置成本全价。简单地说，二手车重置成本就是当前再取得该车新车的成本。具体来说，重置成本又分为复原重置成本和更新重置成本两种。

复原重置成本是指用与被评估车辆相同的材料、制造标准、结构设计及技术水平等，

以现时市场价格重新构建与被评估车辆相同的全新车辆所产生的全部成本。汽车不同于一般机器设备，技术性很强，又受到很强的法规限制，一般用户很难复原一辆已经停产很久的车辆。

更新重置成本是指利用新型材料、新技术标准和新型设计等，以现时市场价格购置具有相同或相似功能的全新车辆所支付的全部成本。

应该注意的是，无论是复原重置成本还是更新重置成本，车辆本身的功能不变。

一般情况下，在选择重置成本时，如果可同时取得复原重置成本和更新重置成本，应优先选择更新重置成本，在不存在更新重置成本的情况下，再考虑采用复原重置成本。由此可见，重置成本法主要立足于二手车的新车现行市价，与二手车的原购置价并无多大的关系。新车现行市价越高，重置成本也越高。

② 实体性贬值。二手车实体性贬值也称为实体损耗，是指二手车在存放和使用过程中，由于物理或化学原因（如机件磨损、老化或锈蚀等）而导致的车辆实体发生的价值损耗，即由于自然力的作用而发生的损耗，属于有形损耗。计量二手车实体性贬值时主要根据已使用年限进行分摊，即实体性贬值的主要计算依据是已使用年限。

③ 功能性贬值。二手车功能性贬值是指由于技术进步引起的二手车功能相对落后而导致的贬值，属于无形损耗。功能性贬值可分为一次性功能贬值和营运性功能贬值。

一次性功能贬值是由于技术进步引起劳动生产率的提高，现在再生产制造与原功能相同的车辆的社会必要劳动时间减少、成本降低而造成原车辆价值的贬值。

营运性功能贬值是指由于技术进步，出现了新的、性能更优的车辆，致使原有车辆的功能相对新车型已经落后而引起贬值。具体表现为原有车辆在完成相同工作任务的前提下，在燃料、人力、配件材料等方面的消耗增加，提高了一部分超额运营成本。

④ 经济性贬值。二手车经济性贬值是指由于外部经济环境变化所造成的车辆贬值，也是一种无形损耗。外部经济环境包括宏观经济政策、市场需求、通货膨胀和环境保护等，如国家提高对汽车排放标准的要求，实施国六排放标准，原来执行国五排放标准的在用车就会因此而贬值。经济性贬值是由于外部经济环境而不是车辆本身或内部因素，所引起的达不到原有设计的获利能力而造成的贬值。外部经济环境对车辆价值的影响不仅是客观存在的，而且对车辆价值影响相当大，所以在二手车的评估中不可忽视。

（2）理论依据。重置成本法的理论依据是，任何一个精明的投资者在购买某项资产时，他所愿意支付的价格，绝不会超过现时市场上能够购买到的与该项资产具有同等效用的全新资产所需的最低成本，而不管这项资产的原拥有者当初在购买这项资产时的购置价（历史成本）是多少。可见二手车的重置成本是现时购买一辆全新的与被评估二手车相同的车辆所支付的最低金额。

（3）应用前提。重置成本法的应用前提是车辆能够以整车状态继续使用。

重置成本法作为一种二手车评估的方法，是从能够重新取得被评估二手车同类新车的角度来反映二手车的交换价值的，即通过被评估二手车的重置成本反映二手车的交换价值。只有当被评估的二手车处于继续使用状态下，再取得被评估二手车同类新车的全部费用才能构成其交换价值的内容。二手车继续使用包含着其具有使用有效性的经济意义，只有当二手车能够继续使用并且在持续使用中为潜在投资者带来经济利益，二手车的重置成本才能被潜在投资者和市场承认及接受。

（4）适用范围。重置成本法主要适用于继续使用前提下的二手车评估，可广泛应用于价值较高的中、高档车辆评估。

（5）特点。

① 优点。

a. 比较充分地考虑了车辆的各方面损耗，反映了车辆市场价格的变化，评估结果更趋于公平、合理，在不易估算车辆未来收益，或难以在市场上找到可类比对象的情况下可广泛应用。

b. 将车况、配置以及车辆使用情况用适当的调整系数表征出来，比较清晰地解析了车辆残值的构成，使整个评估过程显得有理有据，有助于增强交易双方对评估结果的信任。

② 缺点。

a. 评估工作量较大，确定相关参数（如成新率）时受主观因素影响较大。

b. 对于极少数的进口车辆及一些已停产或自然淘汰的车型，由于不可能查询到相同车型新车的市场报价，因此难以准确地确定出其重置成本。

重置成本法

2．收益现值法

（1）概念。收益现值法是通过估算被评估二手车在剩余寿命期内的预期收益，并折现为评估基准日的现值，借此来确定二手车价值的一种评估方法。也就是说，现值在这里被视为二手车的评估值，而且现值的确定依赖于未来预期收益。

（2）理论依据。收益现值法基于这样的假设，即人们之所以购买某辆二手车，主要是因为这辆车能为自己带来一定的收益。任何一个理智的投资者在决定购买某辆二手车时，他所愿意支付的货币金额不会高于评估时求得的该车未来预期收益的折现值。

（3）应用前提。

① 被评估二手车必须是营运车辆，且具有继续经营和获利的能力。

② 继续经营的预期收益可以预测，而且必须能够用货币金额来表示。

③ 二手车购买者获得预期收益所承担的风险可以预测，并可以用货币衡量。

④ 被评估二手车预期获利年限可以预测。

（4）适用范围。由以上的应用前提可见，运用收益现值法进行二手车评估时，是以车辆投入使用后连续获利为基础的。在二手车的交易中，人们购买的目的往往不在于车辆本身，而在于车辆获利的能力。因此，收益现值法适用于投资营运的车辆，是现今工程车辆价格评估中采用最多的方法之一。

（5）特点。

① 优点。

a. 与投资决策相结合，容易被交易双方接受。

b. 能真实和较准确地反映车辆本金化的价格。

② 缺点。

a. 相关参数如预期收益额、折现率以及风险报酬率的预测难度大。

b. 受主观判断和未来不可预见因素的影响较大。

收益现值法

3．现行市价法

（1）概念。现行市价法又称市场法、市场价格比较法，是指通过比较被评估车辆与最近售出类似车辆的异同，并将类似车辆的市场价格进行调整，从而确定被评估车辆价值的一种评估方法。其基本思路是，通过市场调查，选择一个或几个与被评估车辆相同或类似的车辆作为参照车辆，分析参照车辆的构造、功能、性能、新旧程度、地区、交易条件及成交价格等，并与被评估车辆进行比较，找出两者的差别及其在价格上所反映的差额，经过适当调整，最终计算出被评估车辆的价格。

现行市价法是采用比较和类比的方法，根据替代原则，从二手车可能进行交易角度来判断二手车价值的。

（2）理论依据。现行市价法基于这样的原理，任何一个正常的投资者在购置某项资产时，他所愿意支付的价格不会高于市场上具有相同用途替代品的现行市价。

运用现行市价法时要求充分利用类似二手车成交价格信息，并以此为基础判断和估测被评估二手车的价值。运用已被市场检验了的结论来评估二手车，显然是容易被买卖双方接受的。因此，现行市价法是二手车评估中最为直接、最具说服力的评估方法之一。

用现行市价法评估二手车时包含被评估二手车的各种贬值因素，如实体性贬值、功能性贬值和经济性贬值。因为市场价格是综合反映车辆各种贬值因素的体现，由于车辆的有形损耗及功能陈旧而造成的贬值，自然会在市场价格中有所体现。经济性贬值则反映社会上各类产品综合的经济性贬值的大小，突出表现为供求关系的变化对市场价格的影响，因此，用现行市价法评估二手车时不再专门计算功能性贬值和经济性贬值。

（3）应用前提。由于现行市价法是以与同类二手车销售价格相比较的方式来确定被评估二手车价值的，因此，运用这一方法时一般应具备以下两个基本的前提条件。

① 要有一个发育成熟、交易活跃的二手车公开交易市场，经常有相同或类似的二手车交易，有充分的参照车辆，成交的二手车价格能反映市场行情，这是应用现行市价法评估二手车的关键。在二手车交易市场上二手车交易越频繁，与被评估车辆相类似的二手车价格越容易获得。

② 市场上的参照车辆与被评估二手车有可比较的指标，并且这些指标的技术参数等资料是可收集到的，其价值影响因素明确、可以量化。

运用现行市价法，重要的是在交易市场上能够找到与被评估二手车相同或相类似的已成交过的参照车辆，并且参照车辆是近期的、可比较的。所谓近期，是指参照车辆交易时间与被评估二手车评估基准日相差时间相近，一般在一个季度之内；所谓可比较，是指参照车辆在规格、型号、功能、性能、配置、内部结构、新旧程度及交易条件等方面与被评估二手车相近。

现行市价法的应用前提是二手车交易市场发育比较健全，并且能够相互比较的二手车交易在同一市场或地区经常出现。目前我国各地二手车交易市场完善程度、交易规模差异很大，有些地区的汽车保有量少，车型数少，二手车交易量少，寻找参照车辆较为困难。因此，现行市价法的实际运用在我国目前的二手车交易市场中受到一定的限制。

（4）适用范围。现行市价法是从卖者的角度来考虑被评估二手车的变现值的，二手车评估价值的大小受市场的制约，因此，它特别适用于产权转让的畅销车型评估，如二手车收购（尤其是成批收购）和典当等业务。畅销车型的数据充分、可靠，市场交易活跃，鉴定评估人员熟悉其市场交易情况，采用现行市价法评估二手车花费的时间会很短。

（5）特点。

① 优点。

a. 能够客观反映二手车目前的市场情况，其评估的参数、指标等能直接从市场获得，评估值能反映二手车市场现时价格。

b. 结果易于被交易双方理解和接受。

② 缺点。

a. 需要公开及活跃的二手车市场作为基础，而我国很多地方的二手车市场建立时间短、发育不完全，寻找参照车辆有一定的困难。

b. 可比因素多而复杂，即使是同一个生产厂家生产的同一型号的产品，在同一天注册登记，但可能由于不同的车主使用，其使用强度、使用条件、维护水平等会有较大差别，从而使车辆技术状况不同，造成二手车评估值存在较大差异。

现行市价法

4. 清算价格法

（1）概念。清算价格法是以清算价格为依据来估算二手车价格的一种方法。所谓清算价格，是指企业在停业或破产后，在一定的期限内拍卖资产（如车辆）时可得到的变现价格。

（2）理论依据。清算价格法的理论基础是清算价格标准。清算价格法在原理上基本与现行市价法相同，所不同的是迫于停业或破产等，清算价格往往低于现行市场价格。这是由于企业被迫停业或破产，急于将车辆拍卖、出售造成的。

（3）应用前提。以清算价格法评估二手车价格的应用前提有以下 3 个。

① 以具有法律效力的破产处理文件或抵押合同及其他有效文件为依据。

② 车辆在市场上可以快速出售变现。

③ 卖车收入足以补偿因出售车辆而产生的附加支出费用总额。

（4）适用范围。清算价格法适用于企业破产、资产抵押、停业清理等时要出售的车辆及拍卖车辆。

① 企业破产。当企业因经营不善造成严重亏损，到期不能清偿债务时，企业应依法宣告破产，法院以其全部财产依法清偿所欠的债务，不足部分不再清偿。

② 资产抵押。资产抵押是以所有者的资产作为抵押物进行融资的一种经济行为，是合同当事人一方用自己特定的财产（如机动车）向对方保证履行合同义务的担保形式。提供财产的一方为抵押人，接受抵押财产的一方为抵押权人。抵押人不履行合同时，抵押权人有权将抵押财产在法律允许的范围内变卖，从变卖抵押物价款中优先受偿。

③ 停业清理。停业清理是指企业由于经营不善导致严重亏损，已临近破产或因其他原因无法继续经营下去，为弄清企业财产现状，对全部财产进行清点、整理和核查，为经营决策（破产清算或继续经营）提供依据，以及因资产损毁、报废而进行清理、拆除等的经济行为。

（5）影响清算价格的主要因素。在二手车评估中，影响清算价格的主要因素包括破产形式、债权人处置车辆的方式、车辆清理费用、拍卖时限、公平市价和参照车辆价格等。

① 破产形式。如果企业丧失车辆处置权，出售车辆的一方无讨价还价的可能，则以买方出价决定车辆售价；如果企业未丧失车辆处置权，出售车辆的一方尚有讨价还价余地，则以双方议价决定售价。

② 债权人处置车辆的方式。按抵押时的合同契约规定执行，如公开拍卖或收归己有。

③ 车辆清理费用。在企业破产等情况下评估车辆价格时，应对车辆清理费用及其他

费用给予充分的考虑。如果这些费用太高，拍卖变现后所剩无几，则失去了拍卖还债的意义。

④ 拍卖时限。一般来说，规定的拍卖时限长，售价会高些；时限短，则售价会低些。这是由资产快速变现原则产生的特定买方市场所决定的。

⑤ 公平市价。公平市价是指车辆成交时，交易双方都满意的价格。在清算价格中卖方满意的价格一般不易求得。

⑥ 参照车辆价格。参照车辆价格是指在市场上出售相同或类似车辆的价格。通常，市场参照车辆价格高，车辆出售的价格就高，反之则低。

六、二手车价格评估方法的选择

二手车价格评估方法的多样性为鉴定评估人员提供了选择价格评估方法的途径。选择价格评估方法时应考虑以下因素。

（1）必须严格与二手车评估的计价标准相适应。

（2）要受收集数据和信息资料的制约。

（3）要充分考虑二手车鉴定评估工作的效率，选择简单、易行的方法。

鉴于对上述因素的考虑，在 4 种价格评估方法中，重置成本法、现行市价法、收益现值法和清算价格法均适用于二手车鉴定评估。若采用现行市价法评估，由于目前我国二手车交易市场发育不是很完善，较难寻找到与被评估车辆有相同的使用日期、使用强度、使用条件等的车辆；采用收益现值法时，预期收益额预测难度大，易受较强的主观判断和未来不可预见因素的影响；采用清算价格法，又受其适用条件的限制。故上述 3 种价格评估方法在二手车鉴定评估中较少采用。而重置成本法，具有收集资料信息便捷、操作简单且易行、评估理论性强，以及经车辆的技术鉴定而使评估结果有依有据、可信度高等优点，故成为二手车鉴定评估中应用最广的一种价格评估方法。

GB/T 30323—2013 对评估方法选择的规定是：一般情况下，推荐选用现行市价法；在无参照物、无法使用现行市价法的情况下，选用重置成本法。

【任务实施】

一、签订二手车鉴定评估委托书

接待人员根据询问委托人（或车主）的记录以及委托人携带的车辆资料（如登记证书、机动车行驶证、购车发票等），认真填写二手车鉴定评估委托书的内容，经双方签字后，将其中的一份送与委托人，另一份由鉴定评估机构保存。以下为 GB/T 30323—2013 标准推荐的二手车鉴定评估委托书样式。

二手车鉴定评估委托书

委托书编号：＿＿＿＿＿＿＿＿＿＿＿

委托方名称（姓名）：   鉴定评估机构名称：

法人代码证（身份证）号：   法人代码证：

委托方地址：   鉴定评估机构地址：

联系人：   联系人：

电话：　　　　　　　　　　　　　电话：

因□交易 □典当 □拍卖 □置换 □抵押 □担保 □咨询 □司法裁决 □其他（须明注）需要，委托人与受托人达成委托关系，对号牌号码为_____，车辆类型为_____，车辆识别代号/车架号为_____的车辆进行技术状况鉴定并出具鉴定评估报告，_____年___月___日前完成。

委托评估车辆基本信息

	厂牌型号			使用用途	营运　　□ 非营运　□
车辆情况	总质量/座位/排量			燃料种类	
	初次注册登记日	年　月　日		车身颜色	
	已使用年限	年　个月	累计行驶里程/万 km		
	大修次数	发动机/次		整车/次	
	维修情况				
	事故情况				
价值反映	购置日期	年　月　日		原始价格/元	

备注：

委托方：（签字、盖章）　　　　　　　　受托方：（签字、盖章）

　年　　月　　日　　　　　　　　　　　　年　　月　　日

1. 委托方保证所提供的资料客观真实，并负法律责任。
2. 仅对车辆进行鉴定评估。
3. 评估依据：《机动车运行安全技术条件》（GB 7258—2017）、《二手车鉴定评估技术规范》（GB/T 30323—2013）等。
4. 评估结论仅对本次委托有效，不可用作其他用途。
5. 鉴定评估人员与有关当事人没有利害关系。
6. 委托方如对评估结论有异议，可于收到二手车鉴定评估报告之日起 10 日内向受托方提出，受托方应给予解释。

二、拟订二手车鉴定评估作业方案

二手车鉴定评估机构接待人员（或负责人）在与委托人签订委托书之后，即可拟订鉴定评估作业方案，并将拟订好的鉴定评估作业方案及委托书一起交给负责的二手车鉴定评估师。拟订二手车鉴定评估作业方案可根据如下样例进行。

二手车鉴定评估作业方案

一、委托方与车辆所有方简介

委托方_____。

委托方联系人_____，联系电话_____。

二、评估目的

根据委托方的要求，本项目评估目的是（在□处填√）:

□交易 □拍卖 □置换 □抵押 □担保 □咨询 □司法裁决 □其他（说明）_____。

三、评估对象

评估车辆的厂牌型号_____，号牌号码_____。

四、鉴定评估基准日

鉴定评估基准日：_____年____月____日。

五、拟采用的价格评估方法（在□处填√）

□重置成本法 □现行市价法 □收益现值法 □清算价格法 □其他

六、拟订鉴定评估人员

负责鉴定评估师：_____。

协助鉴定评估人员：_____。

七、现场工作计划

负责鉴定评估师组织相关人员，于_____年____月____日____时前，参照各项工作的参考时间，完成下列工作。

（1）登记车辆基本信息：____min。

（2）判别事故车：____min。

（3）鉴定二手车现时技术状况：____min。

（4）价格估算：____min。

（5）编制评估报告：____min。

八、评估作业程序

按照接受委托、查验可交易车辆、签订鉴定评估委托书、登记二手车信息、判别事故车、鉴定技术状况、价格估算和编制评估报告的程序进行。

九、提交评估报告时间

拟订提交评估报告时间为_____年____月____日。

【任务考核】

（1）教师为学生准备好实训工单1.3，并明确待评估车辆为可交易车辆。

（2）学生根据业务洽谈记录签订二手车鉴定评估委托书。

（3）教师可进行适当的指导，并审阅学生完成的工单，给出评价。

【学习效果检验】

具体内容见实训手册。

模块 2
现场鉴定

现场鉴定通常包括登记车辆基本信息、判别事故车、鉴定二手车技术状况 3 个工作步骤。

二手车鉴定评估人员通过现场查勘鉴定二手车现时技术状况，其目的是公正、科学地确定被评估车辆的技术现状。这项工作完成后，鉴定评估人员应客观地给出鉴定评估过程的描述和评估结论，即被评估车辆的缺陷描述和等级评定。

在二手车鉴定评估业务中，大部分工作是对二手车的技术状况进行全面对照检查，然后按车辆实际技术状况进行价格估算。二手车的车型、年份等信息都是比较容易看出来的，但二手车的使用强度、使用情况、是否出过严重事故等，就需要鉴定评估人员有一定的实践经验才能检查出来。在进行车辆外观检查前，应进行外部清洗。在外观检查过程中，需对底盘进行检查时，应设有地沟或举升机，以便将车体升起，方便人员检查底盘。

登记车辆基本信息，就是通过查看车辆及其相关证件，在"二手车鉴定作业表"中登记厂牌型号、行驶里程、牌照号码、VIN 码等信息，故在"相关知识学习"环节不详细介绍，将在任务 2.1 的"任务实施"环节再做简要说明。

|任务 2.1 登记基本信息及判别事故车|

【任务分析】

现场鉴定中非常重要的一个工作步骤是判别事故车。车商对判别事故车这一步骤给予高度重视，因为一旦不慎收到一辆事故车，会给将来的销售带来很大麻烦，甚至会影响企业的声誉。

事故车并非专指发生过严重碰撞事故的车辆，而是指存在严重结构性损伤的车辆。损伤可能是事故造成的，也可能是汽车使用负荷过大造成的，泡水车、火烧车等也属于特殊事故车。车辆发生碰撞或者损伤后，会对汽车的结构框架造成伤害，需要进行一定的修复，但修复效果往往很难达到技术要求，故总会存在一定的安全隐患。这些车辆一般来说很难从外观观察出来，但是这些"伤筋动骨"可使车辆的寿命大减，相应的评估价格也会大打折扣。

本任务主要介绍判别事故车的方法。

【学习目标】

1. 知识目标

（1）能够正确解释事故车的含义。

（2）能够正确描述事故车的类型及各类型事故车的特点。

（3）能够正确描述非承载式车身碰撞变形的类型及各类型变形损伤的特点。

（4）能够正确描述承载式车身不同方位碰撞的变形特点。

（5）能够正确描述承载式车身碰撞变形的类型及各类型变形损伤的特点。

（6）能够正确描述车身漆膜种类和各类型漆膜的结构特点及厚度范围。

2. 能力目标

（1）能够正确登记车辆基本信息。

（2）能够正确进行严重碰撞车、泡水车和火烧车的判别。

3. 素养目标

（1）具备安全卫生、团队协作及细致耐心的职业素养。

（2）具备通过技术更新促进社会进步的思想观念。

【相关知识学习】

一、事故车概述

1. 事故车的定义

事故车是指在使用过程中，曾经发生过长时间（或严重）泡水、严重火烧或严重碰撞，即使经过很好的修复之后，仍然存在安全隐患的车辆。

2. 事故车的类型

在二手车鉴定评估中，事故车包括严重碰撞车、泡水车和火烧车3种。

（1）严重碰撞车。因经过严重撞击而伤及车身主要结构件的车辆，在后期很难修复到原厂要求的技术状况，严重时需要进行加热校正修复，对车辆金属刚性及强度影响极大，并且高速时会出现跑偏、磨胎等现象，稳定性较差。所以判断车辆是否为严重碰撞车，重点要查看车身结构件，如图2-1所示，只要碰撞损伤达到下列程度之一，即可认为是严重碰撞车。

① 车架左、右纵梁有损伤痕迹或修复（更换）迹象。

② 散热器框架和悬架安装部位有损伤痕迹或修复（更换）迹象。

③ 车身后翼子板有损伤痕迹或修复（更换）迹象，且其损伤面积超过整板的1/3。

④ 门框上、下边梁，A柱、B柱、C柱有损伤痕迹或修复（更换）迹象。

⑤ 车身地板有损伤痕迹或修复（更换）迹象。

⑥ 由于碰撞造成安全气囊弹出的车辆。

（2）泡水车。泡水车按照损害严重程度分为3类，第一类是水深超过车轮，并涌入了车内；第二类是水深超过前机舱盖，水线到达前风窗玻璃的下沿；第三类是积水漫过车顶。在这3类泡水车中，第一类较为常见，危害性相对后两类要小很多，修复后对日常使用影响不大。而后两类，水深超过了风窗玻璃下沿或者直接没过车顶的车辆，就算修复后也存在相当大的安全隐患。

图 2-1　严重碰撞

　　泡水车是指进水的水线超过前机舱盖，达到前风窗玻璃的下沿以上的车辆，如图 2-2 所示。因整个前机舱被水淹没，绝大部分线路和相关零件、仪表都被水浸泡过，而线路内和电器相关零件内部进水不能及时排出会造成严重的安全隐患。这些车辆虽然结构没有发生变化，但线路等容易生锈、腐蚀，从而造成短路、接触不良等故障，在车辆使用过程中也存在着很大的安全隐患，所以把泡水车列为事故车。

图 2-2　泡水车

　　在二手车鉴定评估行业内，通常将汽车进水程度分为以下 6 个级别。

① 一级：水面在制动盘和制动毂下沿以上车身地板以下，乘员舱未进水。

② 二级：水面在车身地板以上驾驶人坐垫以下，乘员舱进水。

③ 三级：乘员舱进水，水面在驾驶人坐垫以上仪表台以下。

④ 四级：乘员舱进水，水面在仪表台中部。

⑤ 五级：乘员舱进水，水面在仪表台台面以上顶篷以下。

⑥ 六级：水面超过车顶。

　　上述 6 个级别的进水车中，一级进水车不能算泡水车；二级、三级和四级进水车要根据具体泡水时间（损伤情况）判定是否为泡水车；五级和六级进水车不管进水时间长短，均判定为泡水车。

　　随着进水程度的变化，泡水车修复后经常出现以下问题。

① 底盘机械部件大面积锈蚀。

② 机械部件管线接头及电路套管中存在泥沙。

③ 前机舱、驾驶舱绒布类部件出现霉斑、变硬及存在发霉气味。

④ 继电器、传感器插头中存在泥沙。

⑤ 驾驶室地板局部锈蚀或有霉斑。

⑥ 座椅滑轨锈蚀。

⑦ 行李舱备胎槽腐蚀，钢制轮圈及随车工具锈蚀。

（3）火烧车。汽车无论是由于外燃还是自燃，只要前机舱或乘员舱发生严重火烧、燃烧面积较大、机件损坏较严重即判定为火烧车，应列为事故车，如图 2-3 所示。火烧是极为严重的事故，经火烧后，机件很难修复。但对于局部着火，所烧损的零件为非主要零部件，并在很短的时间内熄灭，主要零件未受到影响的车辆，经修复换件后，不能算火烧车。

图 2-3　火烧车

事故车

二、非承载式车身的碰撞变形

非承载式车身由车架及围接在其周围的可分解部件组成，车身的前部和后部具有上弯的结构，碰撞时会变形，但可保持车架中部结构的完整。如图 2-4 所示，其中圈出的部位为非承载式车身上较柔软的部位，主要用来缓冲碰撞冲击。车身与车架之间有橡胶垫，橡胶垫能减缓从车架传至车身上的冲击。遇到强烈冲击时，橡胶垫上的螺栓可能会折弯，并导致车架与车身之间出现裂缝。碰撞时由于冲击力的大小和方向不同，车架可能遭受损伤而车身没有损伤。车架的中部较宽，可以抵抗从侧面来的碰撞冲击，保护乘客的安全。车架是否变形，可通过比较车门槛板与车架前后之间的空间尺寸，前翼子板与轮罩前后之间的空间尺寸以及前保险杠上的后孔到前车架钢梁总成之间左右尺寸的大小来确定。

前端碰撞　　　　　　　　　　　　　　　　　　　　　　后端碰撞

图 2-4　非承载式车身碰撞变形部位

车架受碰撞时的变形，大致可分为左右弯曲变形、上下弯曲变形、断裂变形、菱形变形和扭转变形 5 种类型。

1. 左右弯曲变形

当汽车一侧被碰撞时，被撞一侧会有明显的碰撞损伤，被撞一侧车架纵梁的外侧及另一侧纵梁的内侧可能会有折损；车门垂直方向缝隙会变大，车门宽度方向可能会有褶皱；车身和车顶盖可能会错位。车架的左右弯曲变形可能出现在前部、中部和后部，如图 2-5 所示。

图 2-5　车架的前、中、后部左右弯曲变形

2. 上下弯曲变形

当汽车被碰撞后，车身壳体某些部位比正常位置低（或高），即发生了上下弯曲变形，如图 2-6 所示。

（a）前部上下弯曲变形　　　　（b）后部上下弯曲变形

图 2-6　车架的前部和后部上下弯曲变形

直接碰撞汽车的前部或后部，会使汽车一侧或两侧发生上下弯曲变形。可以从翼子板与车门之间的缝隙是否上下宽度不同、车门在撞击后是否下垂等判别出是否有上下弯曲变形。大多数车辆的碰撞损伤会有上下弯曲变形，即使在车架上看不出褶皱和扭曲。严重的上下弯曲变形会破坏车架纵、横梁的准直度。

3. 断裂变形

汽车发生碰撞后，如果前机舱盖前移或后风窗玻璃后移；车身上的某些部件或车架元件的尺寸小于标准尺寸；车门可能吻合得很好，但挡板、车壳或车架的拐角处有褶皱或有其他严重的变形；车架在车轮安装位置圆顶处向上提升，引起弹性外壳损坏，这些都表明车身上发生了断裂变形，如图 2-7 所示。

图 2-7　车架的断裂变形

4. 菱形变形

当车辆前部（或后部）的任一侧角碰撞或撞击方向偏离车辆重心时，车架的一侧向后或

向前移动，车架或车身歪斜近似平行四边形的形状，这种变形称为菱形变形，如图2-8所示。菱形变形是整个车架的变形，可以明显看到前机舱盖及行李舱盖发生错位，如图2-9所示；在接近后车轮罩的相互垂直的钢板上或在垂直钢板接头的顶部可能出现褶皱；在乘员舱和行李舱地板上也可能出现褶皱和弯曲。此外，菱形变形还会附加许多断裂及弯曲的组合变形。

图 2-8　车架的菱形变形

图 2-9　车架菱形变形后前机舱盖的状态

5. 扭转变形

当汽车高速撞击到路缘石或路中隔离栏，或车身后侧角端发生碰撞时，车架就可能发生扭转变形，如图2-10所示。发生扭转变形后，汽车的一角会比正常情况的高，而其对称的一角则会比正常情况的低；汽车的一角会前移，而其邻近的一角很可能被扭转向下。若汽车的一角明显下垂，就应对汽车进行扭转变形检查。要特别注意的是，扭转变形往往隐藏在底层，可能在钢板表面看不出任何明显的损伤。

图 2-10　车架的扭转变形

三、承载式车身的碰撞损伤及变形

1. 承载式车身的碰撞损伤

（1）承载式车身基本结构。典型的轿车承载式车身结构如图2-11所示。

图 2-11　典型的轿车承载式车身结构

1—前机舱盖；2—前挡泥板；3—前围上盖板；4—前围板；5—车顶盖；6—A 柱；7—上边梁；8—顶盖侧板；
9—后围上盖板；10—行李舱盖；11—C 柱；12—后围板；13—后翼子板；14—B 柱；15—车门；
16—下边梁；17—地板；18—前翼子板；19—前纵梁；20—前横梁；
21—前裙板；22—散热器框架；23—前机舱盖前支撑板

① 前机舱盖。前机舱盖的主要作用是遮盖发动机或驱动电机等，一般通过铰链安装在车身壳体上。

② 翼子板。翼子板也称为叶子板，其主要作用是遮盖车轮。按其在车身上的位置不同分为前翼子板和后翼子板。大多数轿车的前翼子板通过螺栓安装在车身壳体上；少数轿车，特别是非承载式车身结构的轿车，前翼子板局部通过点焊的方式与车身壳体连接。后翼子板也称后侧围板，一般通过点焊方式与车身壳体连接。

③ 车门。车门的主要作用是方便乘客上下车，均通过铰链安装于车门立柱上。

④ 行李舱盖。行李舱盖的主要作用是遮盖行李舱，通常通过铰链安装在车身壳体上。

⑤ 保险杠。保险杠按其在车身上的位置分为前保险杠和后保险杠，主要作用是当车辆发生前、后碰撞时起被动保护作用。其通常通过螺栓与车身壳体的前、后纵梁相连接，有时在保险杠和纵梁间加装缓冲器。

⑥ 车顶盖。车顶盖的主要作用是遮盖车顶，通常用点焊的方式与车身壳体连接，有些车型在车顶盖上设有天窗（活动顶盖）。

⑦ 车身壳体。车身壳体也称为车身本体，是指没有安装任何机械部件、电气元件及导线和车身覆盖件及装饰件等的总成。车身壳体是整个汽车的基础件，汽车上的所有机械部件、电气元件及导线和车身覆盖件及装饰件等均通过不同的方式固定在车身壳体上。典型的承载式车身结构壳体如图 2-12 所示。

承载式车身基本结构

图 2-12　典型的承载式车身结构壳体

（2）前部碰撞损伤。图 2-13 所示是一辆承载式车身结构的汽车发生前部碰撞时的损伤过程（其中①、②、③、④代表从开始碰撞到发生严重损伤的过程，也可分别表示轻微、较轻、较重、严重碰撞）。前部碰撞的冲击力取决于汽车的质量、速度、碰撞范围及碰撞物等。碰撞程度比较轻时，保险杠会被向后推，前纵梁、保险杠支撑、前翼子板、散热器框架、散热器上支撑和前机舱盖锁支撑等也会折弯。

图 2-13 汽车前部碰撞损伤过程

如果碰撞的程度剧烈，那么前翼子板就会弯曲而触到前车门，前机舱盖铰链会向上弯曲至前围上盖板，前纵梁也会折弯到前悬架横梁上并使其弯曲。如果碰撞力量足够大，前挡泥板及车身 A 柱（特别是前门铰链上部装置）将弯曲，并使车门松垮掉下。另外，前纵梁会有褶皱，前悬架构件、前围板和前车门平面也会弯曲。

如果从某一角度进行正面碰撞（斜角度碰撞），碰撞力就会产生横向及上下方向的分力，如图 2-14 所示，前纵梁的连接点就会成为旋转中心。由于左面和右面的前侧构件是通过前横向构件连接在一起的，碰撞引起的冲击就会从碰撞点一侧传递至另一侧的前部构件并使其变形。

图 2-14 斜角度碰撞的损伤

（3）中部碰撞损伤。当发生中部侧面碰撞时，车门、前部构件、车身 B 柱以及地板都会变形。如果中部侧面碰撞比较严重，车门、B 柱、车门槛板、顶盖纵梁都会严重弯曲，甚至相反一侧的 B 柱和顶盖纵梁也会变形。随着碰撞力的增大，车辆前部和后部会产生与碰撞方向相反的变形，整个车身会变成弯曲的香蕉状，如图 2-15 所示。

当前翼子板或后顶盖侧板受到垂直方向较大的碰撞时，冲击会传递到汽车相反一侧。当前翼子板的中心位置受到碰撞时，前轮会被推进去，冲击也会从前悬架横梁传至前纵梁。这样，悬架元件就会损伤，前轮的中心线和基线也都会改变。发生侧向的碰撞时，转向装置的连杆及齿轮与齿条的配合也会被损坏。

图 2-15　汽车中部碰撞损伤过程

（4）后部碰撞损伤。汽车后部发生碰撞时其受损程度取决于碰撞面积、碰撞时的车速、碰撞物及汽车的质量等因素。

如果是轻微碰撞，后保险杠、乘员舱后地板、行李舱盖及行李舱地板可能会变形。如果是严重碰撞，相互垂直的钢板会弯曲，后顶盖顶板会塌陷。而对于四门汽车，车身 B 柱也可能会弯曲，如图 2-16 所示。

图 2-16　汽车后部碰撞损伤过程

由于汽车的后部有吸能区，碰撞时一般只在车身后部发生变形，中部乘客室的完整和安全得到保护。

（5）顶部碰撞损伤。当坠落物体砸到汽车顶部时，除车顶钢板受损外，车顶纵、横梁，后顶盖侧板和车窗也可能同时被损伤。在汽车发生翻滚时，车顶盖、立柱，车下部的悬架会严重损伤，悬架固定点的部件也会受到损伤。

如果车身立柱和车顶钢板弯曲，那么相反一端的立柱同样会损坏。由于汽车翻滚的形式不同，车身的前部及后部部件的损伤也不同。就这些情况而言，汽车损伤程度可通过车窗及车门的变形状况来确定，如图 2-17 所示。

图 2-17　汽车翻滚损伤过程

2．承载式车身的碰撞变形

承载式车身的碰撞变形是按弯曲变形、断裂变形、增宽变形和扭转变形的顺序进行的。

（1）弯曲变形。在碰撞发生的瞬间，由于汽车结构具有弹性，碰撞振动传递到较远距离的大部分区域，从而引起中部结构横向及垂直方向的弯曲变形。左右弯曲变形通常通过测量宽度或对角线来判别，上下弯曲变形通常通过测量车身部件的高度是否超出配合公差来判别。与非承载式车身结构的弯曲变形相似，这类变形可能仅发生在汽车的一侧，如图 2-18 所示。

图 2-18 承载式车身的弯曲变形

（2）断裂变形。如图 2-19 所示，在碰撞过程中，碰撞点会被显著地挤压，碰撞的能量被结构的折弯变形吸收，以保护乘员舱。较远距离的部位则可能会有褶皱、断裂或者松动。可以通过测量车身部件长度是否超出配合公差来判别是否存在断裂变形。

（3）增宽变形。如图 2-20 所示，增宽变形与非承载式车身上的左右弯曲变形相似，可以通过测量车身高度和宽度是否超出配合公差来判别。对性能良好的承载式车身来说，碰撞力会使侧面结构偏向外侧弯曲，偏离乘客，同时纵梁和车门缝隙也将变形。

图 2-19 承载式车身的断裂变形

图 2-20 承载式车身的增宽变形

（4）扭转变形。如图 2-21 所示，承载式车身的扭转变形与非承载式车身的相似，可以通过测量其高度和宽度是否超出配合公差来判别。由于扭转变形是碰撞的最后结果，即使最初的碰撞直接作用在中心点上，但再次冲击还是能够产生扭转力引起承载式车身的扭转变形。

图 2-21 承载式车身的扭转变形

承载式车身的碰撞损伤

除无菱形变形外，承载式车身和非承载式车身的碰撞变形类型是极为相近的，但是承载式车身的损伤要复杂得多。

四、漆膜厚度

汽车车身表面的油漆涂膜简称为漆膜。漆膜可分为单工序素色漆膜、双工序金属漆膜、双工序素色漆膜、三工序珍珠漆膜和修补后的漆膜 5 种。

1．单工序素色漆膜

如图 2-22 所示，传统型（溶剂涂料）单工序素色漆膜从金属底材到表面的总膜厚约为

80 μm；单工序水性漆涂层厚范围为 70～150 μm。

2．双工序金属漆膜

如图 2-23 所示，双工序金属漆膜从金属底材到表面的总膜厚大约为 100 μm；双工序水性漆涂层厚范围为 70～150 μm。

图 2-22　单工序素色漆膜结构

1—钢板；2—磷酸锌涂层；3—阴极电泳涂层；
4—中间漆（水性中间漆）；5—单色面漆（水性面漆）

图 2-23　双工序金属漆膜结构

1—钢板；2—磷酸锌涂层；3—阴极电泳涂层；
4—中间漆（水性中间漆）；5—金属底色漆
（水性底色漆）；6—清漆

3．双工序素色漆膜

双工序素色漆膜结构与双工序金属漆膜结构类似，只是面漆不使用金属底色漆，而是使用素色漆，最外层仍然喷涂清漆，其漆膜厚度与双工序金属漆膜相近。

4．三工序珍珠漆膜

三工序珍珠漆膜从金属底材到表面的总膜厚大约为 120 μm，其结构如图 2-24 所示。
目前漆膜厚度呈增长趋势，高档轿车漆膜厚度甚至超过 300μm。

5．修补后的漆膜

修补后的漆膜是指，损伤的漆膜表面经涂装修复后与原厂漆膜性能相近的漆膜。修补过程所用的原材料基本为双组分的化学反应型涂料，通常采用室温固化或烘烤强制固化工艺。

通常修补后的漆膜厚度均会超过 150 μm（不包括原子灰层），但是实际情况与维修材料和维修技师的技术水平有直接关系（例如，目前在二手车整备工作中，对于高档轿车通常有一项工作称为漆膜复原，其主要的特点就是修补后的漆膜与原厂漆膜厚度基本一致）。图 2-25 所示为修补后的漆膜结构。

图 2-24　三工序珍珠漆膜结构

清漆
珍珠漆
素色底色漆
中间漆
阴极电泳涂层
磷酸锌涂层
钢板

图 2-25　修补后的漆膜结构

双组分清漆
底色漆
双组分中间漆
原子灰
防锈漆
镀锌钢板

【任务实施】

一、登记车辆基本信息

根据车主提供的机动车行驶证、机动车登记证书及对二手车的查看结果，在"二手车技术状况表"（见表2-1）中登记车辆基本信息。如果表征里程与实际车况明显不符，应在"二手车鉴定评价估报告"或"二手车技术状况表"有关技术缺陷描述时予以注明。

表 2-1 二手车技术状况表

车辆基本信息	厂牌型号			牌照号码		
	发动机号			VIN 码		
	注册登记日期	年 月 日		表征里程	万 km	
	品牌名称	□国产 □进口		车身颜色		
	年检证明	□有（至__年__月）□无		车辆购置税证书	□有 □无	
	车船税证明	□有（至__年__月）□无		交强险	□有（至__年__月）□无	
	使用性质	□营运用车 □出租车 □公务用车 □家庭用车 □其他				
	其他法定凭证、证明	□机动车号牌 □机动车行驶证 □机动车登记证书 □第三者强制保险单 □其他				
	车主名称/姓名			企业法人证书代码/身份证号码		
重要配置	燃料标号		排量		缸数	
	发动机功率		排放标准		变速器形式	
	安全气囊		驱动方式		ABS	□有 □无
	其他重要配置					
是否为事故车	□是 □否	损伤位置及损伤状况				
鉴定结果	分值			技术状况等级		
车辆技术状况鉴定缺陷描述	鉴定科目	鉴定结果（得分）		缺陷描述		
	车身检查					
	前机舱检查					
	驾驶舱检查					
	起动检查					
	路试检查					
	底盘检查					

声明：

本二手车技术状况表所体现的鉴定结果仅为鉴定日期当日被鉴定车辆的技术状况表现与描述，若在当日内被鉴定车辆的市场价值或因交通事故等原因导致车辆的价值发生变化，对车辆鉴定结果产生明显影响时，本二手车技术状况表不作为参考依据。

二手车鉴定评估师：_____ 鉴定单位：（盖章）_____

鉴定日期：___年 ___月 ___日

注：本二手车技术状况表由二手车经销企业、拍卖企业、经纪企业使用，作为二手车交易合同的附件。车辆展卖期间，放置在驾驶室前风窗玻璃左下方，为消费者提供参考。

二、目视鉴别碰撞事故车

目视鉴别碰撞事故车主要是检查车身是否有"伤"，检查车上结构件是否留有修复后的痕迹。因轿车和客车的车身在整个汽车中所占价值权重较大，维修费用较高，应先从车辆的漆面和钣金看起。

其实对于一台二手车，不是补过漆或者做过钣金修理就不好，只是需要知道为什么补漆或者为什么做钣金修理，是发生了轻微的刮蹭还是严重的碰撞。通常一台发生过轻微刮蹭或碰撞的二手车在未伤及车身结构件的情况下，不能称为碰撞事故车。

对碰撞事故车的鉴别，由于碰撞力较大，通常通过观察车身结构件的损伤情况来判定。车身上的结构件主要指前横梁、散热器固定梁、前纵梁、车门立柱、车门槛及后纵梁等。检查中要特别仔细观察板件连接点有没有错位、断裂，加固材料（如加固件、盖板、加强筋、连接板）上有没有裂缝，各板件的连接焊点有没有变形、开裂，油漆层、内涂层及保护层有没有裂缝和剥落，以及零件的棱角和边缘有没有异样等。

1．检查车体周正性

（1）站在车辆前方 5～6m 处。

（2）目视对正汽车车标，即相当于人站在车辆中心，如图 2-26 所示。

（3）蹲下，使视线基本与车门腰线（通常为车门防擦条位置）平齐。

（4）对比车辆是否左右对称。

如果存在不对称的情况，则该车可能曾发生过碰撞，在修复过程中没有修复完全。检查时要注意车轮胎压一致，避免误判。

图 2-26　目视对正位置

2．检查结构件损伤

（1）检查前横梁。目视检查前横梁是否有明显的变形、折痕、补过漆及更换的痕迹。

（2）检查散热器及其固定梁。

① 查看散热器及其固定梁的固定螺栓是否有拆装过的痕迹，如果有，则该散热器及其固定梁或发动机可能出现过故障。

② 查看散热器及其固定梁的形状是否规整，是否有损伤的痕迹。如果不规整或有明显损伤痕迹，则该车可能发生过正面碰撞事故。

③ 查看散热器是否漏水、锈蚀，特别查看靠风扇一侧的散热片是否有圆形凹陷损伤（散热片倾倒）。如果有，则该车可能发生过正面碰撞事故。

（3）查看左、右车轮罩及前纵梁。

① 查看是否有新喷漆的痕迹。如果有则说明该车可能发生过碰撞事故。

② 查看车轮罩、减振器支座、连接板与前纵梁连接处的焊点是否规则、间隔均匀。这些焊点是原厂自动点焊机焊接时留下的凹坑，通常直径为 5mm 左右，且间隔均匀，如图 2-27 所示。而修理时，维修厂通常用塞焊的方式修复，焊点处没有凹陷，且直径较大（通常为 8mm 左右），间隔不均匀。

③ 查看前纵梁的后部是否有搭接连接处。原厂件为整体冲压件，如果发生严重的碰撞事故而导致前纵梁变形、开裂等严重损伤，通常采用局部更换前纵梁的修复工艺，新更换部分的前纵梁与切割留下的一段前纵梁采用搭接连接。

（4）检查减振器塔。

① 检查减振器塔是否有明显的变形。

② 检查减振器塔螺栓固定孔是否变形。

（5）检查车门口。

① 打开车门来仔细查看车门口线条是否规整、流畅，如果有类似波浪的形状，表示此

处经过钣金修理。

图 2-27　前纵梁处的原厂焊点

② 将车门口密封条揭开，观察门框周边线条是否流畅、平整，车门附近是否留有原车接合时的铆钉（焊点）痕迹，如果没有痕迹则表示此车做过钣金修理及油漆修补。

③ 查看车门槛。如果车门槛磨损严重，说明该车使用强度较大或使用年限较长。如果车门槛线形不平直，说明该车被碰撞过。

④ 检查 A 柱、B 柱、C 柱。观察其形状是否规整，外表曲线形状应与车身侧面外形轮廓相适应，观察是否有焊接或补过漆的痕迹。因为车身立柱通常使用超高强度钢板制作，侧面碰撞变形（特别是出现折痕）时，很难通过拉伸等操作恢复原形。修理厂通常采用加热的方法使立柱变软后再修理形状，此后必须重新补漆，同时会留下严重的安全隐患。即使采用正规修理方法，即局部更换法，仍然会留下焊接的痕迹。

（6）检查后纵梁、后减振器塔及后横梁。后纵梁、后减振器塔及后横梁的检查内容和检查方法与前纵梁、前减振器塔和前横梁的相似。由于轿车后部为行李舱，有地板和内盖板（内饰板），所以检查后纵梁和后横梁比较困难，如果确实要观察，则需举升车辆。但只要揭开内盖板，则可以看到减振器塔。

目视鉴别碰撞事故车

三、设备检测碰撞事故车

在进行目视鉴别碰撞事故车时，可配合使用常用的测量工具进行相关尺寸的测量，以精确判定是否发生过严重碰撞事故或碰撞的严重程度。GB/T 30323—2013 规定，在判定事故车时，应使用漆面厚度检测设备测量漆膜厚度，以判断车辆是否做过油漆修补；需使用车辆结构尺寸检测工具和设备检测车体的对称性。

1．漆膜厚度检测

用膜厚仪测量车身漆膜厚度，如果漆膜厚度大于新车漆膜的标准厚度，说明这辆汽车曾经进行过漆面修补。

（1）打开膜厚仪的电源开关。

（2）将膜厚仪平放在需测量漆膜厚度的表面，如图2-28 所示。

图 2-28　测量漆膜厚度

（3）从显示屏读取测试的漆膜厚度数据。

（4）将实测数据与该车型的漆膜厚度标准数据进行对比，判断是否经过漆面修补。

修补过的漆膜厚度基本都会超过 150 μm，要比原厂漆膜厚得多。

因为车顶部位很少由于损伤而补漆，所以实际测量时，可在车顶前、中、后部各测一次漆膜厚度，如果各次测得的数值相差很小，且均在 100 μm 左右，则可认为所测的 3 处均没有补过漆。取这 3 个数值的平均值作为该车的膜厚标准值，将怀疑处所测值与该标准值对照，即可判定是否补过漆。

2．检测车身尺寸

（1）检查车体周正性

如图 2-29 所示的 a 和 b，在距地面 1.5m 以内，用直尺分别测量左右对称部位的高度尺寸。a 和 b 的差值作为最终数据，标准规定这一差值不应超过 40 mm。

图 2-29　测量左右对称部位的高度尺寸

（2）测量车身尺寸数据。车身损伤变形的程度可用轨道式量规或钢卷尺来测量确定。每辆车都有汽车制造厂提供的维修手册，上面标出了车身上部重要控制点的尺寸标准，可以通过测量这些点之间的尺寸检验车身是否变形或者校正是否到位。

图 2-30 所示为车身前部控制点标准数据，对照标准数据就可对车身前部进行检验（同样也可根据车身其他部位的控制点标准数据进行检验）。图 2-31 所示为用轨道式量规测量车身前部尺寸。

图 2-30　车身前部控制点标准数据

图 2-31　用轨道式量规测量车身前部尺寸

检验车身前部尺寸时，轨道式量规测量的最佳位置是悬架及机械元件上的安装点，因为它们对中的正确很关键。通常，测量的尺寸越长，其精确度越高。例如，测量从车颈（前车身与中车身的交界处）下端至发动机底座前部之间的尺寸，要比测量车颈下端至另一侧车颈下端尺寸好，因为它是在汽车较大范围内测得的较长尺寸。从每个控制点测得两个或多个数据既保证了更高的精度，又能够帮助测量者辨别出构件损伤的范围及方向。

四、鉴别泡水车

1．检查前机舱内

（1）观察前机舱前围上盖板（俗称防火墙）有没有水渍或留有污泥。

（2）检查线束内部是否留有污泥。

（3）检查熔丝盒上及内部是否锈蚀或有水渍。

2．检查驾驶室舱和乘客舱

（1）闻是否有发霉味或香水味。如果有发霉味则可判定被水淹过；如果有较浓的香水味，可能是车主想以此来掩盖发霉味从而隐瞒水淹的事实，因此应特别注意，并做好细致检查。

（2）检查地毯。被水泡过的植绒地毯，经过清洗后，视觉上与正常的地毯差异不大，但手感不再柔顺，有种"发涩"和"发硬"的感觉。清洗时若使用毛刷，地毯表面难免有起球现象。

（3）检查座椅支架是否严重锈蚀。坐垫的填充物为发泡海绵，经过泡水后手感会发硬，缺乏弹性。

（4）检查仪表板下面的骨架是否有严重锈蚀。

（5）检查空调和音响的旋钮是否有发涩的感觉。

（6）检查安全带。经过污水浸泡的安全带，上面会留有较明显的水迹，而且不容易被清除，甚至会产生霉斑。

（7）检查转向柱裸露的金属部位是否有明显锈蚀。

（8）如果车辆有天窗，可查看天窗周边缝隙内是否有泥沙和水迹。

3．检查行李舱内

（1）检查备胎和随车的工具是否有严重锈蚀。

（2）掀开行李舱底部的装饰盖板，查看角落里是否有水泡过的锈蚀痕迹。内饰板上面也可能会留下证明泡水深度的水线痕迹。

五、鉴别火烧车

汽车火烧的地方比较容易辨认，火烧较严重的金属会出现像排气歧管一样的颜色。凡是燃烧面积较大，燃烧时间较长，火烧严重的车修复起来都很困难，常应做报废处理。因为火烧过的机件，金属变脆、退火，金属的内部金相组织发生变化，不能继续使用，否则会有严重的安全隐患。

（1）检查前机舱内外是否有近期喷漆痕迹，检查前机舱死角是否有熏黑的迹象。

（2）检查前机舱线束是否有大量线束更换过的迹象。

（3）检查前机舱盖保温板是否异常新（更换新件）。

（4）检查发动机电气元件是否有大量更换迹象。

（5）检查前机舱塑料件是否有大量更换迹象。

鉴别泡水车和火烧车

（6）检查驾驶室内饰是否有整体大量更换迹象，线束是否有更换迹象。

（7）检查行李舱内饰是否有大量更换迹象，线束是否有更换迹象。

六、事故车判别描述

GB/T 30323—2013 规定，对事故车缺陷状态描述采用车体部位代码和缺陷状态代码来表示。车体部位代码见表 2-2；缺陷状态代码见表 2-3。

表 2-2　　　　　　　　　　　　车体部位代码

代码	检查项目	代码	检查项目
1	车体左右对称性	8	左前纵梁
2	左 A 柱	9	右前纵梁
3	左 B 柱	10	左前减振器悬架部位
4	左 C 柱	11	右前减振器悬架部位
5	右 A 柱	12	左后减振器悬架部位
6	右 B 柱	13	右后减振器悬架部位
7	右 C 柱		

表 2-3　　　　　　　　　　　　缺陷状态代码

代码	BX	NQ	GH	SH	ZZ
缺陷描述	变形	扭曲	更换	烧焊	褶皱

对车体某个部位存在的缺陷，描述方式：车体部位代码+缺陷状态代码。如 4SH，表示左 C 柱有烧焊痕迹。

【任务考核】

（1）教师为每组学生准备一辆二手车、膜厚仪、钢卷尺（5m）、铅锤、车身轨道式量规等。

（2）学生结合本任务的知识与技能学习，在实训工单 2.1 中记录车辆基本信息。

（3）学生利用现有的工具、设备等，对指定的二手车进行事故车判定，并完成实训工单 2.1。

（4）教师可进行适当的指导，记录小组学生表现，并审阅学生完成的工单，给出评价。

【学习效果检验】

具体内容见实训手册。

|任务 2.2 鉴定二手车技术状况|

【任务分析】

因为一些大型的二手车经销企业规定不经销事故车，几乎所有的二手车经销（代理）商均承诺不展示事故车，所以，对于隶属上述企业的二手车鉴定评估人员，当判定所鉴定车辆为事故车时，其本次评估工作即可结束。但对于大多数的中小型二手车经销企业及以置换形式收购二手车的商家，即使判定为事故车，仍需继续鉴定整车技术状况，按照 GB/T 30323—2013 规定的车辆技术状况检查项目逐一进行检查，并拍摄二手车相关部位的照片，最后确定二手车技术状况等级，以便给出合理的价格。

本任务主要学习车身、前机舱、驾驶舱、起动、路试、底盘和功能性零部件的检查要求与方法，二手车拍照的要求和二手车技术状况等级评定。

【学习目标】

1. 知识目标
（1）能够正确描述汽车技术状况变化的外观特征。
（2）能够正确解释汽车主要技术参数。
（3）能够正确描述汽车主要技术使用性能及评价指标。

2. 能力目标
（1）能够准确查询二手车的维修保养记录。
（2）能够凭目测及借助简单工具、量具进行二手车技术状况相关项目的检查。
（3）能够正确拍摄二手车照片。

3. 素质目标
（1）具备安全卫生、团队协作的职业素养。
（2）具备绿色发展、公正公平的思想素养。

【相关知识学习】

一、汽车技术状况

1. 定义
汽车技术状况是指定量测得到的、表征某一时刻汽车的外观和性能参数值的总和。
汽车是由机构、总成组成的，而机构和总成又由零件组成，所以零件是汽车的基本组成单元。零件性能下降后，汽车技术状况会受到影响，因此汽车技术状况的变化取决于组成零件的综合性能。

随着汽车行驶里程的增加，汽车技术状况将逐渐变差，致使汽车的动力性下降、经济性变差、使用方便性下降、行驶安全性和使用可靠性变差，直至最后达到使用极限。

2. 汽车技术状况变化的原因

汽车技术状况变化是汽车诸多内在原因综合作用的结果。主要原因有：零件之间相互摩擦而产生磨损；零件与有害物质接触而产生腐蚀；零件在交变载荷作用下产生疲劳；零件在外载、温度和残余内应力作用下发生变形；橡胶及塑料等非金属零件和电气元件因长时间使用而老化；偶然事件造成零件损伤等。这些原因使零件原有尺寸、几何形状及表面质量发生改变，破坏零件原来的配合特性和正确位置关系，从而引起汽车（或总成）技术状况变差。

3. 汽车技术状况变化的外观特征

汽车在使用过程中，随着行驶里程的增加，各部分机件磨损量的增大和各种损伤的影响，使得原有的尺寸、几何形状、机械性能、配合关系等遭受破坏，从而使汽车技术状况发生变化，汽车失去正常工作的能力，即汽车产生"故障"。

实践证明，无论是汽车发动机还是底盘部分的故障特征均因其成因不同而不同。可以通过耳朵（听）、眼睛（看）、鼻子（嗅）、手（摸）等来发现外观特征，并根据这些外观特征来断定汽车是否存在故障。归纳起来，这些变化多端的故障，其外观特征大致可分为以下几类。

（1）技术性能变差。

① 动力性下降。如活塞、活塞环与气缸壁的磨损量超过限度后，则在进气行程中，气缸内吸力不足，以致进气量减少；并且在压缩行程、做功行程中，造成气缸漏气、爆发压力下降，导致发动机功率下降。

② 可靠性变差。如制动系统的有关机件磨损过度，则使汽车的制动性能下降，甚至失去制动功能。

③ 经济性变差。如发动机燃油供给系统的有关机件磨损过度，造成燃油的雾化不良，燃烧不完全，以至于耗油量增加，经济性下降。

（2）声响异常、振动增大。随着机件的磨损，相关的配合间隙增大，同时造成机件磨损变形，于是在机件运转时，由于冲击负荷产生异响、运转不平衡产生强烈的振动。

（3）渗漏。渗漏指汽车的燃油、润滑油、制动液（或压缩空气）以及其他各种液体的渗漏现象。渗漏容易造成过热、烧损及转向、制动机件失灵等故障。

（4）排气颜色异常。发动机技术状况良好，气缸内可燃混合气燃烧正常时，在常温下，对于排气管排出的废气，汽油机的为无色，柴油机的一般为淡灰色。当气缸出现漏气后，会使燃油雾化不良，燃烧不完全，废气中碳烟含量增多，排气呈黑色；当气缸上窜机油时，排气呈蓝色；当缸套或缸垫破裂，冷却液进入气缸时，大量水蒸气随废气排出，排气呈白色。柴油机的排气颜色不正常，通常是发动机无力或不易发动的伴随现象。

（5）气味异常。当制动出现拖滞、离合器打滑，摩擦片因摩擦温度过高而烧焦时，会散发出焦味；当混合气过浓，部分燃油不能参加燃烧时，会散发出生油味；电路短路，导线烧毁时也伴有异味。

（6）机件过热。常见的有发动机过热、轮毂过热、后桥过热、变速器过热、离合器过热等，这些是机件运转不正常、润滑不良、散热不好的故障表现。

（7）外观异常。汽车停放在平坦场地上，如有横向或纵向歪斜等现象，即为外观异常。外观异常多由车架、车身、悬架、轮胎等异常造成，并会导致方向不稳、行驶跑偏、质心转移、车轮"吃胎"等故障。

二、汽车主要技术参数

1. 质量参数

（1）整车装备质量。整车装备质量又称为整车整备质量或空车质量，是指汽车完全装备好时的质量（kg），包括燃油（燃油箱至少要加注至制造厂设计容量的90%）、润滑油、冷却液（如果需要）、清洗液、备胎、灭火器、标准备件、随车工具箱和三角垫木等。

（2）最大装载质量。最大装载质量又称为满载质量，是指汽车在硬质良好路面上行驶时能够装载的最大质量（kg）。最大装载质量又分为最大设计装载质量和最大允许装载质量。轿车的最大装载质量用座位数表示；城市客车的最大装载质量以座位数与站立乘客（员）数之和表示，其中站立乘客（员）数按8～10人/m^2计算。

（3）最大总质量。最大总质量是指汽车满载时的总质量（kg），等于整车装备质量与最大装载质量之和。最大总质量又分为最大设计总质量和最大允许总质量。最大设计总质量是指汽车制造厂规定的最大汽车总质量；最大允许总质量是指行政主管部门根据道路运行条件规定的允许运行的最大汽车总质量，最大允许总质量一般比最大设计总质量小。

（4）最大轴荷质量。最大轴荷质量是指汽车满载时各车轴所承受的最大垂直载荷（kg）。最大轴荷质量又分为最大设计轴荷质量和最大允许轴荷质量，最大允许轴荷质量一般比最大设计轴荷质量小。单个车轴最大轴荷质量除应满足轴荷分配的技术要求外，还应遵循国家对公路运输车辆及其总质量的法规限制。轴荷分配不当，会导致各车轴轮胎磨损不均匀，对汽车的操纵稳定性产生不利影响。

2. 尺寸参数

（1）车长。车长是指垂直于车辆纵向对称平面，并分别抵靠在汽车前、后最外端突出部位的两垂面之间的距离，如图2-32所示。

我国公路车辆极限尺寸规定的汽车总长：货车（包括越野车），不大于12 m，一般客车不大于12 m，铰接式客车不大于18 m，牵引车拖带半挂车不大于16.5 m，汽车拖带挂车不大于20 m。

图2-32　车长

（2）车宽。车宽是指平行于车辆纵向对称平面，并分别抵靠车辆两侧固定突出部位（除后视镜、侧面标志灯、转向指示灯、挠性挡泥板、折叠式踏板、防滑链及轮胎与地面接触部分的变形外）两平面之间的距离，如图2-33所示。我国公路车辆极限尺寸规定的车辆总宽不大于2.5 m。

（3）车高。车高是指车辆没有装载且处于可运行状态时，车辆支撑平面与车辆最高突出部位相抵靠的水平面之间的距离，如图2-34所示。我国公路车辆极限尺寸规定的车辆总高不大于4 m。

图 2-33 车宽

图 2-34 车高

（4）轴距。轴距是指通过车辆同一侧相邻两车轮的中点，并垂直于车辆纵向对称平面的两垂线之间的距离，如图 2-35 所示。对于三轴以上的车辆，其轴距由从最前面至最后面的相邻两轴之间的轴距分别表示，总轴距则为各轴距之和，如图 2-36 所示。

图 2-35 轴距（二轴车辆）

图 2-36 轴距（三轴以上车辆）

（5）轮距。汽车车轴的两端为单胎时，轮距为车轮在车辆支撑平面上留下的轨迹中心线之间的距离，如图 2-37 所示。汽车车轴的两端为双胎时，轮距为车轮中心平面（双胎中心平面为外车轮轮辋内缘和内车轮轮辋外缘等距的平面）之间的距离，如图 2-38 所示。

图 2-37 轮距（单胎）

图 2-38 轮距（双胎）

（6）前悬。前悬是指通过两前轮中心的垂面与抵靠在车辆最前端（包括前拖钩、车牌及任何固定在车辆前部的刚性部件），并且垂直于车辆纵向对称平面的垂面之间的距离，如图 2-39（a）所示。

（7）后悬。后悬是指通过车辆最后车轮轴线的垂面与抵靠在车辆最后端（包括牵引装置、车牌及固定在车辆后部的任何刚性部件），且垂直于车辆纵向对称平面的垂面之间的距离，如图2-39（b）所示。

(a) 前悬 　　　　　　　　　(b) 后悬

图 2-39　汽车的前/后悬

（8）最小离地间隙。最小离地间隙是指车辆支撑平面与车辆的中间区域内最低点之间的距离。中间区域为平行于车辆纵向对称平面且与其等距离的两平面之间所包含的部分，两平面之间的距离为同一轴上两端车轮内缘最小距离的80%，如图2-40所示。

（9）接近角。接近角是指车辆静载时，水平面与切于前轮轮胎外缘的平面之间的最大夹角，前轴前面任何固定在车辆上的刚性部件不得在此平面的下方，如图2-41所示。

图 2-40　最小离地间隙 　　　　　　　图 2-41　接近角

（10）离去角。离去角是指车辆静载时，水平面与切于车辆最后车轮轮胎外缘的平面之间的最大夹角，位于最后车轴后面的任何固定在车辆上的零部件不得在此平面的下方，如图2-42所示。

图 2-42　离去角

汽车主要技术参数

三、汽车主要技术使用性能

汽车技术使用性能是衡量一辆汽车质量高低的重要依据。汽车主要技术使用性能包括动力性、燃料经济性、制动性、操纵稳定性、操纵轻便性、行驶平顺性、通过性、机动性、环保性、安全性等。

1. 动力性

汽车的动力性即汽车运动的能力，是指汽车克服各种行驶阻力进行加速，并能以足够高的平均速度行驶的能力。它是汽车使用性能中最基本也是最重要的性能之一。汽车动力性评价指标一般由最高车速、加速性能和爬坡能力来表示。

（1）最高车速。最高车速是指在无风条件下，在水平、良好的沥青或水泥路面上，汽车满载时所能达到的最大行驶速度。

（2）加速性能。加速性能是指汽车在各种使用条件下迅速增加汽车行驶速度的能力，通常用加速时间和加速距离来表示。增加速度时所用加速时间和加速距离越短的汽车，其加速性能越好。汽车加速性能主要通过两个方面来表征，即原地起步加速性和超车加速性。

① 原地起步加速性。原地起步加速性是指汽车从静止状态起步后，以最大加速度连续换挡至最高挡，加速到一定距离或车速所需要的时间，它是反映汽车动力性的重要参数。原地起步加速性一般有以下两种表示方式。

a. 百千米加速时间。汽车从静止状态（速度为零）加速到 100km/h 时所需要的时间（s），中、高档轿车所需的时间一般为 8～15s，普通轿车为 12～20s。

b. 千米加速时间。汽车从静止状态（速度为零）加速行驶 1km 所需要的时间（s）。所需时间越短，汽车的原地起步加速性就越好。

② 超车加速性。超车加速性是指汽车以最高挡或次高挡从最低稳定车速或预定车速（如 30km/h 或 40km/h）全力加速至某一速度所需要的时间。所需加速时间越短，说明超车加速性越好，从而减少超车期间的并行时间，确保超车安全。

实际使用较多的是汽车的原地起步加速性，因其与超车加速性评价指标是一致的，原地起步加速性良好的汽车，超车加速性也同等程度良好。需要指出的是，汽车加速时间与驾驶人的换挡技术、路面状况、行车环境、气候条件等密切相关，汽车使用手册上给出的参数往往是样车所能达到的最佳值，对一般用户来说，此参数仅可作为参考。

（3）爬坡能力。爬坡能力是指汽车满载时，在坚硬路面上，以 1 挡等速行驶期间所能爬行的最大坡度。最大坡度反映汽车的最大牵引力，一般来说，越野汽车的爬坡能力最好，能够爬不小于 60°（坡首角）的坡；要求载货汽车有 30%左右 [表示坡度，即（斜坡高度/水平距离）×100%] 的爬坡能力；轿车的车速较高，且经常在状况较好的道路上行驶，所以不强调轿车的爬坡能力，一般其爬坡能力在 20%左右。

2. 燃料经济性

燃料经济性是指在一定的使用条件下，汽车以最少的燃油消耗量完成单位运输工作量的能力。汽车的燃料经济性是衡量汽车性能的一个重要评价指标，在燃油越来越贵的"高油价时代"，它也是二手车消费者最关心的指标之一。控制汽车油耗量，是"推动绿色发展，促进人与自然和谐共生"发展理念的体现。

评价汽车燃料经济性的指标为耗油量及单位油耗行程。

（1）耗油量。耗油量是指汽车满载行驶单位里程所消耗的燃油量。我国和欧洲都用等速百千米油耗来衡量汽车的燃料经济性，即汽车等速行驶百千米消耗的燃油量（L/100km）。由于实际用车过程与"等速"要求有偏差，等速百千米油耗并不能准确反映实际的耗油量，因此人们引入了循环油耗指标。耗油量数值越小，汽车的燃料经济性就越好。

（2）单位油耗行程。单位油耗行程是指汽车满载时，每消耗单位体积燃油所能行驶的里程。单位油耗行程是美国、加拿大等国采用的衡量汽车燃料经济性的指标，常以每加仑燃油可行驶的英里数（英里/加仑）或每升燃油可行驶的千米数（km/L）表示。单位油耗行程数值越大，汽车的燃料经济性就越好。

在实际使用过程中，汽车的燃料经济性与发动机的技术状况、汽车自重、车速、各种行驶阻力（如空气阻力、滚动阻力和爬坡阻力等）、传动效率、减速比等因素直接相关，因此实际的耗油量往往比使用手册上标称的要大些。

3．制动性

制动性是指汽车按驾驶人的操作意图安全地减速直至停车的能力。汽车的制动性主要从制动效能、制动效能稳定性和制动方向稳定性3个方面来评价。

（1）制动效能。制动效能是指使汽车迅速减速直至停车的能力。制动效能是汽车制动性的基本评价指标，常用制动过程中的制动时间、制动减速度和制动距离来评价。汽车的制动效能除了跟汽车技术状况有关外，还与制动时汽车的速度以及轮胎胎面和路面的状况有关。

（2）制动效能稳定性。制动效能稳定性又称为制动器抗热衰退性，是指汽车高速制动、在短时间内连续制动或下长坡连续制动后，制动器抵抗因温度升高而导致制动效能下降的能力。

（3）制动方向稳定性。制动方向稳定性是指汽车在制动期间，按指定轨迹行驶（循迹）的能力，即汽车在制动时不发生跑偏、侧滑或者失去转向的能力。当左、右侧车轮的制动力不一样时，汽车容易发生跑偏；当车轮抱死时，易发生侧滑或者失去转向能力。为防止上述危及行车安全的现象发生，现代汽车一般都应用了防抱死制动系统（Antilock Brake System，ABS）。

4．操纵稳定性

操纵稳定性反映汽车两个相互紧密联系的性能，即操纵性和稳定性。操纵稳定性直接影响着汽车在转向和受到各种意外干扰时的行车安全性。

（1）操纵性。操纵性是指汽车对驾驶人的转向指令能够及时且准确地响应的能力。轮胎的气压、悬架装置的刚度以及汽车的重心位置都会对汽车的操纵性产生显著的正面或负面的影响。

（2）稳定性。稳定性是指汽车在受到外界扰动（如路面碎石或突然阵风的扰动）后，不发生失控，自行迅速恢复原来的行驶状态和方向，抑制发生倾覆和侧滑的能力。汽车行驶稳定性又可分为纵向稳定性和横向稳定性，前者反映汽车受扰动后的方向保持能力，后者则反映汽车在横向坡道上行驶、转弯或受到其他侧向力作用时抵抗侧翻的能力。汽车的重心高度越低，稳定性越好。正确的前轮定位值使汽车具有自动回正和保持直线行驶的能力，提高了汽车直线行驶的稳定性。如果装载超高、超载，转弯时车速过快，横向坡道角过大以及偏载等，都容易造成汽车侧滑及侧翻。

5．操纵轻便性

操纵轻便性是指对汽车进行操作或驾驶时的难易、方便程度。可以根据操作次数、操作时所需要的力、操作时的容易程度以及视野、照明、信号效果等来评价。具有良好操纵轻便性的汽车，不但可以减轻驾驶人的劳动强度和紧张程度，也是安全行驶的保证。采用动力转向、倒车雷达、电动门窗、中控门锁、制动助力装置和自动变速器等，都能够改善汽车的操纵轻便性。

操纵轻便性的具体评价指标有转向操纵力和提高操纵性的配置（动力转向、倒车雷达、电动门窗、中控门锁、制动助力、自动变速器等）应用情况。

6．行驶平顺性

行驶平顺性是指汽车在行驶过程中对因路面不平度引起的振动的抑制能力。评价汽车行驶平顺性的主要指标为汽车的固有频率和振动加速度。由于路面不平整的冲击，汽车行驶时将产生振动，这会使乘员感到疲劳和不舒适、损坏运载的货物等。振动引起的附加动载荷会加剧零部件的磨损，影响汽车的使用寿命。车轮载荷的波动会降低车轮的地面附着性，这对汽车的操纵稳定性十分不利。

中、高档轿车的行驶速度比较高，因此要求具有优良的行驶平顺性。轮胎的弹性好、性能优越的悬架装置、座椅的降振性能好以及尽量小的非悬挂质量，都可以提高汽车的行驶平顺性。非悬挂质量大部分来自车轮，轿车采用较轻的铝合金轮辋，可提高其行驶平顺性和车轮地面附着性。与行驶平顺性紧密相关的是乘坐舒适性，包括身体上和心理上的舒适性。在良好行驶平顺性的基础上，座椅尺寸、形状及其空间，与人体接触处的材料硬度和质感，车身振动频率、视野、内饰等都对乘员的身体、心理感受和乘坐安全感发挥着重要影响。

7．通过性

通过性是指汽车在一定的载荷质量下，能以较高的平均速度通过各种不平路段和无路地带，克服各种障碍（陡坡、侧坡、台阶、壕沟等）的能力。各种汽车的通过性是不一样的。轿车和客车由于经常在良好路面上行驶，通过性比较差；而越野汽车、军用车辆、自卸汽车和载货汽车，必须有较强的通过性。

采用宽断面轮胎、多轮胎可以提高汽车在松软土壤、雪地、冰面、沙漠、光滑路面上的运行能力；较深的轮胎花纹可以增加附着系数而使轮胎不容易打滑；全轮驱动方式可使汽车的动力性充分地发挥；结构参数的合理选择，可以使汽车具有良好的克服障碍运行能力，如较大的最小离地间隙、接近角、离去角和车轮半径等，都可提高汽车的通过性。

8．机动性

机动性是指汽车能够应对狭窄、多弯的道路，易于停车并灵活地驶出的能力。机动性主要用最小转弯半径来评价。最小转弯半径越小，机动性越好。一般来说，汽车越小，机动性也越好，这也是经常在市区内用车的用户选择小型轿车的原因之一。

9．环保性

汽车环保性是指汽车对环境的保护能力。汽车环保性包括污染物排放性和噪声两个方面。

（1）污染物排放性。污染物排放性反映汽车控制有害污染物向大气中排放的能力。汽车有 3 个主要污染物排放源：排气管排出的废气、曲轴箱的排放物、从燃油箱盖漏出的蒸气。

（2）噪声。噪声是指汽车行驶或怠速时产生的杂乱声音。噪声是城市环境污染之一，城市噪声的主要来源之一是汽车。汽车噪声的大小是衡量汽车质量水平的一个重要指标。汽车的噪声源有多种，如发动机、变速器、驱动桥、传动轴、车厢、玻璃窗、轮胎、继电器、喇叭、音响等都会产生噪声。但主要的噪声源有两个，一个是发动机，另一个是轮胎，它们都是被动产生噪声的。

10．安全性

安全性是指汽车防止交通事故发生或发生事故后保护乘员和货物不受损害的能力。其中，汽车防止交通事故发生的能力又称为汽车的主动安全性；发生事故后保护乘员和货物不受损害或将损害降低到最小的能力，则称为汽车的被动安全性。典型主动安全装置包括照明和信号灯、防眩目后视镜、ABS、ASR（驱动防滑系统）、EBD（电子制动分配）、ESP（车身电子稳定系统）、横向和纵向测距雷达等。良好的主动安全性要求汽车具有宽阔的视野，可靠又灵敏的转向性、加速性和制动性，具有除霜和除雾功能的风窗玻璃，各种操纵件、指示器和信号装置的标识要醒目、统一，避免驾驶人因错误识别或错误操作而导致车祸。被动安全装置主要有安全带、安全气囊（SRS）、安全玻璃、货车和挂车侧面及后下部防护装置、可溃缩转向柱以及车身碰撞吸能区域等。

汽车主要技术使用性能（一）　汽车主要技术使用性能（二）　汽车主要技术使用性能（三）

四、二手车拍照的要求

1．技术要求

（1）拍摄距离。拍摄距离是指拍摄立足点与被拍照二手车的远近，一般要求拍摄的影像尽量充满整个像面。

（2）拍摄角度。拍摄角度是指拍摄立足点与被拍照二手车的方位关系。拍摄角度方位一般分为上下方位和左右方位。

① 上下方位。拍摄角度的上下方位可分为俯拍、平拍和仰拍 3 种。俯拍是指在比被拍摄物高的位置向下拍摄；平拍是指拍摄点在物体的中间位置，镜头平置的拍摄，此种拍摄角度效果就是人两眼平视的效果；仰拍是指相机放置在较低部位，镜头由下向上仰置的拍摄，这种拍摄角度效果易发生变形。

进行二手车拍照时，对于整体车辆应采用平拍；对于前机舱、驾驶舱内部可采用俯拍。

② 左右方位。拍摄角度的左右方位一般根据拍摄者确定的拍摄方位，分为正面拍摄和侧面拍摄两种。正面拍摄是指面对被拍摄的物体或部位的正面进行拍摄，侧面拍摄是指在被拍摄物体的正侧面所进行拍摄。

进行二手车拍照时，既采用正面拍摄也采用侧面拍摄。

（3）光照方向。光照方向是指光线与相机拍摄方向的关系，一般分为正面光、侧面光和逆光 3 种。二手车拍照应尽量采用正面光，以使二手车的轮廓分明、牌照号码清晰、车身颜色真实等。

2．车辆要求

（1）车身要擦洗干净。

（2）前风窗玻璃及仪表盘上无杂物。

（3）机动车号牌无遮挡。

（4）关闭各车门。

（5）转向盘回正，前轮处于直线行驶状态。

【任务实施】

一、核查机动车维修保养记录

车辆维修手续是车辆在用期间，保养、维修项目的记录载体，通常分为纸质记录和系统记录两类。对在用车而言，有效且连续的原厂维修保养记录会给车辆带来额外的增值。

二手车鉴定评估人员可委托车辆定点维修公司查询车辆维修保养记录。目前，二手车鉴定评估人员都要与各汽车维修公司保持密切联系，以便能及时、顺利地查询所评估车辆维修保养的记录。

二、检查外观

二手车外观检查项目，基本上可分为两大类：一类是仅做定性规定的检查项目，可用直观（目测）检查；另一类是做定量规定的检查项目，需采用仪器设备和客观检查方法做定量分析。外观检查项目中，需在底盘下面进行检查的项目，应在设有检验地沟或汽车举升机的工位上进行。

二手车在进行外观检查前，应进行外部清洗。

外观检查项目中，有些可以依靠二手车鉴定评估人员的技能和经验，用感官感受和观察进行定性的直观评价，比如车辆外部损伤、漏水、漏气、渗油和连接件松动、脱落等；有些却需要用仪表进行检测。随着检测技术的发展，人们开始运用仪器设备进行车辆的一些外观检查诊断，如转向盘自由转动量、踏板行程，以及漆膜厚度、硬度和光泽度等。因此，汽车外观检查有人工经验法、仪器仪表测量法以及两种方法的综合运用。

GB/T 30323—2013 规定，车身外观检查应按车身外观展开示意中规定的部位，逐一进行检查，如图 2-43 所示。检查时从前保险杠开始，按顺序绕车一周，如图 2-44 所示。

图 2-43　车身外观展开示意

图 2-44　车身外观检查顺序

1. 检查车辆整体外观情况

在汽车左前方 45°方位，离开汽车 5～6m，呈半蹲姿势以保证视线基本与车门腰线（通常为车门防擦条位置）平齐，观察下列各项。

（1）汽车左侧表面是否有明显的凸凹损伤。

（2）各棱线是否平滑、顺畅。

（3）车门腰线前后是否呈一条平滑的直线。

（4）车门槛从前到后是否平直。

（5）整个车体是否周正（即是否有明显的车身歪斜现象）。

（6）前后车轮外表面是否在同一平面内。

在汽车右前方45°方位，离开汽车5～6m，呈半蹲姿势以保证视线基本与车门腰线（通常为车门防擦条位置）平齐。观察项目及方法与左前方的类似。

2．检查前保险杠及中网

（1）检查装配间隙。前保险杠与周围板件间的配合间隙应均匀一致，如果出现间隙不均匀的情况，则有可能是由于维修调整不当或发生了碰撞事故，车身变形没有完全校正到位，而使保险杠无法调整到正确的位置。

（2）检查损伤情况。目视检查前保险杠否有明显的刮蹭损伤、裂纹、掉块。用手推拉感觉是否松动，如果松动，则应仔细检查固定螺钉处是否已经拉坏。

（3）检查漆膜。目视检查前保险杠局部漆膜颜色与其他部位是否有色差，或与周围板件的漆膜是否有色差。如果有色差，可判定补过漆，该车辆可能出过碰撞事故。检查漆膜表面质量，目视检查是否有明显的颗粒、橘皮纹、流挂痕等缺陷，如果有则说明补过漆。也可用膜厚仪检查漆膜厚度的方法判断是否补过漆。

说明如下。

① 色差即同一块板件的不同部位或相邻板件的漆膜有颜色差异，如图2-45所示。

图2-45 同一块板件上的色差

② 颗粒是喷漆时的灰尘吸附在漆膜表面上形成的，如图2-46所示。

图2-46 面漆表面的颗粒

③ 橘皮纹是指漆膜表面呈现像橘子皮表面一样的状态，如图2-47所示。

彩图 2-47

图 2-47　橘皮纹

④ 流挂痕是指漆膜表面呈现油漆流淌后凝固的状态，如图 2-48 所示。

彩图 2-48

图 2-48　流挂痕

由于喷涂用材料、工具、喷涂技术水平及环境条件等的影响，汽车进行修补喷漆时，可能产生的缺陷有多种，二手车鉴定评估人员应该经常观察各类汽车的原厂漆膜表面状况和修补后的漆膜表面状况，积累经验，以便能够准确判定漆膜是否经过修补。

（4）检查中网是否有损伤。车辆正前方的碰撞经常会造成中网损伤，对于不太严重的损伤，车主不要求更换新件，所以会留下损伤的痕迹。

3．检查前机舱盖

（1）检查装配间隙。前机舱盖与周围板件间的配合间隙应均匀一致，如果出现间隙不均匀的情况，则有可能是由于维修调整不当或发生了碰撞事故，车身变形没有完全校正到位，而使前机舱盖无法调整到正确的位置。

（2）检查表面漆膜。检查内容和方法与前保险杠漆膜的相同。由于前机舱盖多用钢板制作，可采用磁铁吸附法检查。即用一块包有软纸或纱布的磁铁，在初步断定有补漆的表面做吸附操作，感受吸力大小，再在该区域周围或前机舱盖周围的钢板件表面做吸附操作，感受吸力大小。补过漆的区域，因修补施工时一般涂有原子灰（俗称腻子），且经过多次补喷漆，所以该区域的漆膜厚度增加，磁铁的吸力明显减弱。

（3）检查表面损伤。借助反射光线，查看前机舱盖外表面是否有明显的凸凹损伤、是否有漆面脱落、是否锈蚀。查看过程中，也可戴棉手套触摸表面配合检查。

4．检查前部灯光装置

主要检查前部灯光装置是否有明显的损伤，可要求车主开关相关的灯光，以检查各灯光是否有效。检查左、右前照灯是否新旧程度一致，如果有一个较新，说明可能出过前部碰撞事故。

5．检查前风窗玻璃

（1）查看前风窗玻璃是否有裂纹或孔洞类的损伤。

（2）查看前风窗玻璃左下角的生产日期，判定是否更换过玻璃。

6．检查左前翼子板

主要检查左前翼子板是否有明显的损伤、是否有漆面脱落、是否锈蚀、是否有补过漆的痕迹。

7．检查左前车轮

左前轮的检查主要包括检查轮胎的磨损情况、损伤情况、老化情况，轮圈的损伤情况，记录轮胎的规格及生产日期。

（1）检查轮胎损伤及非正常磨损。轮胎不应有非正常磨损，当轮胎出现非正常磨损时，表明该车的车轮定位参数不准确或车辆长期超载运行。

（2）检查轮胎磨损程度。测量轮胎花纹深度时，需要使用轮胎花纹深度尺。轮胎花纹深度尺有机械式和电子式两种。

机械式轮胎花纹深度尺如图2-49所示。外侧粗一些的固定标尺，是辅助测量尺，即辅助尺；而中间细长可以移动的，是主测量尺，即主尺。当主尺的探头与尺身处于同一平面时，辅助尺与主尺的"0"刻度对齐，此时深度尺处于"归零"状态。

图2-49　机械式轮胎花纹深度尺

实际测量时，可将辅助尺"0"刻度所处位置的左侧主尺刻度读为整数；辅助尺的哪一个刻度与主尺任一刻度对齐（或接近对齐），则作为小数点后读数。例如：辅助尺的"0"刻度位于主尺"20 mm"与"21 mm"刻度之间，读为20 mm；辅助尺的"2"刻度与主尺的某一刻度对齐，则读为0.2 mm。主尺读数与辅助尺读数相加为总读数，即20.2 mm。

将深度尺的尖端伸入轮胎胎面的同一横截面几个主花纹沟中，测量花纹的深度，得出一组数值，从中得出平均数。

进行实际测量时，要注意几个细节：应测量轮胎的主花纹沟；深度尺垂直于胎面；主尺探头避开花纹沟内的磨损极限标志；如果是新胎，注意尺身避开胎面上突起的胶瓣。

电子式轮胎花纹深度尺测量时从液晶显示屏直接读数，对在用车辆进行轮胎花纹深度测量时，应选胎面中部的花纹进行测量，如图2-50所示。

需要说明一点，现在大多数轮胎设有磨损标记，一般以花纹中布置的凸点标识，如图2-51所示。检查时，如果发现磨损标记已被磨损，则表明轮胎需要更换。

图2-50　电子式轮胎花纹深度尺的测量

图2-51　轮胎表面的磨损标记

《机动车运行安全技术条件》国家标准第2号修改单规定：轿车轮胎胎冠上花纹深度在

磨损后应不少于 1.6 mm, 其他车辆轮胎胎冠上花纹深度不得少于 3.2 mm; 轮胎的胎面和胎壁上不得有长度超过 25 mm, 深度足以暴露出轮胎帘布层的破裂和割伤。

（3）检查轮辋是否有明显的损伤。

（4）记录轮胎规格及其生产日期。轮胎规格及其生产日期标注在轮胎侧面，如图 2-52 和图 2-53 所示。

图 2-52　轮胎规格

图 2-53　轮胎生产日期

8．检查左前车门

（1）检查后视镜（包括大客车或货车的下视镜）是否完好。可折收式后视镜能否顺畅折叠，打开后能否可靠锁止。

（2）检查车门玻璃完好程度及出厂日期。

（3）检查车门表面是否有碰撞损伤、是否有漆面脱落或锈蚀、是否有补过漆的迹象。

（4）检查车门密封条是否良好、是否老化。

（5）检查车门四周接缝是否均匀。

（6）开关车门是否顺畅，以判断车门铰链的磨损情况；关上车门，应锁止可靠。

（7）查看车门内表面，如果内表面很脏，说明车辆维护不好；如果很破旧，说明车辆使用年限较长或使用强度较大。

（8）做升降玻璃操作，检查玻璃升降器的功能，记录玻璃升降器的形式（手动、电动）。

9．检查左后车门

左后车门的检查内容和检查方法与要求和左前车门的相同。

10．检查左后翼子板及左后车轮

左后翼子板和左后车轮的检查内容、检查方法与要求和左前翼子板及左前车轮的相同。

11．检查后保险杠及后部灯具

后保险杠及后部灯具的检查内容、检查方法与要求和前保险杠及前部灯具的相同。

12．检查行李舱盖

（1）检查行李舱盖外表面。检查内容、方法及要求与前机舱盖的检查相同。

（2）打开行李舱盖，检查舱盖防水胶条是否完好，检查行李舱是否锈蚀。查看行李舱开口处左、右两边的钣金件与后保险杠的接合处时，可先翻开行李舱内的地毯，检查该处有无焊接过的痕迹。

（3）检查是否有备胎或备胎的完好情况。

（4）查看是否有进水的痕迹，并根据痕迹的高度判定进水的程度。

（5）关闭行李舱盖，判断锁止情况。

13．检查后风窗玻璃

后风窗玻璃的检查内容、方法、要求与前风窗玻璃的相同。

14．检查车辆右侧

车辆右侧的检查部位包括右后翼子板、右后车门、右前车门、右前翼子板等，检查内容、方法、要求与车辆左侧对称部位相同。

检查外观（一）　　检查外观（二）

三、检查前机舱

打开前机舱盖，并将其支撑好，目视并配合手触摸检查下列项目。

1．检查前机舱盖内侧

（1）检查内护板。

① 如果前机舱盖内表面没有内护板（隔热板），如图 2-54（a）所示，则首先检查内护板凸筋的形状是否顺畅、是否有折痕和凹陷损伤、是否有裂纹，凸筋与外板间的密封胶是否有开裂的现象。

② 如果前机舱盖内表面有内护板，如图 2-54（b）所示，则首先检查内护板的完好程度，如果内护板保持完好，则可认为前机舱盖没有受过严重的碰撞。如果内护板有开裂、孔洞或呈破烂不堪的状态，则需拆下内护板，检查内板凸筋情况。如果内护板很新，可能是车辆修复时更换了新件。

（a）没有内护板的前机舱盖	（b）有内护板的前机舱盖

图 2-54 前机舱盖内表面

（2）检查内板边缘。

① 目视检查前机舱盖内、外板翻边咬合处的密封胶线是否规整，用手指甲稍用力压胶线，感觉其是否有弹性。如果胶线不规整或呈断续状态，则可断定该前机舱盖做过大修；如果胶线干硬或老化、松动，则说明该车可能使用年限较长或发动机长期处于高温状态运行。

② 检查内板边缘是否有正面面漆颜色的油漆。如果有，则说明前机舱盖做过修补涂装。

（3）检查前机舱盖铰链螺栓。查看前机舱盖铰链螺栓是否有拆卸过的痕迹，如果有则说明前机舱盖可能做过修理。

2．检查发动机

（1）检查清洁情况。通常发动机表面有少许灰尘和油污为正常。如果发动机非常干净，则说明刚清洗过或刚做了发动机"美容"，据此可断定之前的发动机很脏，进而可断定该车维护状况不是很好；如果发动机很脏，则可直接断定该车维护状况不是很好。

（2）检查发动机是否有漏油、漏水现象。

（3）拔出机油尺，查看发动机机油的质量。一般机油尺上会有高、低油位标记，如图 2-55 所示，如果机油平面在这两个油位标记之间，则表示正常。如果油位过低，应了解上次更换机油的时间和间隔里程，通常发动机机油的换油间隔里程为 5000km，正常的机油消耗量是在换油间隔里程内小于 1L。如果更换的时间和间隔里程正常，说明发动机烧机油；如果机油平面过高，说明发动机漏液或加注过量。

图 2-55 机油尺的高、低油位标记

拿出一张白纸，将机油尺在纸上擦拭，观察机油颜色和杂质的情况。车辆使用一段时间后机油颜色会变黑，这是正常的，而机油显现其他颜色都是不正常的。如果发现机油的颜色变灰、变白或有乳化现象，说明机油中混入水，可能是发动机存在冷却液渗漏情况。

如果为自动挡车辆，还应查看自动变速器油尺，检查的内容和方法与发动机机油尺的基本相同。

（4）检查机油加注口盖。拧下机油加注口盖，查看盖内表面，有较轻的油污为正常。如果油污较多，呈白色乳状，则缸垫、缸盖或缸体可能有损坏，导致发动机内部漏水；如果油污呈棕色，表明机油含水量较大，且发动机长期在高温状态下运行。

（5）检查冷却液。现代的汽车发动机里常年使用防冻液作为发动机的冷却液。冷却液颜色有蓝色、浅绿色和粉红色，如果发现冷却液已经没有颜色和黏度，像水一样，首先应了解其原因，并分析二手车可能存在的故障，如发动机高温、发动机漏液等。

检查冷却液液面上是否有异物飘浮，例如锈蚀的粉屑、不明的油污等。如果发现有油污浮起，表明可能有机油渗入冷却液内；如果发现浮起的异物是锈蚀的粉屑，表明散热器内或发动机机体内的锈蚀情况已经很严重。一旦发现有上述情况，都表示该车发动机状况不是很好。

检查冷却液液面是否正常，太低则说明冷却系统存在渗漏。观察水管接头的各夹子处、水泵、散热器、气缸垫、水堵等处是否有渗漏的痕迹，可能是由于密封垫或胶圈老化、安装不当、管路老化变脆等原因引起的。

3．检查发动机附件

（1）检查蓄电池。

① 查看生产日期（判断是否需要更换）。

② 查看电极桩是否有经常拆装的痕迹，如果有，则说明该车电路经常出故障。

③ 查看电极桩上是否有浅灰色絮状物，如果有，则可断定该蓄电池漏液。

④ 查看蓄电池外表是否有渗漏现象（也可通过查看蓄电池支架是否有腐蚀现象来判断）。

⑤ 对于免维护蓄电池，可以直接通过观察孔观看孔中的颜色，当看到的颜色为黄色时，说明电解液过少；当看到的颜色为绿色时，说明电解液合适，且电量充足；当看到的颜色为黑色时，说明电解液合适，但电量不足，需充电。

（2）检查发动机其他附件。

① 检查空气滤清器。查看滤芯的清洁程度。如果很脏，说明该车维护状况不是很好；如果是新换的，说明原来的滤芯很脏。

② 检查冷却液软管、进气软管及真空软管等是否有老化现象。

③ 检查点火高压线。高压线应清洁、布线整齐、无切割口、无擦伤部位、无裂纹和烧焦处。

④ 检查火花塞。用火花塞套筒扳手任意拆下一个火花塞，检查火花塞的技术状况。如果火花塞电极呈灰色，且没有积炭，则表示火花塞工作正常；如果火花塞严重积炭、电极严重烧蚀、绝缘体破裂、侧电极开裂等，均会使点火性能下降，需成组更换火花塞。

⑤ 检查点火线圈。观察点火线圈外壳有无破裂等现象。

⑥ 检查喷油器技术状况。检查喷油器插头安装、喷油器密封圈、油压调节器及真空管路是否良好。

⑦ 检查起动机、发电机、空调压缩机、动力转向泵、ABS 泵、分电器、膨胀水箱、风窗洗涤液罐、传动皮带等附件的完好程度。

（3）检查制动液。

① 检查储液量。制动液液位应该在储液罐外表刻度的最高液位"MAX"和最低液位"MIN"

之间。液位太低则说明制动系统存在渗漏，应观察制动管路的各个接口处、油管、前轮分泵、后轮分泵等是否有渗漏的痕迹，可能存在密封垫或胶圈老化、安装不当、油管老化变脆等现象。

② 检查质量。打开罐盖，查看内部是否有悬浮的黑色的小颗粒等其他杂质，如有说明制动管路的接口密封胶圈老化，需要对损坏处进行更换；如果油液颜色变得很深，需要进行更换。

（4）记录典型的配置特点。配置情况包括发动机缸数、电喷的类型、是否为动力转向、是否有 ABS 等。

（5）检查前机舱盖锁止情况。关上前机舱盖，判断前机舱盖的锁止情况。

检查前机舱（一）　　　检查前机舱（二）

四、检查驾驶舱

1．检查座椅及安全带

（1）驾驶人座椅、乘员座椅安装应牢固、可靠。检查驾驶人座椅、副驾驶人座椅的调节功能是否有效，记录座椅调整机构的类型（手动、电动）。各座椅配备的安全带应齐全、有效。

（2）查看座椅的新旧程度。座椅表面应平整、清洁、无破损。如果座椅松动或严重磨损、凹陷，说明车辆常载人，可推断该车经常行驶在高负荷的工况下。

2．检查仪表台

（1）检查仪表台外观。

① 查看仪表台是否为原装件，仪表台底部有没有更改线束的痕迹。

② 要求安装汽车行驶记录仪的车辆是否按要求安装，能否正常工作。

③ 检查仪表台有无划痕。

④ 观察副驾驶座的气囊与周围新旧一致程度，如果气囊盖较新或周边有缝隙，说明更换过气囊。

（2）检查附件。

① 检查里程表。已经行驶的里程数是车龄的参照，一般的家用车每年行驶 1 万～3 万 km，记录里程表的数值。

② 检查其他仪表是否配备齐全、功能是否有效。查看是否有火烧过的痕迹。

③ 检查储物盒是否有裂痕、配件是否有缺失。

3．检查操纵器件

（1）检查转向盘。

① 检查转向盘自由间隙。转动转向盘，使汽车处于直线行驶位置，然后向左打转向盘到感觉有阻力为止，再向右打到感觉有阻力为止。感觉转向盘自由行程大小，标准规定向左或向右的自由行程均不得大于 15°。

② 上下拉动转向盘，检查转向十字轴是否有过大的间隙。

③ 前后推动转向盘，检查转向盘管柱衬套是否有明显的间隙。

④ 检查转向盘中间的安全气囊盖是否有换新的痕迹。

（2）检查踏板。

① 离合器踏板、制动踏板、加速踏板有无弯曲变形及干涉现象。

② 离合器踏板和制动踏板的胶垫是否磨损过度，通常踏板胶垫的寿命是 3 万 km 左右，如果换了新的，则表明此车至少行驶 3 万 km 以上。

③ 检查所有踏板有没有弹性，各踏板的自由行程是否合适（制动踏板的自由行程一般为 20～40mm，离合器踏板的自由行程一般为 15～25mm），同时留心听踩踏踏板时是否有异响。

（3）检查换挡杆。

① 检查换挡手柄的磨损情况，以判断车辆的使用强度。

② 踩下离合器踏板（对使用自动变速器的车辆踩下制动踏板），操纵换挡杆进行各挡位间的升/降挡操作，以检查换挡情况。

③ 记录变速器形式（手动、自动、手自动一体、挡数等）。

（4）检查驻车制动情况。检查驻车制动是否灵活、有效，要求拉起驻车制动操纵杆不超过 3 响，即可达到足够的制动效能。

4．检查内饰

（1）查看车顶的内篷及内饰板是否破裂，车辆内部是否有污秽、发霉。车内如有发霉的味道，表明车辆可能有漏水的情况或泡过水。

（2）检查天窗的功能是否正常，应开启顺畅、关闭后可靠锁止。记录天窗的类型（手动、电动）。

（3）检查地毯或地板胶是否残旧，从地毯磨痕可推断出该车使用频繁程度。

（4）揭开地毯或地板胶，查看车厢地板是否有潮湿或生锈的痕迹、是否有焊接的痕迹。

（5）查看地板胶和内饰板中下部是否有被水淹过或火烧过的痕迹，以判定该车是否为泡水车或火烧车。

5．检查车内附件

（1）检查车内后视镜是否完好。

（2）检查车顶灯是否完好、有效。

（3）对于大客车，应检查其行李架是否完好、安装牢固。

（4）检查刮水器、风窗洗涤器、收音机、CD 等是否齐全、完好、有效。

（5）记录安全气囊数量。

检查驾驶舱

五、检查起动性

在进行发动机运转状况检查前，检查发动机润滑油量及冷却液量，必要时适量添加。

1．检查起动功能

在正常情况下，用起动机起动发动机时，应在 3 次内起动成功。若发动机不能正常起动，说明发动机的起动性能不好。注意：每次起动时间为 5～10s，中间间隔 15 s 以上。

检查起动性

2．检查发动机怠速运转情况

在怠速工况下，发动机应在规定的转速范围内稳定地运转。如果怠速转速过高或运转不稳定，说明发动机怠速不良。汽油机怠速一般为(800±50)r/min；车用柴油机一般为 520～650r/min。

3．检查急加速性

（1）待水温、油温正常后，通过变换加速踏板的位置，检查发动机在各种转速下是否运转平稳，改变转速时过渡应圆滑。

（2）迅速踏下加速踏板，发动机由怠速状态"猛"加速，观察发动机转速是否能迅速从低速到高速灵活反应，发动机应无"回火""放炮"现象。

（3）当加速踏板踩到底时，迅速释放加速踏板，发动机转速是否能迅速从高速到低速灵活反应，发动机不能怠速熄火。

（4）在发动机加速运转过程中，检查发动机有无"敲缸"等异响。

（5）在规定转速下，发动机机油压力应符合有关规定。

4．检查发动机窜油、窜气

打开发动机机油加注口盖，缓缓踩下加速踏板，如果窜气严重，肉眼可以观察到油雾气。也可用一张白纸，盖在加注口上，然后加速，若窜油、窜气，白纸会被吹起，上面会有油迹，严重时油迹面积大。

5．检查排气颜色

正常的汽油发动机排出的气体应该是无色的，在严寒的冬季可见白色的水汽；柴油发动机带负荷工作时排出的气体一般是淡灰色的，当负荷较大时为深灰色。无论是汽油机还是柴油机，如果排气颜色发蓝，说明机油油入燃烧室。若机油油面不高，常见的是气缸与活塞密封出现问题，即活塞、活塞环因磨损与气缸的间隙过大。如果排气管冒黑烟，说明混合气过浓、汽油发动机点火时刻过迟等。如果排气呈明显的白色，说明发动机内部有漏液处。

6．检查其他项目

使发动机处于怠速状态，检查下列项目。

（1）检查冷却液温度表、转速表、机油压力表、油温表等仪表工作状况。

（2）检查电源系统充电情况。怠速稳定运转后，充电指示灯应熄灭。

（3）检查前照灯变光情况。

（4）检查泊车辅助装置工作情况（如果配备了该装置）。

（5）检查汽车电子控制设备故障灯（如发动机故障灯、气囊故障灯、ABS 故障灯、ESP 故障灯等）的工作情况。按标准规定，应用汽车故障诊断仪读取故障码。

（6）打开空调，操纵各调节旋钮（对于自动或电控空调，可人工设定参数），观察空调系统风量、方向调节、分区控制、自动控制、制冷工作等是否正常。

（7）检查发动机熄火情况。对于汽油机，关闭点火开关后，发动机正常熄火；对于柴油机，停机装置应灵活、有效。

六、检查行车状况

检查行车状况需要路试，路试一般在 20km 左右，路试检查的内容如下。

1．检查离合器

正常的离合器应该接合平稳、分离彻底，工作时不得有异响、抖动和不正常打滑现象。踏板自由行程应符合《机动车运行安全技术条件》的有关规定，踏板力应不大于 300N。

（1）检查分离情况。

① 现象。在发动机怠速状态时，踩下离合器踏板几乎触底时，才能切断离合器；或踩下离合器踏板，感到挂挡困难或变速器齿轮出现刺耳的撞击声；或挂挡后不抬离合器踏板，车辆就开始行进，表明该车的离合器分离得不彻底。

② 主要原因。离合器踏板自由行程过大、离合器压盘限位螺钉调整不当，或更换了过厚的离合器摩擦片、离合器分离杠杆不在同一平面上等。

（2）检查离合器打滑情况。

① 现象。起步困难、加速无力、重载上坡时有明显打滑甚至发出难闻气味等现象，挂上1挡后，慢抬离合器车辆没反应，发动机也不熄火。

② 主要原因。离合器踏板自由行程太小、分离轴承经常压在膜片弹簧上，使压盘总是处于半分离状态；离合器压盘弹簧过软或折断；离合器与飞轮连接的螺栓松动等。

（3）检查离合器异响。

① 现象。使用离合器过程中出现异常响声。

② 原因。分离轴承磨损严重、轴承回位弹簧过软或折断、膜片弹簧支架有故障等。

2．检查变速器

（1）从起步挡加速到高速挡，再从高速挡减至低速挡。检查变速器是否轻便、灵活，是否有异响，是否有乱挡现象，加减速时是否有跳挡现象，同时，换挡时操纵杆不得与其他部件产生干涉。

（2）自动挡的车辆在平坦的路面起步一般不需要踩加速踏板，如果需要踩加速踏板才能起步，说明自动变速器维护不好，或已到维修里程。

（3）检查自动变速器是否有换挡迟滞现象，自动挡的车辆换挡时应该无明显的感觉。如果感觉车辆在加减速时有明显的发"冲"现象，说明自动变速器维护不好，或已到大修里程。

3．检查传动轴

传动轴及中间轴承应正常工作，无松旷、无异响。路试中，将汽车加速至40~60km/h后迅速抬起加速踏板，查听底盘传动轴中间支撑部位有无明显的金属撞击声。如果有，说明中间轴承间隙大。

4．检查驱动桥

差速器、主减速器应工作正常、无异响。

5．检查制动性能

（1）技术要求。《机动车运行安全技术条件》（GB7258—2017）规定，汽车制动性能和应急制动性能的路试检测在平坦、硬实、清洁、干燥且轮胎与地面间附着系数不小于0.7的水泥或沥青路面上进行，检验时发动机与传动系统分离。

汽车在规定初速度下的制动距离和制动稳定性要求见表2-4。紧急制动性能要求见表2-5。

表2-4　　　　　制动距离和制动稳定性要求

汽车类型	制动初速度/（km·h⁻¹）	满载检验制动距离要求/m	空载检验制动距离要求/m	试验通道宽度/m
三轮汽车	20	≤5.0		2.5
乘用车	50	≤20.0	≤19.0	2.5
总质量不大于3500kg的低速汽车	30	≤9.0	≤8.0	2.5

续表

汽车类型	制动初速度/ (km·h⁻¹)	满载检验制动 距离要求/m	空载检验制动 距离要求/m	试验通道宽 度/m
其他质量不大于 3500kg 的低速汽车	50	≤22.0	≤21.0	2.5
其他汽车、汽车列车	30	≤10.0	≤9.0	3.0
两轮摩托车	30	≤7.0		—
边三轮摩托车	30	≤8.0		2.5
正三轮摩托车	30	≤7.5		2.3
轻便摩托车	20	≤4.0		
轮式拖拉机运输机组	20	≤6.5	≤6.0	3.0
手扶变型运输机	20	≤6.5		2.3

表 2-5　　　　　　　　　　　　　紧急制动性能要求

汽车类型	制动初速度/ (km·h⁻¹)	制动距离 /m	充分发出的平均 减速度/(m·s⁻²)	允许操纵力不应大于/N	
				手操纵	脚操纵
三轮汽车	50	≤38.0	≥2.9	400	500
乘用车	30	≤18.0	≥2.5	600	700
其他汽车（三轮汽车、乘用车除外）	30	≤20.0	≥2.2	600	700

（2）检查行车制动功能。

① 汽车起步前，踩下制动踏板并保持 5～10s，感觉踏板是否缓慢下移。如果缓慢下移，则说明制动系统存在内部或外部泄漏。

② 踩住制动踏板，起动发动机，感觉踏板是否有缓慢下移现象。如果没有下移，说明真空助力装置功能失效。

③ 汽车起步后将车加速至 20km/h 做一次点制动，检查制动是否可靠，有无跑偏、甩尾现象；再将车加速至 50km/h，先用点制动的方式检查汽车是否立即减速、跑偏，再用紧急制动的方法检查制动距离和跑偏量。

（3）检查制动效能。

① 如果在行车时进行制动，减速度很小，制动距离又很长，说明该车的制动效能不佳。其原因可能是摩擦片与制动鼓（盘）的间隙很大，制动踏板自由行程过大（标准规定，行车制动系统达到最大制动效能时，制动踏板的行程不应超过全行程的 4/5），制动油管内有空气，制动总泵或分泵有故障，制动油管漏油等。

② 试车时，发现踩下制动踏板的位置很低，连续踩几脚后，踏板才逐渐升高，但仍感觉比较"软"，这很可能是制动管路内有空气所导致的。

③ 当第一脚踩下踏板时制动失灵，再继续踩下踏板时制动良好，说明踏板自由行程过大，或摩擦片与制动鼓（盘）的间隙过大。

④ 如果在行车中出现制动失效，不能使车辆减速或停止的现象，其原因可能是制动液渗漏、制动总泵和分泵有严重故障等。

（4）检查驻车制动。如果在坡路上拉紧驻车制动杆后出现溜车的现象，说明驻车制动有故障。其原因可能是驻车制动器拉杆调整过长，摩擦片与制动鼓（盘）间隙过大或有油污，摩擦片磨损严重或打滑，制动鼓（盘）与摩擦片接触不良等。

（5）检查制动系统辅助装置。

① 对于气压制动的车辆，当制动系统的气压低于 400kPa 时气压报警装置应发出报警信号。

② 对于装备有弹簧储能制动器的车辆，当制动系统的气压低于 400kPa 时弹簧储能制动器自锁装置应正常、有效工作。

6. 检查转向操纵性

（1）在宽敞的路段，以 15km/h 的速度行驶，左、右转动转向盘，检查转向是否灵活、轻便，有无回正力矩。

（2）汽车处于直线行驶状态时，双手放开转向盘，检查是否跑偏。

（3）汽车高速行驶时，是否有跑偏、摆振现象。

7. 检查动力性

（1）检查加速性能。

① 汽车起步后，猛踩加速踏板，检查汽车的加速性能，各种汽车设计时的加速性能不尽相同。就轿车而言，一般发动机排量越大，加速性能越好。有经验的二手车鉴定评估人员能够了解各种常见车型的加速性能，通过路试能够检查出被检汽车的加速性能与正常的该型号汽车加速性能的差距。

② 在进行汽车加速性能检查时，注意听发动机的声音，能否跟随加速踏板的动作迅速加速和减速。

（2）检查滑行性能。在平坦的路面上做滑行试验，将机动车运行到 50km/h 时，踩下离合器踏板，将变速器换入空挡滑行，根据经验，通过滑行距离可以判断汽车底盘传动系统的传动效率，以判定传动系统技术状况并间接判断汽车动力性。车辆滑行时，注意观察车辆是否有行驶跑偏现象。

> **注意**
>
> 对于自动挡的车辆，不得进行滑行性能检查，除非技术文件中明确允许。

8. 检查其他异常情况

（1）汽车在任何车速下都不应抖动。如果汽车在某一车速范围内抖动，说明汽车的传动系统或行驶系统动平衡有问题，应检查轮胎、传动轴、悬架、间隙等。

（2）在整个车辆运行过程中，注意听车辆底盘及转向部位是否有异响。

9. 路试后的检查

（1）检查各部件温度。

① 检查冷却液、润滑油等的温度。冷却液温度不应超过 90℃，发动机润滑油温度不应高于 95℃，齿轮油温度不应高于 85℃。

② 检查运动机件过热情况。查看轮毂、制动鼓、变速器壳、传动轴中间轴承、驱动桥壳等的温度，不应有过热现象。

（2）检查渗漏现象。

① 在发动机运转及停车时，散热器、水泵、缸体、缸盖、暖风装置及所有连接部位不得有明显渗水、漏水现象。

② 汽车连续行驶距离不小于 10km，停车 5min 后观察，不得有明显渗油、漏油现象。

③ 气压制动汽车，在气压升至 600kPa 且不使用制动的情况下，停止空气压缩机 3min 后，气压的降低值不应大于 10kPa。在气压为 600kPa 的情况下，将制动踏板踩到底，待气压稳定后观察 3min，气压的降低值不应大于 20kPa。

④ 液压制动车辆，踩住制动踏板，感觉是否有缓慢向下移动的现象。

检查行车状况——
检查性能

七、检查车辆底盘

检查车辆底盘时要将车辆置于地沟上或在举升机上进行。

（1）检查发动机固定是否可靠。检查发动机与传动系统的连接情况；燃油箱及燃油管路应固定可靠，不得有渗油、漏油现象；燃油管路与其他部件不应有磨蹭现象；软管不应有老化开裂、磨损等异常现象。

（2）检查变速器是否有漏油现象。

（3）检查传动轴中间支撑轴承及支架、万向节等有无裂纹和松旷现象。

（4）检查转向节臂、转向横直拉杆有无裂纹和损伤，有无拼焊现象。检查转向横直拉杆球销是否松旷、连接是否可靠。各运动部件在运动中有无干涉、摩擦现象。

（5）检查车架是否有裂纹和影响车辆正常行驶的变形，螺栓和铆钉不得缺少和松动，车架不得进行焊接加工。

（6）检查前、后桥是否有变形、裂纹。

（7）检查钢板弹簧有无裂纹、断片、缺片和多片现象，中心螺栓和 U 形螺栓是否紧固，减振器是否漏油，车架与悬架之间的各拉杆和导杆应无松旷和移位现象。

（8）检查排气管、消声器是否齐全及其固定情况，有无破损和漏气现象。

（9）检查制动总泵、分泵、制动管路，不得有漏气、漏油现象；软管不得有老化开裂、磨损异常等现象。

（10）检查电气线路，所有导线均应捆扎成束、布置整齐、固定卡紧、接头牢固，在导线穿越孔洞部位应装设绝缘套管。

（11）检查减振器及悬架。可用手在汽车前、后、左、右角分别用力下压，如放松后汽车车身能回弹，且自由跳动不超过 3 次，说明该系统正常。如出现异响、自由跳动次数过多或不能回位，则说明该减振器或弹簧等部件工作不良。

（12）检查防尘套。用手抻开防尘套，看有无开裂痕迹。

在进行底盘检查过程中，随时记录典型的配置特点，如驱动形式（FF、FR、4WD），制动系统形式（前盘后鼓、前后盘式）等。

八、检查功能性零部件

车辆功能性零部件检查通常结合前述 7 项检查过程进行，对于没有包含在前述 7 项检查内容之内的，需单独进行检查。车辆功能性零部件的检查包括以下项目。

1. 车身外部件

（1）检查前机舱盖锁止情况。

（2）检查前机舱盖液压撑杆功能。打开前机舱盖时无须使用太大力即可打开，打开后能够可靠停在升起位置。

（3）检查后门/行李舱液压撑杆功能。

（4）检查各车门的锁止情况。

（5）检查前、后刮水器功能。包括间歇挡、慢速挡和快速挡的摆动情况是否正常，关闭开关后刮片能否回到初始位置。

（6）检查车门立柱密封胶条。

（7）检查排气管及消声器。

（8）检查车轮轮毂损伤。

2．驾驶舱内部件

（1）检查车内后视镜完好性。

（2）检查座椅调节及加热情况。

（3）检查仪表板出风管道情况。

（4）检查中央集中控制功能。

3．随车附件

查看下列随车附件的有无，以及是否完好、可用。

（1）备胎。

（2）千斤顶。

（3）轮胎扳手及随车工具。

（4）三角警示牌。

（5）灭火器。

4．检查其他功能件

（1）全套钥匙应齐全、完好。

（2）遥控器保持良好功能。

（3）喇叭高、低音色正常。

（4）玻璃加热器功能良好。

检查车辆底盘及功能性零部件

在对车辆进行各项检查时，应充分发挥严谨、细致的大国工匠精神。

九、拍摄二手车照片

1．外观照片

分别从车辆左前部与右后部45°拍摄外观照片各1张。拍摄外观破损部位带标尺的正面照片1张（如果没有破损，则不拍摄此照片）。

2．驾驶舱照片

采用俯拍角度，分别拍摄仪表台操纵杆、前排座椅、后排座椅正面照片各1张，拍摄破损部位带标尺的正面照片1张（如果没有破损，则不拍摄此照片）。

3．前机舱照片

采用俯拍角度，拍摄前机舱照片1张。

拍摄二手车照片

新技术要求：二手车数字化评估即运用数字化的工具及数字化平台支持二手车鉴定评估，二手车鉴定评估人员将采集的数据信息传输给系统平台，由平台完成数据存储、分析，给出鉴定结果，另外系统还可完成询价等拓展功能。二手车数字化评估要求：在进行车辆技术状况检查时，只要发现任何缺陷或可疑处，均应拍照存档。

【任务考核】

（1）教师为每组学生准备一辆二手车、钢卷尺（5m）、皮尺（20m）、铅锤、磁铁、轮胎花纹深度尺、游标卡尺及照相机（或手机）等。

（2）学生结合本任务的知识与技能学习，利用给定的工具、设备等，对指定的二手车进行技术状况鉴定和拍照，并完成实训工单 2.2，在实训工单 2.2 的车辆技术状况表中记录相关信息。

（3）教师观察学生操作过程，并做适当的指导和记录。

（4）教师结合学生完成的工单及对其操作过程的记录，给出成绩。

【学习效果检验】

具体内容见实训手册。

模块 3
估算价格

　　估算价格工作就是对所收集的被评估车辆数据资料、技术鉴定资料等进行整理，根据评估目的选择适用的计价标准和评估方法，本着客观、公正的原则对车辆进行评定估算，确定评估结果。

　　估算价格环节主要包括估算二手车价格、编制二手车鉴定评估报告和归档工作底稿等具体工作。

| 任务 3.1　估算二手车价格 |

【任务分析】

　　判别事故车和进行车辆技术状况鉴定工作，均是为了最后估算出合理的价格，所以车辆技术状况鉴定工作完成后，就要估算二手车价格。

　　二手车鉴定评估人员根据评估目的，选择相应的计价标准和评估方法，并依据现场车辆查勘的结果及确定二手车成新率之后，即可根据不同评估方法的数学模型计算被评估二手车的评估值。由于重置成本法为常用的二手车评估方法之一，所以通常在计算之前，还需要进行市场询价，以获得被评估二手车的重置成本。

　　本任务主要学习估算二手车价格的具体方法。

【学习目标】

1．知识目标
（1）能够正确解释二手车成新率的含义。
（2）能够正确解释重置成本法、收益现值法、现行市价法计算公式中相关参数的含义。

2．能力目标
（1）能够根据具体评估的条件，选择合适的方法计算二手车的成新率。
（2）能够用重置成本法、收益现值法、现行市价法和清算价格法计算二手车评估值。
（3）能够熟练运用成本比率法计算二手车评估值。

3．素质目标

（1）具备认真、细致的职业素养。

（2）具备积累经验、持之以恒的综合素养。

【相关知识学习】

一、成新率的计算方法

在进行二手车价格估算时，需要用到一个重要的参数，即二手车的成新率。所以确定二手车成新率是估算价格时首先要解决的问题。

成新率是反映二手车新旧程度的指标，是表示二手车的功能或使用价值占全新机动车的功能或使用价值的比率，也可以理解为二手车的现时状态占全新状态的比率。它与有形损耗一起反映同一车辆的两个方面。车辆的有形损耗率也称为车辆的实体性贬值，它是由使用磨损和自然损耗形成的。成新率和有形损耗率的关系为

成新率＝1－有形损耗率

成新率是重置成本法的一项重要指标，科学、准确地确定成新率是估算二手车价格的重点和难点之一。

二手车成新率的计算方法有使用年限法、行驶里程法、部件鉴定法、整车观测法、综合分析法、综合成新率法等。

1．使用年限法

（1）计算方法。使用年限法是以被评估二手车的尚可使用年限与规定使用年限的比值来确定二手车成新率的一种方法。其计算公式为

$$C_Y = \frac{Y - Y_1}{Y} \times 100\%$$

式中：C_Y——年限成新率，%；

　　　Y_1——已使用年限，月；

　　　Y——规定使用年限，月。

通过使用年限法估算二手车的成新率是基于这样的假设：二手车在规定的使用寿命期间，实体性损耗与时间呈线性递增关系，二手车价值的降低与其损耗大小成正比。因此，可利用被评估二手车的已使用年限与该车型规定使用年限的比值来判断其实体贬值率（程度），进而估算被评估二手车的成新率。

（2）确定相关参数。

① 已使用年限的确定。已使用年限是代表汽车运行量和工作量的一种计量，这种计量是以汽车正常使用为前提的，包括正常的使用时间和使用强度。对汽车来说，它的规定寿命指标既有规定使用年限，也有行驶里程数。从理论上讲，综合考虑已使用年限和行驶里程数要符合实际一些，所以汽车的已使用年限应采用折算年限，即

折算年限＝总累计行驶里程/年平均行驶里程

这种已使用年限表示方法既反映汽车的使用情况（包括管理水平、使用水平、维护水平和使用强度），又反映运行条件和某些停驶时间较长的汽车的自然损耗。但在实际操作中，很难找到总累计行驶里程和年平均行驶里程这一组数据，所以已使用年限一般取该车从新车

在公安机关交通管理部门初次注册登记日起至评估基准日所经历的时间。这个时间可以用年、月或日为单位计算。实际计算中，评估基准日并不恰好与初次注册登记日相同，如果以年为单位计算已使用年限，得到的结果的误差太大；如果以日为单位计算已使用年限，需要精确计算实际已使用天数，得到的结果精确，但工作量较大，比较麻烦；一般以月为单位计算已使用年限，即将已使用年限和规定使用年限换算成月数，这样计算简单，得到的结果误差较小，比较切合实际。

② 规定使用年限的确定。车辆规定使用年限是指《机动车强制报废标准规定》中对被评估车辆车型规定的使用年限。各种类型汽车规定使用年限应按《机动车强制报废标准规定》执行，对于其中无报废年限规定的车辆，在进行成新率计算时，通常取 15 年。

（3）应用条件。应用使用年限法计算成新率的前提条件是车辆在正常使用条件下，按正常使用强度（年平均行驶里程）使用。我国各类汽车年平均行驶里程参考值见表 3-1。

表 3-1　　　　　　　　　　我国各类汽车年平均行驶里程参考值

汽车类别	年平均行驶里程/万 km
微型、轻型货车	3～5
中型、重型货车	6～10
私家车	1～3
公务、商务用车	3～6
出租车	10～15
租赁车	5～8
旅游车	6～10
中、低档长途客运车	8～12
高档长途客运车	15～25

利用使用年限法计算得到的成新率，实际上反映的是车辆的时间损耗及时间折旧，与车辆的日常使用强度和车况无关。

如果车辆的日常使用强度较大，在运用已使用年限指标时，应适当乘以一定的系数。例如，对于某些以双班制运行的车辆，其实际使用时间为正常使用时间的 2 倍，因此该车的已使用年限，应是车辆从开始使用到评估基准日所经历时间的 2 倍。

（4）应用实例。

① 车辆基本情况。

车型：郑州宇通 ZK6107HZY 中型客车，非营运。

购车时间：2020 年 5 月。

行驶里程：9 万 km。

初次注册登记日：2020 年 5 月。

评估基准日：2023 年 5 月。

② 车辆技术状况评价。前保险杠右前角有一处较为明显的划痕，减振效果较差，其他均正常。

③ 成新率计算。

a. 根据该车的车辆技术状况评价及行驶里程可以判定，该车的使用情况与其使用年限相符，故可采用使用年限法计算其成新率。

b. 按我国现行的《机动车强制报废标准规定》，该车型报废年限为 20 年（240 个月）。

c. 该车初次注册登记日为 2020 年 5 月，评估基准日为 2023 年 5 月，已使用 36 个月。

d. 根据使用年限法成新率计算公式得

$$C_Y = \frac{Y - Y_1}{Y} \times 100\% = \frac{240 - 36}{240} \times 100\% = 85\%$$

即该车的成新率为 85%。

2. 行驶里程法

在《机动车强制报废标准规定》中，部分车型除规定了使用年限外，还规定了行驶里程。因此，也可以用行驶里程法进行成新率计算。

（1）计算方法。行驶里程法是以被评估二手车的尚可行驶里程与规定行驶里程的比值来确定二手车成新率的一种方法。其计算公式为

$$C_L = \frac{L - L_1}{L} \times 100\%$$

式中：C_L——里程成新率，%；

L_1——实际累计行驶里程，km；

L——规定行驶里程，km。

（2）相关参数确定。

① 实际累计行驶里程的确定。二手车实际累计行驶里程是指被评估二手车从开始使用到评估基准日所行驶的总里程，即表征里程。

② 规定行驶里程的确定。规定行驶里程是指《机动车强制报废标准规定》中规定的该车型的行驶里程。

行驶里程较使用年限更真实地反映了二手车使用强度及使用过程中实际的物理损耗，反映了二手车使用强度对其成新率的影响。实际累计行驶里程越大，车辆的有形损耗率也越大。

（3）应用条件。应用行驶里程法计算成新率的前提条件是车辆里程表的记录必须是原始的，不能被人为更改。由于里程表容易被人为变更，因此，在实际应用中较少直接采用此方法进行成新率计算。

（4）应用实例。

① 车辆基本情况。

车型：MINI Cooper 1.6 标准版（私家用车）。

初次注册登记日：2019 年 6 月。

行驶里程：11 万 km。

评估基准日：2023 年 5 月。

② 车辆技术状况评价。前车灯经过更换，制动感觉比较硬，其他均正常。

③ 成新率计算。

a. 该车 4 年行驶 11 万 km，符合家庭用车的年平均行驶里程统计值，可认为该车表征里程没有被改动，故可以用行驶里程法计算其成新率。

b. 根据《机动车强制报废标准规定》，该车型报废里程为 45 万 km。已行驶里程为 11 万 km。

c. 由行驶里程法成新率计算公式得

$$C_L = \frac{L - L_1}{L} \times 100\% = \frac{45 - 11}{45} \times 100\% \approx 76\%$$

即该车的成新率为 76%。

3．部件鉴定法

（1）计算方法。部件鉴定法也称技术鉴定法，是在确定二手车各组成部分技术状况的基础上，按其各组成部分对整车的重要性和价值量的大小加权评分，最后确定成新率的一种方法。采用部件鉴定法估算二手车成新率的计算公式为

$$C_B = \sum_{i=1}^{n}(C_i \times \beta_i)$$

式中：C_B——部件鉴定成新率，%；

　　　C_i——二手车第 i 个部件的成新率，%；

　　　β_i——二手车第 i 个部件的价值权重系数，%。

（2）计算步骤。

① 先确定二手车各主要总成、部件，再根据各部分的制造成本占整车制造成本的比例，确定其价值权重系数 β_i（i=1, 2, ⋯, n），表 3-2 所示为汽车各部分的价值权重系数参考。

② 以全新车辆对应的各总成、部件功能为满分（100 分），功能完全丧失为零分，再根据被评估二手车各相应总成、部件的技术状况估算出其成新率 C_i（i=1, 2, ⋯, n）。

③ 将各总成、部件估算出的成新率与价值权重系数相乘，得到各总成、部件的成新率为 $C_i \times \beta_i$（i=1, 2, ⋯, n）。

④ 最后将各总成、部件的成新率相加，即得出被评估车辆的加权成新率。

在不同种类、档次的车辆上，各组成部分对整车的重要性及价值占整车的比例各不相同，有些类型车辆之间相差还很大。因此，表 3-2 所示只能供鉴定评估人员参考，不可作为唯一标准。在实际评估时，应根据被评估车辆各部分价值量占整车价值的比例，调整各部分的价值权重系数。

表 3-2　　　　　　　　　　　　汽车各部分的价值权重系数参考

序号	车辆各主要总成、部件名称	价值权重系数/%		
		轿车	客车	货车
1	发动机及离合器总成	26	27	25
2	变速器及万向传动装置总成	11	10	15
3	前桥、前悬架及转向系统总成	10	10	15
4	后桥及后悬架总成	8	11	15
5	制动系统	6	6	5
6	车架	2	6	6
7	车身	26	20	9
8	电气仪表	7	6	5
9	轮胎	4	4	5
	合计	100	100	100

（3）特点及适用范围。从上述计算步骤可见，采用部件鉴定法计算加权成新率比较费时费力，但评估值更客观、实际，可信度高。它既考虑了二手车实体性损耗，还考虑了二手车维修或换件等追加投资使车辆价值发生的变化。这种方法一般用于价值较高的二手车鉴定评估。

（4）应用实例。

① 车辆基本情况。

车型：宝来 1.6-AT-2V 基本型，个人用车。

初次注册登记日：2019 年 6 月 6 日。

评估基准日：2023 年 5 月 10 日。

行驶里程：12.8 万 km。

该车典型配置：DOHC 双顶置凸轮轴、四轮独立悬架、全电动门窗以及电子除霜、智能倒车雷达、智能中控门锁。

车辆手续：证件、税费证明齐全、有效。

② 车辆技术状况评价。保险杠有碰撞、修补的痕迹，车辆的左前侧雾灯下方有造成漆膜脱落的刮蹭痕迹，高速行驶时略有摆振，其他均正常。

③ 计算成新率。

a. 根据该车型的配置情况可确定该车为高档轿车，故应用部件鉴定法计算其成新率。

b. 根据该车的检查结果，其成新率估算明细见表 3-3。

成新率的计算
方法（一）

表 3-3　　　　　　　　　　　　　二手车成新率估算明细

序号	车辆各主要总成、部件名称	价值权重系数/%	成新率/%	加权成新率/%
1	发动机及离合器总成	23	72	16.56
2	变速器及万向传动装置总成	12	72	8.64
3	前桥、前悬架及转向系统总成	9	72	6.48
4	后桥及后悬架总成	9	72	6.48
5	制动系统	7	72	5.04
6	车架	2	72	1.44
7	车身	24	70	16.80
8	电气仪表	6	72	4.32
9	轮胎	8	50	4.00
	合计	100		69.76

即应用部件鉴定法计算的该车成新率约为 70%。

4. 整车观测法

（1）计算方法。整车观测法是指采用人工观察，辅助简单的仪器检测，判定被评估二手车的技术等级以确定成新率的一种方法。整车观测法观察和检测的技术指标主要包括二手车的现时技术状态、使用时间及行驶里程、主要故障经历及大修情况、整车外观和完整性等。二手车技术状况的分级见表 3-4。

表 3-4　　　　　　　　　　　　　二手车技术状况的分级

车况等级	新旧情况	有形损耗率/%	技术状况描述	成新率/%
1	使用不久	0～10	刚使用不久，行驶里程一般为 3000～5000km，在用状态良好，能按设计要求正常使用	100～90
2	较新车	10～35	使用 1 年左右，行驶 15000km 左右，一般没有经过大修，在用状态良好，故障率低，可随时出车使用	90～65
3	旧车	35～60	使用 4～5 年，发动机或整车经过一次大修，大修后较好地恢复原设计性能，在用状态良好，外观中度受损，恢复情况良好	65～40

续表

车况等级	新旧情况	有形损耗率/%	技术状况描述	成新率/%
4	老旧车	60～85	使用5～8年，发动机或整车经过两次大修，动力性能、经济性能、工作可靠性都有所下降，外观漆膜脱落受损、金属件锈蚀程度明显；故障率上升，维修费用、使用费用明显上升，但车辆符合《机动车安全技术条件》，在用状态一般或较差	40～15
5	待报废处理车	85～100	基本到达使用年限，通过《机动车安全技术条件》检查，能使用但不能正常使用，动力性、经济性、可靠性下降，燃料费、维修费、大修费用增长速度快，车辆收益与支出基本持平，排放污染和噪声污染达到极限	15以下

表3-4中的数据是判定二手车成新率的经验数据，只能供鉴定评估人员参考，不能作为唯一标准。由于采用该方法时，对二手车技术状况的评判是采用人工观察方法进行的，所以成新率的估算值是否客观、实际，取决于鉴定评估人员的专业水准和评估经验。

（2）特点及适用范围。整车观测法简单、易行，但其判断结果没有部件鉴定法准确，一般用于初步估算低、中档二手车的价格，或作为综合分析法的辅助手段，用来确定车辆技术状况调整系数。

（3）应用实例。

① 车辆基本情况。

车型：桑塔纳2000轿车，私人用车。

初次注册登记日：2018年6月。

行驶里程：15万km。

评估基准日：2023年5月。

② 车辆技术状况评价。该车做过一次整车翻新，做过一次整车大修，包括发动机和变速器等，但动力性、转向操纵性、制动性等各项性能恢复较好。

③ 成新率确定。因该车为低档车型，根据车辆已使用年限及行驶里程，可知该车属于中等旧车，故可应用整车观测法确定其成新率。

由于该车经过一次整车大修，但各项性能恢复较好，根据表3-4所示，将其成新率确定为54%。

5. 综合分析法

（1）计算方法。综合分析法是以使用年限法为基础，综合考虑实际二手车的技术状况、维护状况、制造质量、使用性质及使用条件等多种因素对二手车价值的影响，以调整系数形式确定成新率的一种方法。其计算公式为

$$C_F = C_Y \times K$$

式中：C_F——分析成新率，%；

C_Y——年限成新率，%；

K——综合调整系数。

（2）综合调整系数的确定。影响二手车成新率的主要因素有二手车的技术状况、维护状况、制造质量、使用性质和使用条件5个方面，可采用表3-5所示的二手车成新率综合调整

系数参考表，用加权平均的方法进行调整。

表 3-5　　　　　　　　　　二手车成新率综合调整系数参考表

序号	影响因素	因素分级	调整系数	权重/%
1	技术状况	好	1.0	30
		较好	0.9	
		一般	0.8	
		较差	0.7	
		差	0.6	
2	维护状况	好	1.0	25
		较好	0.9	
		一般	0.8	
		差	0.7	
3	制造质量	进口名牌	1.0	20
		国产名牌	0.9	
		进口非名牌	0.8	
		国产非名牌	0.7	
4	使用性质	私用	1.0	15
		公务、商务用	0.7	
		营运	0.5	
5	使用条件	好	1.0	10
		一般	0.9	
		差	0.6	

根据被评估二手车是否需要进行项目修理或换件维修，有两种确定综合调整系数的方法。

① 二手车无须进行项目修理或换件维修时，可直接采用表 3-5 所推荐的调整系数，应用下式进行计算

$$K = K_1 \times 30\% + K_2 \times 25\% + K_3 \times 20\% + K_4 \times 15\% + K_5 \times 10\%$$

式中：K——综合调整系数；

　　　K_1——技术状况调整系数；

　　　K_2——维护状况调整系数；

　　　K_3——制造质量调整系数；

　　　K_4——使用性质调整系数；

　　　K_5——使用条件调整系数。

② 二手车需要进行项目修理或换件维修或需要进行大修时，可采用"一揽子"评估方法，综合考虑并确定表 3-5 所示因素的影响。所谓"一揽子"评估方法就是综合考虑修理后对二手车成新率估算值的影响，直接确定合理的综合调整系数而进行成新率计算的一种方法。

表 3-5 中的因素分级和调整系数只是作为参考，实际确定综合调整系数时，应根据具体情况做适当的调整，但各因素的调整系数取值不要超过 1，综合调整系数计算结果也不超过 100%。

（3）调整系数的选取。

① 技术状况调整系数 K_1。二手车技术状况调整系数是在车辆技术状况鉴定的基础上对车辆进行的分级，然后取调整系数来修正车辆的成新率。技术状况调整系数取值范围为 0.6～1.0，技

术状况好的取上限，反之取下限。

② 维护状况调整系数 K_2。维护状况调整系数反映了车辆使用、维护的水平。不同的使用者，其车辆使用、维护的实际执行情况差别较大，因此直接影响车辆的使用寿命和成新率。维护状况调整系数取值范围为 0.7～1.0，维护状况好的取上限，反之取下限。

③ 制造质量调整系数 K_3。确定该系数时，应了解被评估二手车是国产车还是进口车以及进口国别，应了解它是名牌产品还是一般产品等。一般来说，通过国家正规手续进口的车辆质量优于国产车辆，名牌产品优于一般产品，但又有较多例外，故在确定此系数时应慎重。制造质量调整系数取值范围为 0.7～1.0。

④ 使用性质调整系数 K_4。二手车使用性质（或用途）不同，其繁忙程度不同，使用强度也不同。一般车辆使用性质可分为私人工作和生活用车，机关企事业单位的公务和商务用车，从事旅客、货运、城市出租的营运用车。以普通小轿车为例，一般来说，私人工作和生活用车每年最多行驶约 3 万 km；公务、商务用车每年不超过 6 万 km；而营运用车每年行驶有些可高达 15 万 km。可见二手车的使用性质不同，其使用强度差异很大。二手车使用性质调整系数取值范围为 0.5～1.0，使用强度小的取上限，反之取下限。

⑤ 使用条件调整系数 K_5。我国地域辽阔，各地自然条件差别很大，车辆的使用条件对其成新率影响很大。使用条件可分为道路使用条件和特殊环境使用条件。

a．道路使用条件。道路使用条件可分为好路、中等路和差路 3 类。好路指国家道路等级中的高速公路，一、二、三级道路，好路率在 50%以上；中等路指符合国家道路等级的四级道路，好路率在 30%～50%；差路指国家道路等级以外的路，好路率在 30%以下。

b．特殊环境使用条件。特殊环境使用条件主要指特殊自然条件，包括寒冷、沿海、风沙和山区等地区。

使用条件调整系数取值范围为 0.6～1.0，应根据二手车实际使用条件适当取值。如果二手车长期在好路和中等路条件下行驶，使用条件调整系数分别取 1 和 0.9；如果二手车长期在差路或特殊环境使用条件下工作，其系数取 0.6。

从上述影响因素可以看出，各影响因素关联性较大。一般来说，其中某一影响因素加强时，其他影响因素也随之加强，反之则减弱。但影响因素作用加强时，综合调整系数不随影响作用加强而无限加大，综合调整系数取值最高为 100%。

（4）特点及适用范围。综合分析法较为详细地考虑了影响二手车价值的各种因素，并用综合调整系数指标来调整二手车成新率，计算准确度较高，因此适用于具有中等价值的二手车评估。这是目前二手车鉴定评估最常用的方法之一。

（5）应用实例。

① 车辆基本情况。

车型：中华骏捷 1.8 舒适型。

典型配置：四门电动车窗、前排双气囊、倒车雷达、手/自一体式变速器、中控门锁及遥控防盗系统。

初次注册登记日：2019 年 6 月。

行驶里程：12 万 km。

评估基准日：2023 年 5 月。

② 车辆技术状况评价。前、后保险杠明显有重新喷漆的痕迹，伤处仅仅为保险杠体，并未波及前、后缓冲钢架，制动稍微偏软，其他均正常。

③ 成新率计算。由于该二手车为中、高档轿车，车况保持较好，初步估计其评估价格较高，故可采用综合分析法计算其成新率。

a. 初次注册登记日为 2019 年 6 月，评估基准日为 2023 年 5 月，已使用约 48 个月，规定使用年限为 15 年，即 180 个月。

b. 综合调整系数 K 的确定。

该车技术状况较好，车辆技术状况调整系数 $K_1=0.9$，权重系数为 30%。

该车维护状况较好，维护状况调整系数 $K_2=0.9$，权重系数为 25%。

该车是国产名牌车，制造质量调整系数 $K_3=0.9$，权重系数为 20%。

该车为私人用车，使用性质调整系数 $K_4=1.0$，权重系数为 15%。

该车主要在市内行驶，使用条件一般，使用条件调整系数 $K_5=0.9$，权重系数为 10%。

根据公式

$$K=K_1\times30\%+K_2\times25\%+K_3\times20\%+K_4\times15\%+K_5\times10\%$$

得综合调整系数为

$$K=0.9\times30\%+0.9\times25\%+0.9\times20\%+1.0\times15\%+0.9\times10\%=0.915$$

c. 计算成新率 C_F。根据公式计算得

$$C_F=(1-Y_1/Y)\times K\times100\%=(1-48/180)\times0.915\times100\%\approx67.1\%$$

即该车的成新率为 67.1%。

成新率的计算方法（二）

6. 综合成新率法

（1）计算方法。前面介绍的应用使用年限法、行驶里程法和部件鉴定法计算二手车成新率，只从单一或某些方面考虑了二手车的新旧程度，是不完全也是不完整的。为了全面地反映二手车的新旧状态，可以采用综合成新率来反映二手车的新旧程度。所谓综合成新率就是采用定性和定量分析的方法，综合多种单一因素对二手车成新率的估算结果，并分别赋予不同的权重，计算加权平均成新率。这样就可以尽量减小使用单一因素计算成新率给评估结果所带来的误差，因此是一种较为科学的方法。

综合成新率法的数学计算公式为

$$C_Z=C_1\cdot a_1+C_2\cdot a_2$$

式中：C_Z——综合成新率，%；

C_1——理论成新率，%；

C_2——现场查勘成新率，%；

a_1、a_2——权重系数，$a_1+a_2=1$。

（2）理论成新率 C_1 的确定。理论成新率包括使用年限法和行驶里程法计算的成新率，是根据二手车实际使用的时间和行驶里程计算而得的，是一种二手车成新率的定量计算，其结果一般不能人为改变。实际计算中，可将年限成新率和里程成新率加权平均得到理论成新率。计算公式为

$$C_1=C_Y\times50\%+C_L\times50\%$$

式中：C_Y——年限成新率；

C_L——里程成新率。

（3）现场查勘成新率 C_2 的确定。现场查勘成新率是由鉴定评估人员根据二手车现场查勘情况而确定的综合评价值。具体确定步骤是：鉴定评估人员先对二手车做技术状况现场查勘（包括静态检查和动态检查），得出鉴定评价意见，然后对整车和重要部件分别进行综合评分，累加评分，其结果就是现场查勘成新率。可见现场查勘成新率是定性与定量计算相结合的结果。

① 二手车技术状况现场查勘。被评估二手车技术状况现场查勘主要内容有以下几点。

a. 车身外观。车身外观包括车身颜色、光泽、有无褪色及锈蚀情况，车身是否被碰撞过，车灯是否齐全、有效，前、后保险杠是否完整等。

b. 车内装饰。车内装饰包括装潢程度、颜色、清洁程度，仪表及座椅是否完整等。

c. 发动机工作状况。发动机工作状况包括发动机动力状况，是否有更换部件（或替代部件）和修复现象，是否有漏油、漏水现象等。

d. 底盘。底盘的查勘内容包括是否有变形、异响，变速器状况是否正常，前、后桥状况是否正常，传动系统工作状况是否正常，是否有漏油现象，转向系统情况是否正常，制动系统工作状况是否正常等。

e. 电气系统。电气系统的查勘内容主要包括电源系统是否工作正常，发动机点火装置是否工作正常，空调系统是否工作正常，音响系统是否工作正常等。

以上查勘情况，一般应由评估委托方或资产占有单位经办人签名，以确认查勘情况是客观的、真实的，不存在与实际车况不相符合的情况。确定查勘情况后，鉴定评估人员必须给出被评估车辆查勘鉴定结论。上述资料经过整理，就可以编制成表 3-6 所示的二手车技术状况查勘表。

表 3-6 　　　　　　　　　　　　二手车技术状况查勘表

评估委托方：　　　　　　　　　　　　　　　　　　　评估基准日：　　　年　　　月　　　日

车辆基本情况	明细表序号		车辆牌号			厂牌型号	
	生产厂家			已行驶里程		规定行驶里程	
	购置日期		登记日期			规定使用年限	
	大修情况						
	改装情况						
	耗油量		是否达到环保要求			事故次数及情况	

现场查勘情况							
车辆实际技术状况	车身外观	颜色		光泽		褪色	腐蚀
		有否被碰撞		严重程度		修复	车灯是否齐全
		前、后保险杠是否完整		其他：			
	车内装饰	装潢程度		颜色		清洁	仪表是否齐全
		座椅是否完整		其他：			
	发动机总成	动力状况评分		是否更换部件		是否有修补现象	是否有替代部件
		漏油现象		□严重 □一般 □轻微 □无			
	底盘各部分	有否变形		有否异响		变速器状况	后桥状况
		前桥状况		传动状况		漏油现象	□严重 □一般 □轻微 □无
		转向系统情况			制动系统情况		
	电气系统	电源系统		点火系统		空调系统是否有效	音响系统
		其他：					
	鉴定意见						

资产占有单位经办人签字：　　　　　　　　　　　　　　　　鉴定评估人员签字：

② 确定现场查勘成新率。在上述二手车技术状况现场查勘的基础上，对整车和重要部件进行定量分析，并以评分形式给予量化，可参考表 3-7，得到的总分就是二手车现场查勘成新率。

表 3-7　　　　　　　　　　二手车现场查勘成新率评定表

序号	项目名称	达标程度	参考标准分	评分
1	整车 （满分 20 分）	全新	20	
		良好	15	
		较差	5	
2	车架 （满分 15 分）	全新	15	
		一般	7	
3	前、后桥 （满分 15 分）	全新	15	
		一般	7	
4	发动机 （满分 30 分）	全新	30	
		轻度磨损	25	
		中度磨损	17	
		重度磨损	5	
5	变速器 （满分 10 分）	全新	10	
		轻度磨损	8	
		中度磨损	6	
		重度磨损	2	
6	转向及制动系统 （满分 10 分）	全新	10	
		轻度磨损	8	
		中度磨损	5	
		重度磨损	2	
总分（总分加上%即现场查勘成新率）			100	

（4）权重系数的确定。权重系数的确定要根据实际情况，如果理论成新率计算中包含年限成新率和里程成新率，则两个权重系数通常各取 50%。如果理论成新率计算中缺少某项，则可将 a_1 适当调小（如 40%），将 a_2 适当调大（如 60%）。

必须指出的是，被评估二手车理论成新率和现场查勘成新率的权重分配、年限成新率和里程成新率的权重分配，要根据被评估二手车类型、使用状况、维修状况等综合考虑。科学、合理地确定权重分配，与二手车鉴定评估人员的实践工作经验和专业判断能力有很大的关系，需要在实践中注意学习和总结，只有不断地反思、总结，才能改革、创新。

（5）特点及适用范围。综合成新率法详细地考虑了影响二手车价值的各种因素，并且各因素的权重系数要根据实际情况进行调整，计算准确度较高，因此适用于价值较高的二手车鉴定评估。这是目前二手车鉴定评估最常用的方法之一。

在选用综合成新率法计算二手车成新率时，还应注意一点：凡是经过大修的车辆，无疑增加了车辆的使用寿命，对成新率的估算值应当增加。但通常计算时，对于低价格（通常小于 7 万元）的车辆是不考虑这一点的。

（6）应用实例。

① 车辆基本情况。

车型：长安福特福克斯。

初次注册登记日：2019 年 6 月。

评估基准日：2023 年 5 月。

② 成新率计算。

a．计算理论成新率 C_1。查看该车里程表为 23200km，与正常使用年限不符，估计有调里程表的可能，故理论成新率 C_1 直接由使用年限法计算成新率而得。

该车初次注册登记日为 2019 年 6 月，评估基准日为 2023 年 5 月，已使用约 48 个月。根据二手车鉴定评估计算约定，小型越野汽车的规定使用年限为 15 年（180 个月），得

$$C_1 = C_Y = (1 - 已使用年限/规定使用年限) \times 100\% = (1 - 48/180) \times 100\% \approx 73\%$$

b. 计算现场查勘成新率 C_2。鉴定评估人员在现场勘察该车，分别对车辆的发动机、底盘、车身、内饰及电气系统等进行鉴定打分，见表 3-8。

表 3-8   现场查勘评分表

项目	鉴定标准	鉴定情况	评定分数
发动机、离合器总成（35分）	气缸压力符合标准； 机油无泄漏，冷却系统无漏液； 燃油消耗在正常范围内； 在高、中、低速时没有断火现象和其他异常现象	燃油消耗超标	26
前桥总成（8分）	工字梁应无变形和裂纹，转向系统操作轻便、灵活，转向节不应有裂纹	正常	6
后桥总成（10分）	圆锥主动齿轮轴转速范围为 1400～1500r/min，各轴承温度不应高于 60℃，差速器及半轴的齿轮符合要求，无异常声响，各接合部位不允许漏油	无异常	8
变速器总成（8分）	变速器在运动中，齿轮在任何挡位均不应有脱挡、跳挡及异常声响； 变速杆不应有明显抖动，密封部位不漏油，变速操作杆灵活	无异常	6
车身总成（29分）	车身无碰伤变形、脱漆、锈蚀，门窗玻璃完好，各焊口应无裂纹及损伤，连接件齐全、无松动，密封良好、座椅完整	有脱漆、锈蚀现象，车辆维护一般	20
轮胎（2分）	依磨损量确定	中度磨损	1
其他（8分）	制动系统中气压制动的储气筒、制动管不漏气；电系统中电源点火、信号、照明应正常	无异常	5
合计			72

根据表 3-8 所示的评定分数，现场查勘成新率 $C_2 = 72\%$。

取权重系数 $a_1 = 40\%$、$a_2 = 60\%$，则综合成新率为

$$C_z = C_1 \cdot a_1 + C_2 \cdot a_2 = 73\% \times 40\% + 72\% \times 60\% = 72.4\%$$

即该车的成新率为 72.4%。

成新率的计算方法（三）

二、用重置成本法计算二手车价格

由于重置成本法有两个数学计算模型，所以有两种对应计算方法。

1. 基于基本模型的评估值计算

重置成本法评估价格的基本模型为

评估值 = 重置成本全价 - 实体性贬值 - 功能性贬值 - 经济性贬值

上述数学模型也可用下式表示

$$P = B - D_s - D_f - D_e$$

式中：P——评估值，元；

B——重置成本全价，元；

D_s——实体性贬值，元；

D_f——功能性贬值，元；

D_e——经济性贬值，元。

（1）重置成本全价 B 的计算。重置成本包含直接成本和间接成本，直接成本为现行的新车购买最低价格，而间接成本是指在购车时，所支付的车辆购置税、注册登记费等。直接成本与间接成本之和称为重置成本全价。

一般而言，车辆重置成本全价大多是依靠市场调查收集而来的，并不需要进行十分复杂的计算。但是对于市场上尚未出现的新车型（特别是进口新车型）或淘汰车型，由于其价格信息有时不容易获得，则需要按照其重置成本全价的构成进行估算。

在资产评估中，重置成本全价的估算有多种方法，对二手车鉴定评估来说，计算重置成本全价一般采用重置核算法和物价指数法两种方法。

① 重置核算法。重置核算法是指利用成本核算原理，根据重新取得一辆与被评估二手车车型和功能一样的新车所需的费用项目，逐项计算后累加得到二手车的重置成本全价。二手车的重置成本全价具体由二手车的现行购买价格、运杂费以及必要的税费构成。国产车和进口车由于新车来源方式不同，其重置成本全价的构成也是不同的。

对于国内经销的各类国产车及进口车，均可按重置核算法计算其重置成本全价，计算公式为

$$B = B_1 + B_2$$

式中：B_1——重置成本，即购置全新车辆的市场成交价（最低裸车价），元；

B_2——车辆购置价格以外国家和地方政府一次性收缴的各种税费总和，元。

各种税费主要指车辆购置税和注册登记费。重置成本全价构成不应包括车辆拥有阶段及使用阶段的税费，如车辆拥有阶段的年审费、车船税、消费税等，车辆使用阶段的保险费、燃油税、路桥费等。

a．重置成本的确定。向汽车销售企业（或网上）咨询新车最低裸车价。在获取上述价格资料时，应注意以下事项。

ⅰ．价格的时效性。价格资料和市场信息一般只反映一定时间的价格水平，尤其是机动车价格变化较快、较大，价格稳定期较短，评估时要特别注意价格的时效性，所用资料应反映评估基准日的价格水平，尽可能地避免使用一些过时的价格资料。

ⅱ．价格的地域性。机动车销售价格受交易地点的影响也较大。不同的地区由于市场环境不同，消费水平有差距，交易条件不尽相同，机动车的售价也不完全一样。评估时，应该使用评估对象所在地的价格资料。若无法获取当地价格资料，则可参考邻近地区的价格资料，但要进行价格修正。有时，一些县城机动车的价格比大城市同样车型的价格还要高一些，这是正常的，使用价格资料时要实事求是。

ⅲ．价格的可靠性。鉴定评估人员有责任对使用的价格资料的可靠性做出判断。一般从网上及其他公共媒体获得的价格只能作为参考价格。使用这些价格资料时，鉴定评估人员应以审慎的态度进行必要的核实。而从汽车销售市场直接获得的现时价格，可靠性相对较高。

b．车辆购置税的确定。我国实行从价定率的办法计算应纳税额，即

应纳税额=计税价格×税率=购车款/(1+增值税税率)×购置税税率

纳税人购买自用的应税车辆的计税价格，为纳税人购买应税车辆而支付给销售者的全部价款和价外费用，不包括增值税税款。目前我国的增值税税率为17%，购置税税率为10%。

所以，重置成本全价可表示为

重置成本全价=最低新车价+购置税+注册登记费

注册登记费可向当地车管所或车管所指定的检车站咨询。

需要说明一点，如果购车价格低于国家公布的该车型计税价格，则按公布的计税价格计算购置税；如果购车价格高于国家公布的该车型计税价格，则按购车价格计算购置税。

对于已经进口但还没有正式销售的汽车，可根据车辆各种税费的构成情况进行计算。根据海关税则和收费标准，进口车辆的重置成本（即现行价格）的税费构成为

进口车辆重置成本=报关价+关税+消费税+增值税+其他必要费用

ⅰ．报关价的确定。报关价即到岸价（Cost Insurance and Freight，CIF），它与离岸价（Free on Board，FOB）的关系为

CIF=FOB+途中保险费+从装运港到目的港的运杂费

FOB 是指在国外装运港船上交货时的价格。

由于这部分费用是以外汇支付的，所以在计算时，需要将报关价换算成人民币，采用评估基准日的外汇汇率进行计算。

从装运港到目的港的运费和途中保险费可通过咨询获得。

ⅱ．关税的确定。关税的计算方法为

关税=报关价×关税税率

根据我国加入世界贸易组织（World Trade Organization，WTO）的承诺，自 2006 年 7 月 1 日起，轿车的关税税率为 25%（说明：要关注国家公布的相关政策，如 2018 年 5 月 22 日，国务院关税税则委员会印发公告，自 2018 年 7 月 1 日起，降低汽车整车及零部件进口关税。根据新的汽车进口关税政策，自 2018 年 7 月 1 日起，将关税税率分别为 25%、20%的汽车整车关税税率降至 15%）。

ⅲ．消费税的确定。消费税的计算方法为

$$消费税=\frac{报关价+关税}{1-消费税率}\times消费税率$$

我国加入 WTO 后，开始实施新的汽车消费税率。2016 年 11 月 30 日，财政部、国家税务总局发布《关于对超豪华小汽车加征消费税有关事项的通知》，开始对超豪华小汽车加征消费税。目前执行消费税的车辆分为乘用车、中轻型商用车和超豪华小汽车 3 类，具体税率见表 3-9。

表 3-9　　　　　　　　　　调整后的汽车税目税率

税目	税率	
	生产（进口）环节	零售环节
1. 乘用车		
（1）气缸容量（排气量，下同）在 1.0L（含 1.0L）以下的	1%	
（2）气缸容量在 1.0L 以上至 1.5L（含 1.5L）的	3%	
（3）气缸容量在 1.5L 以上至 2.0L（含 2.0L）的	5%	
（4）气缸容量在 2.0L 以上至 2.5L（含 2.5L）的	9%	
（5）气缸容量在 2.5L 以上至 3.0L（含 3.0L）的	12%	
（6）气缸容量在 3.0L 以上至 4.0L（含 4.0L）的	25%	

税目	税率	
	生产（进口）环节	零售环节
（7）气缸容量在 4.0L 以上的	40%	
2. 中轻型商用客车	5%	
3. 超豪华小汽车	按子税目 1（乘用车）和子税目 2（中轻型商用客车）的规定征收	10%

ⅳ．增值税的确定。增值税的计算方法为

增值税＝(报关价+关税+消费税)×增值税税率

各种进口车增值税税率均为 17%。

除了上述费用之外，进口车价还包括通关、商检、仓储运输、银行、选装件价格、经销商、进口许可证等非关税措施造成的费用。这些费用需通过咨询获得。

② 物价指数法。物价指数法也称为价格指数法或指数调整法，是指根据已掌握历年来的价格指数，在二手车原始成本的基础上，通过现时物价指数确定其重置成本。其计算公式为

$$B = B_0 \times \frac{I}{I_0}$$

或

$$B = B_0 \times (1 + \lambda)$$

式中：B_0——原始成本，元；

I——评估时的物价指数；

I_0——当初购买时的物价指数（通常定为 100）；

λ——价格变动指数。

物价指数分为定基物价指数和环比物价指数。所谓定基物价指数，是按时间顺序编制的物价指数数列中，每一个指数都以某一固定时期作为基期，从而反映物价的长期动态；所谓环比物价指数，是按时间顺序编制的物价指数数列中，每一个指数都以其相邻的前一时期为基期，从而反映物价的短期变化程度。

在以上的公式中，物价指数应选择定基物价指数。物价指数的基期应和汽车的购置期一致，物价指数的计算期应和汽车评估基准日一致。

当被评估车辆已停产或是进口车辆，无法找到现时市场价格时，这是一种很有用的方法，但应用时必须注意，一定要先检查被评估车辆的账面购买原价。如果购买原价不准确，则不能使用物价指数法。

价格变动指数是表示车辆历年价格变动趋势和速度的指标。要选用国家统计部门、物价管理部门或行业协会定期发布和提供的数据，不能选用无依据、来源不明的数据。

③ 重置成本全价的确定。实际工作中，一般根据鉴定评估的经济行为确定重置成本全价，具体有以下两种确定方法。

a．对于以所有权转让（交易）为目的的二手车经济行为，按评估基准日在被评估车辆所在地收集的新车现行市场成交价格作为被评估车辆的重置成本全价，其他费用略去不计。

b．对于企业产权变动的经济行为（如企业合资、合作和联营，企业分设、合并和兼并，企业清算，企业租赁等），其重置成本全价除了考虑被评估车辆的现行市场购置价格以外，

还应将国家和地方政府规定对车辆加收的其他一次性税费（如车辆购置税、注册登记费等）一并计入重置成本全价中。

（2）实体性贬值 D_s 的计算。二手车实体性贬值 D_s 可采取 3 种方法计算，即观察法、使用年限法和修复费用法。

① 观察法。观察法也称为成新率法，即通过对二手车的现场查勘，确定有形损耗率（贬值率），计算公式为

$$D_s = B \times a_p$$

式中：a_p——有形损耗率。

观察法就是鉴定评估人员通过现场观察车辆的整车技术状况，并通过查阅车辆的历史资料，了解车辆的使用情况、维修保养情况等，并向使用者询问车辆的使用条件、使用性质、使用强度、故障率等，然后对所获得的有关信息进行分析，依据经验判断车辆的损耗程度及其贬值率的一种方法。

观察法对二手车技术状况的描述非常简单、扼要，为了帮助鉴定评估人员更好地掌握二手车实体性贬值的评估，下面给出参考国家有关评估协会的车辆实体状态与贬值率之间的对应关系，且结合二手车的实际情况而编制的实体性贬值率参数表（见表 3-10），供鉴定评估人员学习和理解，或在实际鉴定评估工作中参考使用。

通过对二手车的简单观察来判断其所处的技术状况及实体性贬值率往往不够准确，其准确性很大程度上取决于鉴定评估人员的专业水平和实际评估经验。

表 3-10　　　　　　　　　　　　实体性贬值率参数表

等级	车辆状况	实体性贬值率/%
全新	全新车，待出售，尚未使用，状态极佳	0
		5
很好	车辆很新，几乎没有使用过，无须经过任何修理或换件	10
		15
良好	半新车辆，但被维修过或更换过一些易损件，状态良好，故障率很低，可随时出车使用	20
		25
		30
		35
一般	车辆已陈旧，需要进行某些修理或更换一些零部件，才能恢复原设计性能，在用状况良好，外观中度受损，但恢复情况良好	40
		45
		50
		55
		60
尚可使用	处于可运行状态的旧车，需要大量修理或更换零部件。故障率上升，可靠性下降，外观漆膜脱落，锈蚀程度明显，技术状况较差	65
		70
		75
		80
状况不良	经过多次修理的老旧车辆，需大修并更换运动机件或主要结构件后，方可运行	85
		90
报废	除了基本材料的废品回收价值外，已达规定使用年限，车辆已丧失使用功能	97
		100

② 使用年限法。使用年限法也称为寿命比率法或寿命比较法，从使用寿命的角度来估算实体性贬值率。它是在假定机动车规定的使用寿命期内，其价值与剩余使用寿命成正比的

关系的前提下，来对其实体性贬值率进行计算的。通常，机动车的实体性贬值率，用机动车的已使用年限与规定使用年限之比来表示，其计算公式为

$$\alpha_{\mathrm{p}} = \frac{Y_1}{Y} \times 100\%$$

例如，某一家用轿车其规定使用年限为 15 年，已使用 5 年，其实体性贬值率计算为

$$\begin{aligned} \alpha_{\mathrm{p}} &= \frac{Y_1}{Y} \times 100\% \\ &= \frac{5}{15} \times 100\% \\ &\approx 33.3\% \end{aligned}$$

③ 修复费用法。修复费用法也称为功能补偿法，即将二手车恢复原有技术状态和功能所需的费用作为其实体性贬值，即

实体性贬值=修复费用

采用修复费用法确定实体性贬值时，要求二手车技术上可修复、经济上合理。

（3）功能性贬值 D_{f} 的计算。车辆的功能性贬值具体表现形式有两种：一种是由超额投资成本所致的功能性贬值，也称为一次性功能贬值；另一种是由超额营运成本所致的功能性贬值，又称为营运性功能贬值。

① 一次性功能贬值计算。如果在目前的市场上能够买到与被评估车辆相同的，且制造厂家继续生产的全新车辆，那么被评估车辆原购车价与全新车辆市场价之间的差值，即可以看作该车辆的一次性功能贬值。也就是说，可以认为全新车辆当前的市场价反映了车辆的功能性贬值。一次性功能贬值的计算可用下式表示

一次性功能贬值=复原成本-更新成本

如果被评估车辆所属车型已停产或自然淘汰，找不到该车型新车的市场价，则需要根据参照车辆的价格，利用类比法来计算。参照车辆是指与被评估车辆的类别、主要性能参数、结构特征相同，只是生产序号不同，并做局部改动的车辆。当然，这些替代型号车辆的功能通常比原车型有所改进和增加，故其价值通常会比原车型价格所反映的价值高。因此，当根据参照车辆，利用类比法对原车型进行鉴定评估时，一定要了解参照车辆在结构上的改进和功能方面的提高情况，再根据其结构和功能的变化情况测算全新的原车型目前市场上的价格。

例如，某单位欲出售一辆载货汽车，由于该汽车属于已淘汰产品，因此无法取得其更新重置成本。根据市场调查询价得知，与该汽车类似的新款载货汽车的更新重置成本为 5 万元。新款汽车的外观比被评估汽车新颖、大方，各种性能也比被评估汽车有所改善。综合考虑各种因素的影响，取调整系数为 0.9，即被评估二手车的更新重置成本应取 4.5 万元。

② 营运性功能贬值的计算。营运性功能贬值的计算可用下式表示

营运性功能贬值=参照车辆营运成本-被评估车辆营运成本

估算营运性功能贬值时，可按照以下步骤进行。

a. 选择参照车辆，并将被评估二手车的年营运成本与参照车辆的年营运成本进行比较，计算两者之间的差额（即年超额营运成本额）。

b. 估测被评估二手车的剩余寿命。

c. 按相应的所得税率计算被评估二手车因超额营运成本而抵减的所得税额，从而得到被评估车辆的年超额营运成本净额。

d. 确定折现率。将被评估二手车在剩余使用年限中的每年超额营运成本净额折现累加，从而求得被评估二手车的营运性功能贬值。

例如，某一被评估二手车（甲车），其出厂时的燃料经济性指标为23L/100km，平均每年维修费用为2.8万元。以目前新出厂的同型车辆（乙车）为参照物，该车出厂时的燃料经济性指标为18L/100km，平均每年维修费用为2.3万元。如果甲、乙两车在营运成本的其他支出项目方面大致相同，被评估二手车尚可使用5年，每年平均出车日为300天，每日营运160km，所得税率为30%，适用的折现率为10%，试估算被评估二手车的营运性功能贬值（燃油价格取为5.2元/L）。

解：

被评估车辆每年燃料的超额费用为(23−18)×5.2×160/100×300=12480(元)；

被评估车辆每年维修的超额费用为28000−23000=5000(元)；

被评估车辆的年超额营运成本为12480+5000=17480(元)；

被评估车辆的年超额营运成本的净额为17480×(1−30%)=12236(元)；

将被评估车辆在剩余使用年限内的年超额营运成本净额折现累加，估算其功能性贬值为12236×(P/A,10%,5)=12236×3.7908≈46384（元）。

上式中，(P/A,10%,5)为10%折现率5年的折现系数，可查会计手册中的折现系数表取得。

（4）经济性贬值 D_e 的计算。对于长期闲置车辆，其经济性贬值是未来闲置期内的资金成本；对于营运车辆，其经济性贬值为营运成本增加额。

由于二手车外部环境因素较复杂，各类影响因素产生的经济性贬值有不同的计算方法。如北京市2000年对出租车报废年限做出调整，将排量在1L以下（含1L）的出租车规定使用年限由原来的8年调整为6年，则排量1L以下的出租车必然产生贬值。此项贬值是由国家（地方）政策引起的，所以属于经济性贬值。此项贬值可以用下式计算

经济性贬值=重置成本×(调整前的年限−调整后的年限)/调整前的年限

上式中，"(调整前的年限−调整后的年限)/调整前的年限"称为贬值率。上述出租车的贬值率为(8−6)/8=0.25。如某车的现时市场新车价格为10万元，则该项经济性贬值为2.5万元。

基本模型中，各种贬值也可用贬值率来表示，各种陈旧性贬值率 a 可表示为

$$a = \frac{D}{B}$$

式中：D——各种陈旧性贬值，即 $D_s + D_f + D_e$，元。

所以，如果已知各种陈旧性贬值率，则重置成本法计算模型可表示为

$$P = B \times (1-a)$$

重置成本法计算模型综合考虑了二手车的现行市场价格和影响二手车价值量变化（贬值）的各种因素，更让人信服和易于接受。但造成这些贬值的影响因素较多且有一定的不确定性，所以准确地确定二手车的贬值是不容易的。

2. 基于成新率的评估值计算

基于成新率的评估值计算采用第二种数学模型，即

评估值＝重置成本全价×成新率

也可以表示为

$$P = B \times C$$

式中：P——评估值，元；

　　　C——成新率，%。

此处的重置成本全价同样可采用重置核算法或价格指数法确定。成新率需要根据二手车的实际情况，选择前述的成新率计算方法之一确定。

这种计算模型根据成新率综合考虑了各种贬值对二手车价值的影响，是一种定性和定量相结合的评估方法，比较符合我们评判二手物品的思维模式，是目前市场上应用最广的一种评估方法。

用重置成本法计算二手车价格

三、用收益现值法计算二手车价格

1．计算模型

用收益现值法计算二手车价格实际上就是对被评估二手车未来预期收益进行折现的过程。

被评估二手车的评估值等于剩余寿命期内各收益期的收益现值之和，其基本计算公式为

$$P = \sum_{t=1}^{n} \frac{A_t}{(1+i)^t} = \frac{A_1}{(1+i)^1} + \frac{A_2}{(1+i)^2} + \cdots + \frac{A_n}{(1+i)^n}$$

式中：A_t——预期收益额，元；

　　　n——收益年期（即二手车剩余使用寿命的年限），年；

　　　i——折现率，在经济分析中如果不做其他说明，一般指年利率或收益率，%；

　　　t——收益期，表示整个收益期中的第几年。

由于二手车的收益期是有限的，所以上式中的 A_t 还包括收益期末车辆的残值，一般估算时忽略不计。

当 $A_1 = A_2 = \cdots = A_n = A$ 时，即 t 从 $1\sim n$ 年未来收益均为 A 时，则有

$$P = A \cdot \left[\frac{1}{(1+i)^1} + \frac{1}{(1+i)^2} + \cdots + \frac{1}{(1+i)^n} \right] = A \cdot \frac{(1+i)^n - 1}{i \cdot (1+i)^n}$$

式中：$\dfrac{1}{(1+i)^t}$——第 t 个收益期的现值系数；

　　　$\dfrac{(1+i)^n - 1}{i \cdot (1+i)^n}$——年金现值系数，也可用 $(P/A, i, n)$ 来表示。

上式反映了收益率为 i，二手车预期在 n 年的收益年期内每年的收益为 A 元，几年累计收益额"等值于"评估值 P 元。那么，现在可接受的最大投资额应为 P 元。

2．相关参数的确定

（1）收益年期 n。收益年期（即二手车剩余使用年限）指从评估基准日到二手车报废的年限。各类营运车辆的报废年限在国家《机动车强制报废标准规定》中都有具体规定。

（2）预期收益额 A_t。运用收益现值法时，未来每年收益额的确定是关键。预期收益额是指被评估二手车在其剩余使用寿命期内的使用过程中，可能带来的年纯收益额。确定车辆预期收益额时应注意以下两点。

① 预期收益额是通过预测分析获得的。对买卖双方来说，判断车辆是否有价值，应判断该车辆是否能带来收益。对车辆收益能力的判断，不仅要看现在的情形，更重要的是未来的经营风险。

② 收益额的构成。以企业为例，目前有几种观点，第一，企业税后利润；第二，企业税后利润与提取折旧额之和扣除投资额；第三，利润总额。在二手车鉴定评估业务中建议选

择第一种观点，目的是准确反映预期收益额。其计算公式为

$$预期收益额＝税前收入-应交所得税＝税前收入×(1-所得税率)$$

a．税前收入的确定。税前收入可用下式表示

$$税前收入＝一年的毛收入-车辆使用的各种税费和人员劳务费等$$

一年的毛收入需根据实际经营情况计算，各种税费和人员劳务费等应通过市场调查和计算获得。

b．所得税率的确定。所得税率各地方执行的政策有所不同，如某地区的出租车免收所得税，即所得税率为零，但仍需要考虑其上交的管理费。

用收益现值法评估二手车价格，确定预期收益额的可行性分析中，有一项不可预见的开支费用，一般为其总支出的5%～7%。

（3）折现率 i。折现率是指将未来预期收益额折算成现值的比率。从本质上讲，折现率是一种期望投资报酬率，是投资者在投资风险一定的情况下，对投资所期望的回报率。折现率由无风险报酬率、风险报酬率和通货膨胀率3部分组成，即

$$折现率＝无风险报酬率+风险报酬率+通货膨胀率$$

无风险报酬率一般是指同期国库券利率（或同期银行定期5年存款利率），它实际上是一种无风险收益率。风险报酬率是指在无风险收益率以上部分的投资回报率。在资产评估中，因资产的行业分布、种类、市场条件等的不同，其折现率也不相同。因此，在选择折现率时，应该进行本企业、本行业历年收益率指标的对比分析，以尽可能准确地估测二手车的折现率。但是，最后确定的折现率应该起码不低于国家债券率（或银行5年定期存款的利率）。通货膨胀率很难预测，但在物价变动比较稳定的时期，可以根据当前物价变动的情况，来预测未来的变化。

3．评估程序

（1）收集并验证与被评估车辆未来预期收益有关的数据资料，包括营运车辆的经营行情、经营前景、营运车辆的消费结构以及经营风险等。

（2）充分了解被评估车辆的技术状况。

（3）确定剩余寿命、预期收益、折现率等相关参数。

（4）将预期收益折现处理，确定二手车评估值。

（5）分析确定评估结果。

用收益现值法计算二手车价格

四、用现行市价法计算二手车价格

现行市价法包括直接市价法和类比调整市价法两种。

1．直接市价法

直接市价法是指在市场上能找到与被评估二手车完全相同的车辆的现行市价，并将其价格直接作为被评估二手车评估价格的一种方法。直接市价法在以下两种情况下可以应用。

（1）参照车辆与被评估二手车完全相同。所谓完全相同是指车辆型号、使用条件和技术状况相同，生产和交易时间相近。这样的参照车辆常见于市场保有量大、交易比较频繁的畅销车型，如普通桑塔纳、捷达和夏利等。

（2）参照车辆与被评估二手车相近。这种情况的参照车辆与被评估二手车类别相同、主参数相同、结构性能相同，只是生产序号不同并只做局部改动，交易时间相近，也可近似等

同作为评估过程中的参照车辆。这种情况在我国汽车市场上是非常常见的，很多汽车厂商为了追求车型的变化，给消费者新的感受，每年都在原车型的基础上做一些小的改动，如车身、内饰配置的变化等。

直接市价法评估公式为

$$P=P'$$

式中：P'——参照车辆的市场成交价格，元。

2．类比调整市价法

（1）计算模型。类比调整市价法是指评估二手车时，在公开市场上找不到与之完全相同的车辆，但能找到与之相类似的车辆，以此为参照车辆，并根据车辆技术状况和交易条件的差异对参照车辆的价格进行相应调整，进而确定被评估二手车价格的一种评估方法。其基本计算公式为

$$P = P' \cdot K$$

式中：K——差异调整系数。

类比调整市价法不像直接市价法对参照车辆的条件要求那么严格，只要求参照车辆与被评估二手车大概相同即可。

由于类比调整市价法可能要对参照车辆与被评估二手车的若干可比因素进行对比分析和差异调整，因此该方法对资料信息的数量和质量要求较高，而且要求鉴定评估人员有较丰富的评估经验、市场阅历和评估技巧。

（2）评估步骤。GB/T 30323—2013 对现行市价法的运用描述：评估价格为相同车型、配置和相同车辆技术状况鉴定检测分值的车辆近期的交易价格；如无参照车辆，可从本区域本月内的交易记录中调取相同车型、相近分值，或从相邻区域的成交记录中调取相同车型、相近分值的成交价格，并结合车辆技术状况鉴定检测分值加以修正。

因此，要规范地运用现行市价法评估二手车价格，应遵循以下工作步骤。

① 收集被评估二手车资料。内容包括车辆的类别名称、车辆型号和技术性能参数、生产厂家和出厂年月、车辆用途、目前使用情况和实际技术状况、尚可使用的年限等，为市场数据资料的收集及参照车辆的选择提供依据。

② 选取参照车辆。根据了解到的被评估二手车资料，按照可比性原则，从二手车交易市场上寻找可类比的参照车辆，参照车辆应选择 3 辆以上。车辆的主要可比因素如下。

a．车辆型号和生产厂家。

b．车辆用途。

c．车辆使用年限和行驶里程。

d．车辆实际技术性能和技术状况。

e．车辆所处地区。由于地区经济发展的不平衡，收入水平存在差别，在不同地区的二手车交易市场，相同二手车的价格会有较大的差别。

f．市场状况。市场状况指的是二手车交易市场处于低迷还是复苏、繁荣的状态，车源是丰富还是匮乏，车型涵盖面如何，交易量如何，新车价格趋势如何等。

g．评估的目的。

h．成交数量。单辆与成批车辆交易的价格会有一定差别。

i．成交时间。应采用近期成交的车辆作为类比对象。国家经济、金融和交通政策以及市场供求关系会随时发生变化，市场行情也会随之变化，从而引起二手车价格波动。

③ 类比和调整。对被评估二手车和参照车辆之间的差异进行分析、比较，并进行适当的量化后调整为可比因素。主要差异量化有以下方面。

a. 结构性能的差异量化。汽车型号、结构上的差别都会集中反映到汽车的功能和性能的差异上，功能和性能的差异可通过功能、性能对汽车价格的影响进行估算，即

结构性能差异调整值＝结构性能差异值×成新率

例如，同类型的汽油车，如果配置了倒车影像系统，其价格要贵 3000～5000 元。表 3-11 所示为汽车常见配置价格，供鉴定评估人员参考。

表 3-11　　　　　　　　　　汽车常见配置价格

配置	参考价格/元	配置	参考价格/元
自动变速器	25000	手动天窗	3000
动力转向器	3000～8000	电动天窗	4000～7000
电控悬架	10000	内藏式天窗	10000
ABS	3000～8000	电动后视镜	3200～5000
车身稳定控制系统	20000	电动座椅	500
安全气囊	10000	定速巡航系统	5000
倒车雷达	1000～2000	中档音响	3000～5000
中控门锁	5000～10000	高档音响	30000～100000
电子防盗系统	1000	玻璃贴膜	500～5000
电动门窗	300		

对营运汽车而言，结构性能的差异主要表现为生产能力、生产效率和营运成本等方面的差异，可利用收益现值法对其进行量化调整。

b. 销售时间的差异量化。在选择参照车辆时，应尽可能选择评估基准日的成交案例，以省略销售时间差异的量化；若参照车辆的交易时间在评估基准日之前，可采用价格指数法将销售时间差异量化并调整。

c. 新旧程度的差异量化。被评估二手车与参照车辆在新旧程度上存在一定的差异，要求鉴定评估人员能够对二者做出基本判断。取得被评估二手车和参照车辆成新率后，以参照车辆的价格乘以被评估二手车成新率与参照车辆成新率之差，即可得到两者新旧程度差异调整值，计算公式为

新旧程度差异调整值＝参照车辆价格×(被评估二手车成新率–参照车辆成新率)

d. 销售数量的差异量化。销售数量的大小会对二手车成交单价产生影响。通常，卖方会充分考虑货币的时间价值，以较低的单价吸引购买者多买，尽管价格比零售价格低，但可提前收到货款。当被评估二手车成批量交易时，以单辆汽车作为参照车辆是不合适的；而当被评估二手车只有一辆时，以成批汽车作为参照车辆也不合适。销售数量的不同会造成成交价格的差异，必须对此差异进行分析，适当调整被评估二手车的价格。

e. 付款方式的差异量化。在二手车交易中，绝大多数为现款交易，在一些经济较活跃的地区已出现二手车的银行按揭销售。银行按揭销售的二手车与一次性付款的二手车价格差异由两部分组成：一是银行的贷款利息，贷款利息按贷款年限确定；二是汽车按揭保险费，各保险公司的汽车按揭保险费率不完全相同，会有一些差异。

④ 计算评估值。将各可比因素的差异调整值以适当的方式加以汇总，并据此对参照车辆的成交市价进行调整，从而确定被评估二手车的评估价格。

五、用清算价格法计算二手车价格

目前，对于清算价格的确定方法，从理论上还难以找到十分有效的依据，但在实践上有一些方法可以采用，主要方法有评估价格折扣法、模拟拍卖法和竞价法 3 种。

1．评估价格折扣法

首先，根据被评估二手车的具体情况及所获得的资料，选择重置成本法、收益现值法及现行市价法中的一种方法确定被评估二手车的价格。然后，根据市场调查和快速变现原则，确定合适的折扣率。用评估价格乘以折扣率，所得结果即为被评估二手车的清算价格。例如，一辆旧桑塔纳轿车，经调查在二手车交易市场上成交价为 4 万元，根据销售情况调查，折价 20%可以当即出售，则该车辆清算价格为 4×(1−20%)＝3.2（万元）。

2．模拟拍卖法

模拟拍卖法，也称意向询价法，是根据向被评估二手车的潜在购买者询价的办法取得市场信息，最后经鉴定评估人员分析确定其清算价格的一种方法。用这种方法确定的清算价格受供需关系影响很大，要充分考虑其影响的程度。

例如，有 8t 自卸车 1 台，拟评估其拍卖清算价格。鉴定评估人员向 2 家运输公司、3 个个体运输户征询意向价格，其报价分别为 7 万元、8.3 万元、7.8 万元、8 万元和 7.5 万元，平均价为 7.72 万元。考虑目前各种因素，鉴定评估人员确定其清算价格为 7.5 万元。

3．竞价法

竞价法是由法院按照破产清算的法定程序或由卖方根据评估结果提出拍卖底价的一种方法，在公开拍卖会上由买方竞争出价，谁出的价格高就卖给谁。

六、计算二手车价格的其他方法

1．GB/T 30323—2013 推荐的重置成本法

GB/T 30323—2013 推荐的重置成本法计算公式为

$$评估值＝更新重置成本×综合成新率$$

（1）更新重置成本为相同型号、配置的新车在评估基准日的市场零售价格。

（2）综合成新率由技术鉴定成新率与年限成新率组成，即

$$综合成新率＝年限成新率×\alpha＋技术鉴定成新率×\beta$$

年限成新率＝车辆预计剩余使用年限/车辆使用年限。乘用车使用年限为 15 年，超过 15 年的按实际使用年限计算。有使用年限规定的车辆按《机动车强制报废标准规定》确定。技术鉴定成新率＝车辆技术状况分值/100。α、β 分别为年限成新率与技术鉴定成新率权重系数，由鉴定评估人员根据市场行情等因素确定，且 $\alpha+\beta=1$。

计算二手车价格
的其他方法

技术鉴定成新率×β，相当于实体性贬值与功能性贬值后，车辆剩余的价值率；年限成新率×α，相当于经济性贬值后，车辆剩余的价值率。

2．成本比率法

成本比率法也称为保值率法，是根据某款车的市场保值情况来确定二手车价格的一种方法。

假设参照物的成本比率用 U 来表示，其交易价格为 P，重置成本全价为 B，则有

$$U = \frac{P}{B} \times 100\%$$

若已知参照物的成本比率 U，就可根据被评估车辆的重置成本全价 B 来确定被评估车辆的评估值 P 为

$$P = U \times B$$

【任务实施】

一、重置成本法应用实例

2023 年 5 月，某客户想将其个人所有的高尔夫 2.0 轿车出售，以下是鉴定评估人员对该车的检查鉴定情况。

1．现场查勘记录

（1）手续检验。该车各项手续齐全、有效、合法。登记证书显示的初次注册登记日为 2019 年 6 月 10 日。

（2）车辆使用背景。该车属于私家车，有车库保管，长年行驶在市区内，使用条件较好，使用强度不大，日常维护较好。

（3）典型配置。自动挡、天窗、双气囊、ABS、EBD、电动门窗、中控门锁、电动后视镜、真皮加热座椅、前置 6 碟 CD、倒车雷达、氙气灯、自动空调、中控门锁、超重低音炮等。

（4）车况检查。

① 静态检查。查看车辆外观漆面为 80%原漆，没有严重碰撞事故痕迹；发动机内很清洁，没有漏油的地方；仪表台和真皮座椅保持得很好，没有明显划痕和老化现象。

② 动态检查。2 次起动发动机顺利起动，怠速正常；换挡车速正常，没有冲击感；无行车跑偏的现象；ABS 工作正常；在坏路行驶时，底盘没有明显异响；转向操纵灵活、轻便。

2．估算价格

（1）确定成新率。

① 由于该车型为中档轿车，为计算准确，采用综合分析法确定其成新率。评估值计算公式为

$$评估值 = B \times C_F = B \times (1 - Y_1/Y) \times K \times 100\%$$

② 初次注册登记日为 2019 年 6 月，评估基准日为 2023 年 5 月，则已使用约 48 个月；规定使用年限为 15 年，即 180 个月。

③ 确定各影响因素调整系数。根据技术鉴定情况，该车无须进行修理或换件，确定各影响因素调整系数如下。

该车技术状况较好，技术状况调整系数取 K_1=0.9，权重系数为 30%。

该车维护状况较好，维护状况调整系数取 K_2=0.9，权重系数为 25%。

该车为国产名牌，制造质量调整系数取 K_3=0.9，权重系数为 20%。

该车为私人用车，使用性质调整系数取 K_4=1.0，权重系数为 15%。

该车主要在市内行驶，使用条件好，使用条件调整系数取 K_5=1.0，权重系数为 10%。

④ 计算综合调整系数。根据综合调整系数计算公式得

$$K=0.9×30\%+0.9×25\%+0.9×20\%+1.0×15\%+1.0×10\%=0.925$$

⑤ 计算成新率 C_F。

$$C_F=(1-Y_1/Y)×K×100\%＝(1-48/180)×0.925×100\%≈67.8\%$$

（2）确定重置成本。

因本车主评估目的为交易，故重置成本为新车市场价。根据市场询价，该车型的新车市场价格为 120000 元，即重置成本为 120000 元。

（3）计算评估值 P。

$$P=B×C_F＝120000×67.8\%＝81360（元）$$

即该车的评估值为 81360 元。

二、收益现值法应用实例

1. 基本情况

2023 年 5 月，某人打算在二手车市场购置一辆夏利 TJ7100U 型轿车用于个体出租车营运，即原车带经营权销售。该车的基本信息及经营预测如下。

该车于 2020 年 6 月购买，并于当月完成车辆注册登记手续，用于出租车营运，已行驶 36 万 km。目前车辆技术状况良好，能正常运行。

用于出租车营运的车辆，全年预计可出勤 320 天。根据市场经营经验，该车型每天平均毛收入约为 600 元，每天耗油费用为 80 元，年检、保险及各种应支出费用折合平均每天 75 元，年日常维修保养费用约为 12000 元，年平均大修费用约为 8000 元，年人员劳务费为 45000 元。根据目前银行储蓄年利率、行业收益等情况，确定资金预期收益率为 15%，风险报酬率为 5%。

2. 计算过程

（1）确定评估方法。根据实例条件，营运车辆带经营权购置，所以价格评估方法采用收益现值法。

（2）相关参数确定。

① 收益年期 n。从车辆初次注册登记日（2020 年 6 月）至评估基准日（2023 年 5 月）止，该车已使用约 3 年。根据《机动车强制报废标准规定》，出租车规定营运年限为 8 年，即收益年期 $n=5$ 年。

② 预期收益额 A_t。

a. 根据车辆基本条件计算预计年收支，见表 3-12。

表 3-12 预计年收支

预计年毛收入/元		$600×320=192000$
预计年支出/元	燃油消耗费用	$80×320＝25600$
	年检、保险及各种应支出费用	$75×320＝24000$
	日常维修费用	12000
	平均大修费用	8000
	人员劳务费	45000
预计年净收入/元		77400

b. 计算年税后利润。根据国家目前政策，出租车经营者不缴纳个人所得税，年税后利润为 77400 元。

说 明

目前，我国对出租车的政策规定是"以公司方式经营，定期、免费（车标费，即经营许可费）"。但各地的做法不一，如沈阳市约有 1/3 的出租车车标归个人所有，不缴纳个人所得税；还有一小部分出租车为公司编制、个人经营，个人只向公司交少量的管理费（约100 元/月），个人不缴纳所得税；剩下的一部分为公司所有，公司需按税务政策纳税。鉴于以上情况，为简化计算，本实例执行个人经营、不缴纳个人所得税标准。

c. 目前国家相关政策比较稳定，可按年预期收益额相等的方法估算，A＝年税后利润＝77400 元。

③ 折现率 i。折现率＝无风险报酬率＋风险报酬率＝15%＋5%＝20%。

（3）计算评估值 P。根据收益现值法计算公式，该二手车评估值计算如下

$$P = A \cdot \frac{(1+i)^n - 1}{i \cdot (1+i)^n} = 77400 \times \frac{(1+0.2)^5 - 1}{0.2 \times (1+0.2)^5} \approx 231473(元)$$

即该车评估值为 231473 元。

三、现行市价法应用实例

1．基本情况

在对某辆二手车进行评估时，鉴定评估人员选择了 3 辆近期成交的与被评估二手车类别、结构基本相同，技术经济参数相近的车辆作为参照车辆。被评估二手车及参照车辆的有关参数见表 3-13。

表 3-13　　被评估二手车及参照车辆的有关参数

序号	技术经济参数	参照车辆 A	参照车辆 B	参照车辆 C	被评估二手车
1	车辆交易价格/元	50000	65000	40000	待确定
2	销售条件	公开市场	公开市场	公开市场	公开市场
3	交易时间	6 个月前	2 个月前	10 个月前	—
4	已使用年限/年	5	5	6	5
5	尚可使用年限/年	5	5	4	5
6	成新率/%	62	75	55	70
7	年平均维修费用/元	20000	18000	25000	20000
8	每 100km 耗油量/L	25	22	28	24

2．计算过程

（1）差异量化。

① 销售时间的差异值计算。根据收集到的资料分析，在评估之前到评估基准日之间的 1 年内，物价指数大约每月上升 0.5%。各参照车辆与被评估二手车由于时间差异所产生的差异值如下。

a. 被评估二手车与参照车辆 A 相比晚 6 个月，价格指数上升 3%，其差异值为

50000×3%＝1500 （元）

b. 被评估二手车与参照车辆 B 相比晚 2 个月，价格指数上升 1%，其差异值为

65000×1%＝650 （元）

c. 被评估二手车与参照车辆 C 相比晚 10 个月，价格指数上升 5%，其差异值为

40000×5%＝2000 （元）

② 车辆性能的差异值计算。

a. 被评估二手车与各参照车辆每年由于燃油消耗的差异所产生的差异值，按每日运行 150km、每年平均出车 250 天，燃油价格按 7 元/L 计算。

被评估二手车与参照车辆 A 每年燃料消耗费的差异值为

$$(24-25) \times 7 \times 150/100 \times 250 = -2625（元）$$

被评估二手车与参照车辆 B 每年燃料消耗费的差异值为

$$(24-22) \times 7 \times 150/100 \times 250 = 5250（元）$$

被评估二手车与参照车辆 C 每年燃料消耗费的差异值为

$$(24-28) \times 7 \times 150/100 \times 250 = -10500（元）$$

b. 被评估二手车与各参照车辆每年由于维修费用差异所产生的差异值计算。

被评估二手车与参照车辆 A 每年维修费用的差异值为

$$20000-20000 = 0（元）$$

被评估二手车与参照车辆 B 每年维修费用的差异值为

$$20000-18000 = 2000（元）$$

被评估二手车与参照车辆 C 每年维修费用的差异值为

$$20000-25000 = -5000（元）$$

c. 被评估二手车与各参照车辆每年由于运行成本的差异所产生的差异值计算。

被评估二手车与参照车辆 A 每年的运行成本差异值为

$$燃料消耗费+维修费用 = -2625+0 = -2625（元）$$

被评估二手车与参照车辆 B 每年的运行成本差异值为

$$燃料消耗费+维修费用 = 5250+2000 = 7250（元）$$

被评估二手车与参照车辆 C 每年的运行成本差异值为

$$燃料消耗费+维修费用 = -10500-5000 = -15500（元）$$

适用的折现率为 $i=20\%$，则在剩余的使用年限内，被评估二手车与各参照车辆的运行成本差额折现值计算如下。

被评估二手车与参照车辆 A 的运行成本差额折现值为

$$-2625 \times \frac{(1+20\%)^5 - 1}{20\% \times (1+20\%)^5} \approx -7850 （元）$$

被评估二手车与参照车辆 B 的运行成本差额折现值为

$$7250 \times \frac{(1+20\%)^5 - 1}{20\% \times (1+20\%)^5} \approx 21682 （元）$$

被评估二手车与参照车辆 C 的运行成本差额折现值为

$$-15500 \times \frac{(1+20\%)^4 - 1}{20\% \times (1+20\%)^4} \approx -40125 （元）$$

③ 新旧程度差异值计算。

被评估二手车与参照车辆 A 由于成新率的差异所产生的差异值为

$$50000 \times (70\%-62\%) = 4000（元）$$

被评估二手车与参照车辆 B 由于成新率的差异所产生的差异值为

$$65000 \times (70\%-75\%) = -3250（元）$$

被评估二手车与参照车辆 C 由于成新率的差异所产生的差异值为

$$40000 \times (70\% - 55\%) = 6000 \text{（元）}$$

（2）确定车辆的评估值。

① 初步确定被评估二手车的评估值。

与参照车辆A相比，初步评估的结果为

$$\text{评估值} = 50000 - 1500 + 7850 + 4000 = 60350 \text{（元）}$$

与参照车辆B相比，初步评估的结果为

$$\text{评估值} = 65000 - 650 - 21682 - 3250 = 39418 \text{（元）}$$

与参照车辆C相比，初步评估的结果为

$$\text{评估值} = 40000 - 2000 + 40125 + 6000 = 84125 \text{（元）}$$

② 确定最终评估值。从上述初步估算的结果可知，按3辆不同的参照车辆进行比较测算，初步评估的结果最多相差44707（84125−39418＝44707）元。其主要原因是3辆参照车辆的成新率不同；另外，在选取有关的技术经济参数时也可能存在误差。为减小误差，考虑被评估二手车与参照车辆的相似程度，决定采用加权平均法确定评估值。参照车辆B的交易时间离评估基准日较接近（仅隔2个月），且已使用年限、尚可使用年限、成新率等都与被评估二手车更相近，由于它的相似程度比参照车辆A、C的更大，故决定取参照车辆B的加权系数为60%；参照车辆A的交易时间、已使用年限、尚可使用年限、成新率等比参照车辆C的相似程度要大些，故决定取参照车辆A的加权系数为30%；取参照车辆C的加权系数为10%。加权平均后，被评估二手车的评估值为

$$\text{评估值} = 60350 \times 30\% + 39418 \times 60\% + 84125 \times 10\% \approx 50168 \text{（元）}$$

即该车评估值为50168元。

四、清算价格法应用实例

1．基本情况

某法院欲在近期将其扣押的一辆抵债轻型载货汽车拍卖出售。至评估基准日止，该汽车已使用了1年6个月，车况与其新旧程度相符，试评估该车的清算价格。

2．计算过程

本次评估的目的是债务清偿，应采用的评估方法为清算价格法。根据被评估车辆的实际情况和所掌握的资料，决定首先利用重置成本法确定车辆在公平市场条件下的评估价格。然后，根据市场调查，按一定的折扣率确定汽车的价格。

评估步骤如下。

（1）应用重置成本法评估价格。

① 确定已使用年限和规定使用年限。该车已使用年限为1年6个月，折合为18个月；根据国家标准规定，被评估车辆的使用年限为10年，折合为120个月。

② 确定成新率。被评估车辆的价值不高，且车辆的技术状况与其新旧程度相符，故决定应用使用年限法确定其成新率，被评估车辆的成新率 C_Y 为

$$C_Y = \left(1 - \frac{Y_1}{Y}\right) \times 100\% = \left(1 - \frac{18}{120}\right) \times 100\% = 85\%$$

③ 确定重置成本全价。据市场调查，全新的同车型目前的售价为5.5万元。根据相关规定，购置此车型时，要缴纳10%的车辆购置税和400元的过户费，故被评估车辆的重置成本全价 B 为

$$B=55000+\frac{55000}{1+17\%}\times10\%+400\approx60100\text{（元）}$$

④ 确定重置成本评估值。根据调查了解，被评估车辆的功能性贬值及经济性贬值均很小，可忽略不计，故在公平市场条件下，该车的评估值为

$$P=B\times C_{Y}=60100\times85\%=51085\text{（元）}$$

（2）确定折扣率。根据市场调查，折扣率取 75% 时，可在清算日内出售车辆，故确定折扣率为 75%。

（3）确定清算价格。被评估车辆的清算价格为

$$\text{清算价格}=51085\times75\%\approx38300\text{（元）}$$

即该车的清算价格为 38300 元。

五、GB/T 30323—2013 推荐的方法应用实例

1．基本情况

某公司欲出售一辆丰田花冠 2020 款 1.6L 自动豪华版轿车，该车于 2020 年 3 月初次注册登记，评估基准日为 2023 年 5 月 9 日。目前市场新车价格为 9.8 万元，二手车鉴定评估人员对该车的技术状况鉴定情况如下，试计算该车的评估价格。

（1）车辆外观检查。车身外观检查项目作业表见表 3-14。

表 3-14　　　　　　　　　　车身外观检查项目作业表

序号	检查项目	缺陷描述	扣分	序号	检查项目	缺陷描述	扣分
14	前机舱盖表面			27	后保险杠		
15	左前翼子板			28	左前车轮		
16	左后翼子板			29	左后车轮		
17	右前翼子板			30	右前车轮		
18	右后翼子板			31	右后车轮		
19	左前车门			32	前照灯		
20	右前车门			33	尾灯		
21	左后车门			34	前风窗玻璃		
22	右后车门			35	后风窗玻璃		
23	行李舱盖			36	四车门窗玻璃		
24	行李舱内			37	左后视镜		
25	车顶			38	右后视镜		
26	前保险杠	26HH2	1	39	轮胎	4	1

缺陷描述：前保险杠有划痕，面积大于 100mm×100mm 并小于或等于 200mm×300mm；轮胎花纹深度小于 1.6mm。

外观检查总得分：20-2=18（分）。

（2）前机舱检查。前机舱检查项目作业表见表 3-15。

表 3-15　　　　　　　　　　前机舱检查项目作业表

序号	检查项目	A	B	C	扣分
40	机油有无冷却液混入	无√	轻微	严重	
41	缸盖外是否有机油渗漏	无√	轻微	严重	

续表

序号	检查项目	A	B	C	扣分
42	前翼子板内缘、散热器框架、前横梁、前纵梁有无凹凸和修复痕迹	无√	轻微	严重	
43	散热器格栅有无破损	无√	轻微	严重	
44	蓄电池电极柱有无腐蚀	无√	轻微	严重	
45	蓄电池电解液有无渗漏、缺少	无√	轻微	严重	
46	发动机皮带有无老化	无	轻微√	严重	1.5
47	油管、水管有无老化、裂痕	无√	轻微	严重	
48	线束有无老化、破损	无√	轻微	严重	
49	其他	无			

缺陷描述：发动机皮带轻微老化。

前机舱检查总得分：20-1.5=18.5（分）。

（3）驾驶舱检查。驾驶舱检查项目作业表见表3-16。

表3-16　　　　　　　　　　驾驶舱检查项目作业表

序号	检查项目	A	C	扣分
50	车内是否无水泡痕迹	是√	否	
51	车内后视镜、座椅是否完整、无破损、功能正常	是√	否	
52	车内是否整洁、无异味	是√	否	
53	转向盘自由行程转角是否小于15°	是√	否	
54	车顶及周边内饰是否无破损、松动及裂缝和污迹	是√	否	
55	仪表台是否无划痕，配件是否无缺失	是√	否	
56	换挡杆手柄及护罩是否完好、无破损	是√	否	
57	储物盒是否无裂痕，配件是否无缺失	是	否√	1
58	天窗是否移动灵活、关闭正常	是√	否	
59	门窗密封条是否良好、无老化	是	否√	1
60	安全带结构是否完整、功能是否正常	是√	否	
61	驻车制动系统是否灵活、有效	是√	否	
62	玻璃窗升降器、门窗工作是否正常	是√	否	
63	左、右后视镜折叠装置工作是否正常	是√	否	
64	其他	无		

缺陷描述：储物盒有裂痕，门窗密封条老化。

驾驶舱检查总得分：20-2=18（分）。

（4）起动检查。起动检查项目作业表见表3-17。

表3-17　　　　　　　　　　起动检查项目作业表

序号	检查项目	A	C	扣分
65	车辆起动是否顺畅（时间少于5s，或一次起动）	是√	否	
66	仪表板指示灯显示是否正常、无故障报警	是√	否	
67	各类灯光和调节功能是否正常	是√	否	
68	泊车辅助系统工作是否正常	是√	否	
69	ABS工作是否正常	是√	否	
70	空调系统风量、方向调节、分区控制、自动控制、制冷工作是否正常	是	否√	0.5

续表

序号	检查项目	A	C	扣分
71	发动机在冷、热车条件下怠速运转是否稳定	是 √	否	
72	怠速运转时发动机是否无异响，空挡状态下逐渐增大发动机转速，发动机声音过渡是否无异响	是 √	否	
73	车辆排气是否无异常	是 √	否	
74	其他		无	

缺陷描述：空调制冷较慢。

起动检查总得分：20−0.5=19.5（分）。

（5）路试检查。路试检查项目作业表见表 3-18。

表 3-18　　　　　　　　　路试检查项目作业表

序号	检查项目	A	C	扣分
75	发动机运转、加速是否正常	是 √	否	
76	发动机起动前踩下制动踏板，保持 5~10s，踏板是否无向下移动的现象	是 √	否	
77	踩住制动踏板起动发动机，踏板是否向下移动	是 √	否	
78	行车制动系统最大制动效能在踏板全行程的 4/5 以内达到	是 √	否	
79	行驶是否无跑偏	是	否 √	2
80	制动系统工作是否正常、有效，制动不跑偏	是 √	否	
81	变速器工作是否正常、无异响	是 √	否	
82	行驶过程中车辆底盘部位是否无异响	是 √	否	
83	行驶过程中车辆转向部位是否无异响	是 √	否	
84	其他		无	

缺陷描述：行驶跑偏。

路试检查总得分：15−2=13（分）。

（6）车底检查。车底检查项目作业表见表 3-19。

表 3-19　　　　　　　　　车底检查项目作业表

序号	检查项目	A	C	扣分
85	发动机油底壳是否无渗漏	是	否 √	4
86	变速器是否无渗漏	是 √	否	
87	转向节臂球销是否无松动	是 √	否	
88	三角臂球销是否无松动	是 √	否	
89	传动轴十字轴是否无松旷	是 √	否	
90	减振器是否无渗漏	是 √	否	
91	减振弹簧是否无损坏	是 √	否	
92	其他		无	

缺陷描述：油底壳有轻度渗漏。

车底检查总得分：15−4=11（分）。

（7）功能性零部件检查（不扣分，只做相关记录）。功能性零部件检查项目作业表见表 3-20。

表 3-20   功能性零部件检查项目作业表

序号	类别	零部件名称或功能	序号	类别	零部件名称或功能
93	车身外部件	前机舱盖锁止	105	随车附件	备胎
94		前机舱盖液压撑杆	106		千斤顶
95		后门/行李舱液压撑杆	107		轮胎扳手及随车工具√
96		各车门锁止	108		三角警示牌
97		前、后刮水器	109		灭火器
98		立柱密封胶条	110	其他	全套钥匙
99		排气管及消声器	111		遥控器及功能
100		车轮轮毂	112		喇叭高低音色
101	驾驶室内部件	车内后视镜	113		玻璃加热功能
102		座椅调节及加热			
103		仪表板出风管道			
104		中央集控			

缺陷描述：随车工具不全。

2．计算过程

（1）缺陷描述及等级评定。

① 根据上述车辆技术状况鉴定记录结果，待评估车辆的缺陷描述：前保险杠有划痕，面积大于 100mm×100mm，小于或等于 200mm×300mm；轮胎花纹深度小于 1.6mm；发动机皮带轻微老化；储物盒有裂痕；门窗密封条老化；空调制冷较慢；行驶跑偏；油底壳有轻度渗漏；随车工具不全。

② 技术状况鉴定得分为 89 分。根据车辆技术状况鉴定等级确定标准，该车技术状况鉴定结果为二级。

（2）计算价格。

① 确定成新率。

a．年限成新率。该车已使用年限为 3 年 2 个月，即 38 个月。按 GB/T 30323—2013 规定的计算标准，该车的规定使用年限为 15 年，即 180 个月。则年限成新率为

年限成新率=(剩余使用年限/规定使用年限)×100%=(180−38)/180×100%≈78.89%

b．技术鉴定成新率。

技术鉴定成新率=(车辆技术状况分值/100)×100%=89/100×100%=89%

c．综合成新率。根据该车技术状况鉴定的缺陷描述，该车存在的缺陷较多，故年限成新率权重系数取 40%，技术鉴定成新率权重系数取 60%。则综合成新率为

综合成新率 = 年限成新率×α + 技术鉴定成新率×β

= 78.89%×40% + 89%×60% ≈ 85%

② 计算评估值。该车评估值为

评估值=更新重置成本×综合成新率=9.8×85%=8.33（万元）

即该车的评估值为 8.33 万元。

六、成本比率法应用实例

1．基本情况

有一辆轿车，已使用 8 年，一直正常使用，当前的重置成本为 18.6 万元，其综合成本比率 U=27.33%，试计算该车的评估值。

2．计算过程

由上述已知条件，U=27.33%，B=18.6 万元，则该车的评估值为

$$P = U \times B = 27.33\% \times 18.6 \approx 5.08（万元）$$

即该车的评估值为 5.08 万元。

【任务考核】

（1）学生根据已完成的实训工单 2.2，完成车辆技术状况鉴定总结性描述。

（2）要求学生自行确定所评估车辆的重置成本，统一采用 GB/T 30323—2013 推荐的方法计算成新率和评估值，最后形成计算报告提交给教师，即完成实训工单 3.1。

（3）教师审阅学生提交的工单，按等级制评定成绩。

【学习效果检验】

具体内容见实训手册。

|任务 3.2　编制二手车鉴定评估报告并归档|

【任务分析】

当一辆二手车的价格计算完成后，就要编制完整的二手车鉴定评估报告，以提供给客户。

二手车鉴定评估报告是指二手车鉴定评估机构按照评估工作制度有关规定，在完成鉴定评估工作后向委托方和有关方面提交的说明二手车鉴定评估过程和结果的书面报告。它按照一定格式和内容来反映评估目的、程序、依据、方法、结果等基本情况。广义的鉴定评估报告是一种工作制度，它规定鉴定评估机构在完成二手车鉴定评估工作之后必须按照一定的程序和要求，用书面形式向委托方报告鉴定评估过程和结果。狭义的鉴定评估报告即鉴定评估结果报告书，既是二手车鉴定评估机构对二手车的作价意见，提交给委托方的公正性报告，也是二手车鉴定评估机构履行评估合同情况的总结，还是二手车鉴定评估机构为其所完成的鉴定评估结论承担相应法律责任的证明文件。

本任务主要学习编制二手车鉴定评估报告的方法及注意事项。

【学习目标】

1．知识目标

（1）能够正确描述二手车鉴定评估报告的作用、基本内容。

（2）能够正确描述编制二手车鉴定评估报告的基本要求、步骤和应注意的事项。

2．能力目标

能够规范地编制二手车鉴定评估报告。

3．素质目标

（1）培养善于总结的职业素养。

（2）培养自主维护国有资产的思想素养。

【相关知识学习】

一、二手车鉴定评估报告的作用

二手车鉴定评估报告不仅是一份评估工作的总结，而且是二手车价格的公正性文件和二手车交易双方认定二手车价格的依据。

1．对委托方的作用

（1）二手车鉴定评估报告作为产权交易变动的作价依据。二手车鉴定评估报告是经具有二手车鉴定评估资格的机构，根据被委托鉴定评估车辆的状况，由专业的二手车鉴定评估人员，遵循评估的原则和标准，按照法定的程序，运用科学的方法对被委托评估的车辆价值进行评定和估算后，通过报告书的形式提出的作价意见。该作价意见不代表任何当事人一方的利益，是专家估价的意见，因此具有较强的公正性和科学性，可以作为二手车交易谈判底价的参考依据，或作为投资比例出资价格的证明材料，特别是对于涉及国有资产的二手车，给出客观、公正的作价意见可以确保国有资产价格的客观、公正、真实，有效地防止国有资产的流失。

（2）二手车鉴定评估报告作为法庭辩论和裁决时确认财产价格的举证材料。

（3）二手车鉴定评估报告作为支付评估费用的依据。当委托方（客户）收到评估资料及报告后没有提出异议，也就是说评估的资料及结果符合委托书的条款，委托方应以此为前提和依据向受托方（鉴定评估机构）付费。

（4）二手车鉴定评估报告是反映和体现评估工作情况，明确委托方、受托方及有关方面责任的根据。二手车鉴定评估报告采用文字的形式，对受托方进行二手车鉴定评估的目的、背景、产权、依据、程序、方法等过程和评定的结果进行说明和总结，既体现了鉴定评估机构的工作成果，也反映和体现了二手车鉴定评估机构与鉴定评估人员的权利和义务，并依此来明确委托方和受托方的法律责任。编制二手车鉴定评估报告还行使了二手车鉴定评估人员在其上签字的权利。

2．对鉴定评估机构的作用

（1）二手车鉴定评估报告是鉴定评估机构评估成果的体现，是一种动态管理的信息资料，体现了鉴定评估机构的工作情况和工作质量。

（2）二手车鉴定评估报告是建立评估档案、归集评估档案资料的重要信息来源。

二、编制二手车鉴定评估报告的基本要求

（1）必须依照客观、公正、实事求是的原则由二手车鉴定评估机构独立编制，如实反映二手车鉴定评估的工作情况。

（2）应有委托单位（或个人）的名称、二手车鉴定评估机构的名称和印章，二手车鉴定评估机构法人代表或委托人和二手车鉴定评估师的签字，提供报告的日期。

（3）要写明评估基准日，并且不得随意更改。所有在估价中采用的税率、费率、利率和

其他价格标准，均应采用评估基准日的标准。

（4）应写明评估的目的、范围、二手车的状态和产权归属。

（5）应说明评估工作遵循的原则和依据的法律法规，简述鉴定评估过程，写明评估的方法。

（6）应有明确的鉴定估算价值的结果，鉴定结果应有二手车的成新率，应有二手车原值、重置价值、评估价值等。

（7）应有齐全的附件。

三、二手车鉴定评估报告的基本内容

1. 基本内容构成

《国有资产评估管理办法施行细则》第二十九条规定，资产评估机构在评估后应向委托单位提交资产评估结果报告书，其内容包括正文和附件两部分。

（1）正文的主要内容。

① 评估机构名称。

② 委托单位名称。

③ 评估资产的范围、名称和简单说明。

④ 评估基准日期。

⑤ 评估原则。

⑥ 评估所依据的法律、法规和政策。

⑦ 评估方法和计价标准。

⑧ 对具体资产评估的说明。

⑨ 评估结论，包括评估价值和有关文字说明。

⑩ 附件名称。

⑪ 评估起止日期和评估报告提出日期。

⑫ 评估机构负责人、评估项目负责人签名，并加盖评估机构公章。

⑬ 其他。

（2）附件的主要内容。

① 资产评估汇总表、明细表。

② 评估方法说明和计算过程。

③ 与评估基准日有关的会计报表。

④ 资产评估机构评估资格证明文件复印件。

⑤ 被评估单位占有资产的证明文件复印件。

⑥ 其他与评估有关的文件资料。

说 明

上述附件的主要内容大多针对国有资产二手车鉴定评估，不同类型经济行为的二手车鉴定评估，具体内容会有所差异。

2. 格式说明

（1）封面。二手车鉴定评估报告的封面须包含的内容有：二手车鉴定评估报告名称、鉴定评估机构出具鉴定评估报告的编号、二手车鉴定评估机构全称和鉴定评估报告提交日期

等。有服务商标的，鉴定评估机构可以在报告封面载明其图形标志。

（2）首部。鉴定评估报告正文的首部应包括以下内容。

① 标题。标题应简练、清晰，含有"×××（评估项目名称）鉴定评估报告"字样，位置居中偏上。

② 报告序号。报告序号应符合公文的要求，包括鉴定评估机构特征字、公文种类特征字（例如，评报、评咨和评函，鉴定评估报告正式报告应用"评报"，鉴定评估报告预报告应用"评预报"）、年份、文件序号。例如，×××评报字〔2023〕第 106 号。

（3）绪言。写明该鉴定评估报告委托方全称、受委托评估事项及评估工作整体情况，一般应采用包含下列内容的表达格式。

×××（鉴定评估机构）接受×××的委托，根据国家有关资产评估的规定，本着客观、独立、公正、科学的原则，按照公认的资产评估方法，对车辆×××（车辆号牌）进行了鉴定评估。本机构鉴定评估人员按照必要的程序，对委托鉴定评估车辆进行了实地查勘与市场调查，对其在×年×月×日所表现的市场价值进行公允反映。现将车辆评估情况及鉴定评估结果报告如下。

（4）委托方信息。

① 应写明委托方、委托方联系人的名称、联系电话及住址。

② 车主的名称。

（5）鉴定评估目的。应写明本次鉴定评估是为了满足委托方的何种需求，及其所对应的经济行为类型，具体如下。

根据委托方的要求，本项目鉴定评估目的为

□交易　□拍卖　□置换　□抵押　□担保　□咨询　□司法裁决

（6）鉴定评估对象。简要写明纳入评估范围车辆的厂牌型号、号牌号码、发动机号、车辆识别代号/车架号、注册登记日期、年审检验合格有效日期、车辆购置税证号码、车船税缴纳有效期等。

（7）鉴定评估基准日。写明车辆鉴定评估基准日的具体日期，标准式样如下。

鉴定评估基准日：×年×月×日。

（8）评估原则。严格遵循"客观性、独立性、公正性、科学性"原则。

（9）评估依据。评估依据一般包括行为依据，法律、法规依据，产权依据和评定及取价依据等。对评估中所采用的特殊依据也应在此部分中披露。

① 行为依据。行为依据主要是指二手车鉴定评估委托书、法院的委托书等经济行为文件，如"二手车鉴定评估委托书，QX 评报字〔2023〕第 106 号"。

② 法律、法规依据。法律、法规依据应包括车辆鉴定评估的有关条款、文件及涉及车辆评估的有关法律、法规等。

③ 产权依据。产权依据是指被评估车辆的机动车登记证书，或其他能够证明车辆产权的文件等。

④ 评定及取价依据。评定及取价依据应为鉴定评估机构收集的国家有关部门发布的统计资料和技术标准资料，以及鉴定评估机构收集的有关询价资料和参数资料等。

a. 技术标准资料。最新《资产评估常用数据与参数手册》《机动车运行安全技术条件》等。

b. 技术参数资料。被评估二手车的技术参数表（出厂检验合格证书）、车辆性能、装备一览表等。

c．技术鉴定资料。车辆检测报告单、现场查勘记录表、某修理厂提供的事故定损修理清单、某保险公司提供的事故理赔清单等。

d．其他资料。现场工作底稿、市场询价资料等。

📝 说 明

不同的具体评估工作，需要的评定及取价依据有所不同。报告中只列举对本次评估有参考作用的依据资料。

（10）评估方法及计算过程。简要说明鉴定评估人员在评估过程中所选择并使用的评估方法；简要说明选择评估方法的依据或原因；如评估时采用一种以上的评估方法，应适当说明原因并说明该资产评估价值确定方法；对于所选择的特殊评估方法，应适当介绍其原理与适用范围；各种评估方法计算的主要步骤等。

（11）评估过程。评估过程应反映二手车鉴定评估机构自接受评估委托起至提交评估报告的工作过程，包括接受委托、验证、现场查勘、市场调查与询证、评定估算和提交报告等过程。

（12）评估结论。给出被评估车辆的评估价格（小写、大写）。

（13）特别事项说明。鉴定评估报告中陈述的特别事项是指在已确定评估结果的前提下，鉴定评估人员揭示在评估过程中已发现的可能影响评估结论，但非鉴定评估人员执业水平和能力所能评定估算的有关事项；提示鉴定评估报告使用者应注意特别事项对评估结论的影响；揭示鉴定评估人员认为需要说明的其他问题。

（14）鉴定评估报告法律效力。提示鉴定评估报告的有效日期、特别提示评估基准日的期后事项对评估结论的影响以及鉴定评估报告的使用范围等。

（15）鉴定评估报告提出日期。写明鉴定评估报告提交委托方的具体时间。鉴定评估报告原则上应在确定的评估基准日后1周内提出。

（16）附件。附件应包括二手车鉴定评估委托书、二手车鉴定评估表、车辆行驶证复印件、车辆购置税完税证明复印件、车辆登记证书复印件、二手车鉴定评估师资格证书复印件、鉴定评估机构营业执照复印件、鉴定评估机构资质复印件和二手车照片等。

（17）尾部。写明出具鉴定评估报告的鉴定评估机构名称并盖章；鉴定评估机构法人代表签名；注册二手车鉴定评估师签名；注册二手车高级鉴定评估师审核签章以及报告日期。

四、编制二手车鉴定评估报告的步骤

编制二手车鉴定评估报告是完成评估工作的最后一道工序，也是评估工作中的一个很重要的环节。鉴定评估人员出具的鉴定评估报告不仅要真实、准确地反映评估工作情况，还要表明其在今后一段时期里对评估的结果和有关的全部附件资料承担相应的法律责任。二手车鉴定评估报告是记述鉴定评估成果的文件，是鉴定评估机构向委托方和二手车鉴定评估管理部门提交的主要成果。鉴定评估报告的质量高低，不仅反映鉴定评估人员的水平，而且直接关系到有关各方的利益。这就要求鉴定评估人员编制的报告要思路清晰，文字简练并准确，格式规范，有关的取证与调查材料和数据真实、可靠。为了达到这些要求，鉴定评估人员应按下列步骤进行鉴定评估报告的编制。

1．鉴定评估资料的分类整理

被评估二手车的有关背景资料、技术鉴定资料及其他可供参考的数据记录等鉴定评估资

料是编制二手车鉴定评估报告的基础。一个较复杂的评估项目应由两个或两个以上鉴定评估人员合作完成，对鉴定评估资料进行分类整理，包括评估鉴定作业表的审核、评估依据的说明和最后形成评估的文字材料等。

2．鉴定评估资料的分析讨论

在整理资料工作完成后，应召集参与鉴定评估工作的有关人员，对鉴定评估的情况和初步结论进行分析讨论。如果发现其中有提法不妥、计算失准、作价不合理等方面的问题，应进行必要的调整。对于采用两种不同方法评估并得出两个不同结论的，需要在充分讨论的基础上得出正确的结论。

3．鉴定评估报告的编制

鉴定评估报告的负责人应根据鉴定评估资料讨论后的修正意见，进行资料的汇总编排和鉴定评估报告的编制工作。然后将二手车鉴定评估的基本情况和鉴定评估报告初稿得到的初步结论与委托方交换意见，听取委托方的反馈意见后，在坚持客观、公正、科学、可行的前提下，认真分析委托方提出的问题和意见，考虑是否应该修改鉴定评估报告，对鉴定评估报告中存在的疏忽、遗漏和错误之处进行修正，修正完毕即可编制出正式的二手车鉴定评估报告。

4．鉴定评估报告的审核

鉴定评估报告先由项目负责人审核，再报鉴定评估机构负责人审核签发，同时要二手车鉴定评估人员签字并加盖鉴定评估机构公章。送达客户签收，要求客户必须在收到鉴定评估报告后按送达回证上的要求认真填写，并要求收件人签字确认。

如果涉及国有资产评估，《国有资产评估管理办法施行细则》有如下规定。

（1）国有资产占有单位收到资产评估报告书后提出"资产评估结果确认申请报告"，连同鉴定评估报告书及有关资料，经上级主管部门签署意见后，报批准立项的国有资产管理行政主管部门确认。

（2）国有资产管理行政主管部门对评估结果的确认工作，分为审核验证和确认两个步骤。先对资产评估是否独立公正、科学合理进行审核验证，然后提出审核意见，并下达"资产评估结果确认通知书"。

国有资产管理行政主管部门从以下方面审核验证资产评估报告。

① 资产评估工作过程是否符合政策规定。
② 资产评估机构是否有评估资格。
③ 实际评估范围与规定评估范围是否一致，被评估资产有无漏评和重评。
④ 影响资产价值的因素是否考虑周全。
⑤ 引用的法律、法规和国家政策是否适当。
⑥ 引用的资料、数据是否真实、合理、可靠。
⑦ 运用的评估方法是否科学。
⑧ 评估价值是否合理。
⑨ 其他。

（3）资产评估报告凡符合《国有资产评估管理办法施行细则》的相关要求的，应予以确认，由负责审批的国有资产管理行政主管部门下达确认通知书；不符合要求的，分情况做出修改、重评或不予确认的决定。

（4）经国有资产管理行政主管部门确认的资产评估价值，作为资产经营和产权变动的底价或作价的依据。

五、编制二手车鉴定评估报告时应注意的事项

（1）实事求是，切忌出具虚假报告。鉴定评估报告必须建立在真实、客观的基础上，不能脱离实际情况，更不能无中生有。报告拟订人应是参与鉴定评估并全面了解被评估车辆的主要鉴定评估人员。

（2）坚持一致性做法，切忌表里不一。报告文字、内容要前后一致，正文、评估说明、作业表、鉴定工作底稿、格式甚至数据要相互一致，不能出现相互矛盾和不一致情况。

（3）提交报告要及时、齐全和保密。在正式完成二手车鉴定评估报告工作后，应按鉴定评估委托书的约定时间及时将报告送交委托方。送交报告时，报告及有关文件要送交齐全。

二手车鉴定评估报告

【任务实施】

一、编制二手车鉴定评估报告

以下按 GB/T 30323—2013 规定，通过二手车鉴定评估报告实例，详细说明二手车鉴定评估报告编制的方法。

辽 A0963×二手车鉴定评估报告

沈阳千凫二手车评估中心 QX 评报字〔2023〕第 106 号

一、绪言

沈阳千凫二手车评估中心接受李××的委托，根据《二手车流通管理办法》和《二手车鉴定评估技术规范》等国家有关评估规定，本着客观、独立、公正、科学的原则，按照公认的评估方法，对牌号为辽 A0963× 的车辆进行了鉴定。本机构鉴定评估人员按照必要的程序，对委托鉴定评估的车辆进行了实地查勘与市场调查，并对其在 2023 年 05 月 09 日所表现的市场价值做出了公允反映。现将该车辆鉴定评估结果报告如下。

二、委托方信息

委托方：李××　委托方联系人：李××

联系电话：138×××××××× 　车主姓名/名称：李××

三、鉴定评估基准日

2023 年 05 月 09 日

四、鉴定评估车辆信息

厂牌型号：一汽丰田花冠 2020 款 1.6L 自动豪华版　牌照号码：辽 A0963×

发动机号：563723×××　车辆识别代码：LFV×××××××××××

车身颜色：灰　表征里程：4.6 万 km　初次注册登记日：2020 年 03 月

年审检验合格至：2023 年 9 月　交强险截止日期：2023 年 11 月

车船税截止日期：2023 年 12 月

是否为查封、抵押车辆：□是 ☑否　车辆购置税（费）证：☑有 □无

机动车登记证书：☑有 □无　机动车行驶证：☑有 □无

未接受处理的交通违法记录：□有　☑ 无

使用性质：□公务用车　☑ 家庭用车　□营运用车　□出租车　□其他_____

五、技术状况鉴定结果

技术状况缺陷描述：<u>前保险杠有划痕，面积大于 100mm×100mm，小于或等于 200mm×300mm；轮胎花纹深度小于 1.6mm；发动机皮带轻度老化；储物盒有裂纹；空调制冷较慢；行驶跑偏；油底壳有轻度渗油；随车工具不全。</u>

技术状况鉴定等级：<u>二级</u>。　等级描述：<u>该车技术状况鉴定得分为 89 分，根据二手车等级评定标准，因 60≤鉴定总分＜90，故评定为二级。</u>

六、价值评估

价值评估方法：□现行市价法　☑ 重置成本法　□其他_____。

价值评估结果：车辆鉴定评估价值为人民币 <u>83300</u> 元，金额大写：<u>捌万叁仟叁佰元整</u>。

七、特别事项[1]说明

无。

八、鉴定评估报告法律效力

本鉴定评估结果可以作为作价参考依据。本项鉴定评估结论有效期为 90 天，自鉴定评估基准日起至 <u>2023</u> 年 <u>8</u> 月 <u>9</u> 日止。

九、声明

（1）本鉴定评估机构对该鉴定评估报告承担法律责任。

（2）本报告所提供的车辆评估价值为评估基准日的价值。

（3）该鉴定评估报告的使用权归委托方所有，其鉴定评估结论仅供委托方为本项目鉴定评估目的使用和送交二手车鉴定评估主管机关审查使用，不适用于其他目的，否则本鉴定评估机构不承担相应法律责任；因使用本报告不当而产生的任何后果与签署本报告的鉴定评估人员无关。

（4）本鉴定评估机构承诺，未经委托方许可，不将本报告的内容向他人提供或公开，否则本鉴定评估机构将承担相应法律责任。

附件

一、二手车鉴定评估委托书（略）。

二、二手车技术状况鉴定作业表。

三、车辆行驶证、机动车登记证书证复印件（略）。

四、被鉴定评估二手车照片（略）。

二手车鉴定评估师（签字、盖章）×××　　　　复核人[2]（签字、盖章）×××

2023 年 5 月 9 日　　　　　　　　　　　　　2023 年 5 月 9 日

　　　　　　　　　　　　　　　　　　　　　　（二手车鉴定评估机构盖章）

[1] 特别事项是指在已确定鉴定评估结果的前提下，鉴定评估人员认为需要说明的在鉴定过程中已发现可能影响鉴定评估结论，但非鉴定评估人员执业水平和能力所能鉴定评估的有关事项以及其他问题。

[2] 复核人是指具有高级二手车鉴定评估师资格的人员。

备注：1. 本报告和作业表一式 3 份，委托方 2 份，受托方 1 份；

　　　2. 鉴定评估基准日即为"二手车鉴定评估委托书"签订的日期。

二、归档工作底稿

将"二手车鉴定评估报告"及其附件与工作底稿独立汇编成册，存档备查。档案保存年限一般不低于 5 年；鉴定评估目的涉及财产纠纷的，其档案至少应当保存 10 年；法律法规另有规定的，依其规定。

编制二手车鉴定评估报告

【任务考核】

（1）小组学生根据实训工单 2.1、实训工单 2.2 和实训工单 3.1，编写二手车鉴定评估报告（实训工单 3.2），并完成实训工单 3.2 的附件。

（2）教师审阅学生提交的二手车鉴定评估报告，给出评价。

【学习效果检验】

具体内容见实训手册。

任务 3.3　引导客户办理二手车交易后续业务

【任务分析】

当编制完二手车鉴定评估报告并提交给客户后，一个完整的二手车鉴定评估工作过程就算完成了。但对于二手车鉴定评估人员，经常会被客户咨询，如"如果有人买下了我的车，给我钱后，我把车给他就结束了吗？还需要办什么手续吗？"等。对于这类咨询，二手车鉴定评估人员有义务给予指导。

二手车交易是一种产权交易，实现二手车所有权从卖方到买方的转移过程。二手车必须完成过户登记才算是合法、完整的交易。二手车交易必须符合《二手车交易规范》的相关规定，并按照规定的程序进行。

凡销往外地的二手车，交易完成后，均需办理二手车的转出登记和转入登记，统称为二手车的转移登记。二手车转移登记必须符合《机动车登记规定》，并按照规定的程序进行。

本任务主要学习二手车达成交易后，还应该办理的相关手续及办理流程。

【学习目标】

1. 知识目标

（1）能够正确描述机动车注册登记、过户登记、变更登记、转出登记和转入登记的含义及要求。

（2）熟悉二手车直接交易、销售交易、拍卖交易及二手车转移登记的标准程序。

（3）能够正确描述二手车交易合同的种类及各类型交易合同应包含的主要内容。

2．能力目标

能够引导客户办理二手车交易过户业务，二手车登记过户业务，其他税、证变更业务，拍卖委托业务和转移登记业务。

3．素质目标

（1）具备热心服务的职业素养。

（2）具备遵纪守法、国家利益高于一切等综合素养。

【相关知识学习】

一、机动车相关登记

1．过户登记

过户登记是指已注册登记的机动车的所有权发生转移，且原机动车所有人和现机动车所有人的住所在同一车辆管理所管辖区的，现机动车所有人应当于车辆所有权转移之日起 30 日内，到机动车管辖区车辆管理所申请办理过户登记手续。

（1）主要证明材料。过户登记所需的主要证明材料有现机动车所有人的身份证明、机动车登记证书、机动车行驶证、机动车来历证明、申请办理过户登记的机动车标准照片。

（2）过户登记事项。现机动车所有人的姓名或者单位名称，身份证号码或者单位代码，过户登记的日期，其他事项与注册登记时的基本相同。需要特别注意的是，并不是所有机动车都可办理过户登记手续。车辆有下列情形之一的，不予办理过户登记手续。

① 已经达到国家《机动车强制报废标准规定》以及各地方制定的有关报废规定、报废标准的机动车，或者属于利用报废车辆的零部件拼（组）装的机动车。

② 机动车与该车的机动车档案记载的事项不一致的。

③ 机动车未解除海关监管的。

④ 机动车办理了抵押登记的。

⑤ 机动车或者机动车档案被人民法院、人民检察院、行政执法部门依法查封扣押的。

⑥ 机动车所有人提交的资料无效的。

⑦ 机动车所有人的身份证明记载的姓名或者单位名称与机动车来历证明记载的姓名或者单位名称不一致的。

⑧ 机动车来历证明（海关监管车辆除外）、车辆购置税的完税证明或者免税证明记载的内容与机动车不一致的。

⑨ 机动车所有人的住所不在该车辆管理所管辖区内的。

⑩ 机动车环保或安全检验不符合强制性国家标准规定的。

⑪ 机动车属于被盗抢骗的。

2．变更登记

变更登记是指机动车注册登记之后，如果车主改变了姓名、住址，更改了车身颜色或发动机等，须向车辆管理所申请变更登记，在机动车登记证书上记载变更登记事项，交回原机动车行驶证，领取重新核发的机动车行驶证。

机动车变更登记不仅是车主的义务，也是此后二手车交易时所必须首先完成的，否则将无法顺利办理过户手续。有下列情形之一的，应当申请变更登记。

（1）机动车所有人更改姓名、单位名称或者身份证号码的。

（2）机动车所有人住所在本市范围内改变的。

（3）改变车身颜色的。

（4）更换发动机或者改变燃料种类的。

（5）因故损坏无法修复，需要更换同型号车身或者车架的。

（6）因质量问题，制造厂家给机动车所有人更换整车或者更换同型号发动机、车身、车架的。

目前，机动车变更登记手续不断简化，大多数的变更登记可以先变更后申请。

3．转出登记

转出登记是指已注册登记机动车所有人的住所迁出原车辆管理所管辖区的，或者机动车所有权发生转移且现机动车所有人的住所不在原车辆管理所管辖区的，现机动车所有人于住所迁出或者机动车所有权转移之日起 30 日内，向机动车管辖地车辆管理所申请办理转出登记手续。在办理转出登记手续时，机动车应在环保和安全检验合格有效期内。二手车的异地交易都涉及二手车的转出登记，登记事项包括机动车获得方式，机动车来历证明的名称、编号（进口机动车进口凭证的名称、编号），机动车销售单位或者交易市场的名称和机动车销售价格等。

4．转入登记

转入登记是指已注册登记机动车所有人的住所迁入新的车辆管理所管辖区且在原车辆管理所已办理转出登记的，或者机动车所有权发生转移且现机动车所有人的住所不在原车辆管理所管辖区，并已在原车辆管理所办理了转出登记的，现机动车所有人应当自办理转出登记之日起 90 日内，向现机动车管辖地车辆管理所申请转入登记。二手车的异地交易都需办理二手车的转入登记手续。

办理转入登记的机动车须符合转入地的环保规定，在这一方面，对于从环保要求较低的地区向环保要求高的中心城市转入时的二手车交易，要给予特别注意。转入登记事项除了有关保险的内容外，其他内容都与转出登记时的相同。办理转入登记手续所需的材料包括机动车所有人的身份证件、机动车登记证书、机动车档案、申请办理转入登记的机动车标准照片等。其办理流程与新车注册登记相似。

5．抵押登记

抵押登记是指机动车所有人作为抵押人，将机动车作为抵押物，并与抵押权人一起，到车辆管理所或车管分所办理抵押登记。办理抵押登记手续时需提交的材料包括机动车抵押/注销抵押登记申请表、身份证明、机动车登记证书、机动车行驶证、车辆识别代号和发动机号拓印膜等。解除抵押时，抵押人、抵押权人需共同向车辆管理所申请办理解除抵押登记手续。

6．注销登记

注销登记是指已注册登记的机动车，在达到了国家或地方规定的报废标准、灭失或者因故不在我国境内道路上使用的，机动车所有人到机动车管辖地车辆管理所申请办理注销登记手续。办理注销登记手续时，车辆管理所在机动车登记证书上记载注销登记事项，收回机动车号牌、机动车行驶证和机动车登记证书。对于因机动车灭失无法交回机动车号牌和机动车行驶证的，将公告该机动车号牌和机动车行驶证作废。

二、二手车交易合同

1．订立合同的基本准则

二手车交易合同是指二手车经营公司、经纪公司与法人、其他组织和自然人相互之间为实现二手车交易的目的，明确相互权利义务关系所订立的协议。

订立二手车交易合同时须遵守以下基本原则。

（1）合法原则。订立二手车交易合同，必须遵守法律和行政法规。合同的内容及订立合同的程序、形式只有与法律法规相符合，才具有法律效力，当事人的合法权益才可得到保护。任何单位和个人都不得利用经济合同进行违法活动，扰乱市场秩序，损害国家和社会利益，牟取非法收入。

（2）平等互利、协商一致原则。订立合同的当事人法律地位一律平等，任何一方不得以大欺小、以强凌弱，把自己的意愿强加给对方，双方都必须在完全平等的地位上签订二手车交易合同。二手车交易合同应当在当事人之间充分协商、意思表示一致的基础上订立，采取胁迫、乘人之危、违背当事人真实意志而订立的合同都是无效的，也不允许任何单位和个人进行非法干预。

2．合同的主体

二手车交易合同主体是指为了实现二手车交易目的，以自己名义签订交易合同，享有合同权利、承担合同义务的组织和个人。根据《中华人民共和国民法典（合同篇）》的规定，我国合同当事人按其法律地位来划分，可分为法人、其他组织和自然人3种。

（1）法人。法人是指具有民事权利能力和民事行为能力，依法独立享有民事权利和承担民事义务的组织，它必须具备以下条件。

① 依法成立。

② 有必要的财产或经费。

③ 有自己的名称、场所和组织机构。

④ 能够独立承担民事责任。包括企业法人、机关法人、事业单位法人和社会团体法人。

（2）其他组织。其他组织是指合法成立、有一定的组织机构和财产，但又不具备法人资格的组织，如私营独资企业、合伙组织和个体工商户。

（3）自然人。自然人是指具有完全民事行为能力，可以独立进行民事活动的人。

3．合同的内容

二手车交易合同的内容包括主要条款和其他条款两部分。

（1）主要条款。

① 标的。标的指合同当事人双方权利义务共同指向的对象，可以是物也可以是行为。二手车交易合同的标的是被交易的二手车。

② 数量。

③ 质量。质量是标的内在因素和外观形态优劣的标志，是标的满足人们一定需求的具体特征，如二手车技术状况的简要描述。

④ 履行期限、地点和方式。

⑤ 违约责任。

⑥ 根据法律规定或按合同性质必须具备的条款及当事人一方要求必须规定的条款。

（2）其他条款。它包括合同的包装要求、某种特定的行业规则和当事人之间交易的惯有规则。

4．合同的变更和解除

（1）合同的变更。合同的变更通常是指依法成立的交易合同尚未履行或未完全履行时，当事人就其内容进行修改和补充而达成的协议。

合同的变更必须以有效成立的合同为对象，凡未成立或无效的合同，不存在变更问题。合同的变更应在原合同的基础上，达成一个或几个新的合同作为修正，以新协议代替原协议。所以，合同的变更作为一种法律行为，使原合同的权利义务关系消灭，新权利义务关系产生。

（2）合同的解除。合同的解除是指交易合同订立后，没有履行或没有完全履行时，当事人依法提前终止合同。

（3）合同变更和解除的条件。凡发生下列情况之一，允许变更或解除合同。

① 当事人双方经协商同意，并且不因此损害国家利益和社会公共利益。国家利益高于一切，积极维护国家利益是二手车鉴定评估人员的基本职责。

② 由于不可抗力致使合同的全部义务不能履行。

③ 另一方在合同约定的期限内没有履行合同。

5．违约责任

违约责任是指交易合同一方或双方当事人，由于自己的过错造成合同不能履行或不能完全履行，依照法律或合同约定必须承受的法律制裁。

（1）违约责任的性质。

① 等价补偿。凡是已给对方当事人造成财产损失的，应当承担补偿责任。

② 违约惩罚。合同当事人违反合同的，无论这种违约是否已经给对方当事人造成财产损失，都要依照法律规定或合同约定，承担相应的违约责任。

（2）承担违约责任的条件。

① 要有违约行为。要追究违约责任，必须要有合同当事人不履行或不完全履行的违约行为。它可分为作为违约和不作为违约。

② 行为人要有过错。过错是指当事人违约行为主观上出于故意或过失。故意是指当事人应当预见自己的行为会产生一定的不良后果，但仍用积极的不作为或者消极的不作为希望或放任这种后果的发生；过失是指当事人对自己行为的不良后果应当预见或能够预见，而由于疏忽大意没有预见或虽已预见但轻信可以避免，以致产生不良后果。

（3）承担违约责任的方式。

① 违约金。违约金指合同当事人因过错不履行或不适当履行合同，依据法律规定或合同约定，支付给对方一定数额的货币。

② 赔偿金。赔偿金指合同当事人一方过错违约给另一方当事人造成损失超过违约金数额时，由违约方当事人支付给对方当事人的一定数额的补偿货币。

③ 继续履行。赔偿金指合同违约方支付违约金、赔偿金后，应对方的要求，在对方指定或双方约定的期限内，继续完成没有履行的那部分合同义务。

违约方在支付了违约金、赔偿金后，合同关系尚未终止，违约方有义务继续按约履行，最终实现合同目的。

6．合同纠纷处理方式

合同纠纷是指合同当事人之间因对合同的履行状况及不履行的后果所发生的争议。我国合同纠纷的解决方式一般有协商解决、调解解决、仲裁和诉讼4种。

（1）协商解决。协商解决是指合同当事人之间直接磋商，自行解决彼此间发生的合同纠纷。这是合同当事人在自愿、互谅互让基础上，按照法律、法规的规定和合同的约定，解决合同纠纷的一种方式。

（2）调解解决。调解解决是指由合同当事人以外的第三人（交易市场管理部门或二手车交易管理协会等）出面调解，使争议双方在互谅互让基础上自愿达成解决纠纷的协议。

（3）仲裁。仲裁是指合同当事人将合同纠纷提交国家规定的仲裁机关，由仲裁机关对合同纠纷做出裁决的一种活动。

（4）诉讼。诉讼是指合同当事人之间发生争议而合同中未规定仲裁条款或发生争议后也未达成仲裁协议的情况下，由当事人一方将争议提交有管辖权的法院，按诉讼程序审理做出判决的活动。

7．二手车交易合同的种类

根据《二手车流通管理办法》规定，二手车交易双方应该签订交易合同，要在合同中对二手车的状况、来源的合法性、费用负担以及出现问题的解决方法等方面进行约定，以便分清各自的责任和义务。

《二手车流通管理办法》第十六条规定，进行二手车交易应当签订合同。合同示范文本由国务院工商行政管理部门制定。

二手车交易合同

二手车交易合同按当事人在合同中处于出让、受让或居间中介的不同情况，可分为二手车买卖合同和二手车居间合同两种。

（1）二手车买卖合同（式样）。

二手车买卖合同

合同编号：＿＿＿＿＿＿＿＿＿＿＿＿＿＿＿

签订时间：＿＿＿＿＿年＿＿＿＿＿月＿＿＿＿＿日

甲方：（售车方）＿＿＿＿＿＿＿＿＿＿

乙方：（购车方）＿＿＿＿＿＿＿＿＿＿

第一条　目的

依据国家有关法律、法规和本市有关规定，甲、乙双方在自愿、平等和协商一致的基础上，就订立二手车买卖合同，并完成其他委托的服务事项达成一致，订立本合同。

第二条　当事人及车辆情况

一、甲方（售车方）基本情况

（1）单位代码证号□□□□□□□□□□□□□□□-□，经办人＿＿＿＿＿＿＿＿＿＿，身份证号码□□□□□□□□□□□□□□□□□□。

单位地址＿＿＿＿＿＿＿＿＿＿＿＿＿＿＿＿＿＿＿＿＿＿，联系电话＿＿＿＿＿＿＿＿＿＿。

（2）自然人身份证号码□□□□□□□□□□□□□□□□□□。

现常住地址＿＿＿＿＿＿＿＿＿＿＿＿＿＿＿＿＿＿＿＿，联系电话＿＿＿＿＿＿＿＿＿＿。

二、乙方（购车方）基本情况

（1）单位代码证号□□□□□□□□□□□□□□□-□，经办人＿＿＿＿＿＿＿＿＿＿，身

份证号码□□□□□□□□□□□□□□□□□□。

单位地址_____，联系电话_____。

（2）自然人身份证号码□□□□□□□□□□□□□□□□□□。

现常住地址_____，联系电话_____。

三、出售车辆基本情况

车辆牌号_____，车辆类别_____。

厂牌型号_____，颜色_____。

初次注册登记日_____，登记证号_____。

发动机号码_____，车架号_____。

行驶里程_____km，允许使用年限至_____年_____月_____日。

车辆年检签证有效期至_____年_____月。

车辆购置税完税证明号_____/免税缴纳（有证/无证）。

车辆保险险种：1._____　2._____　3._____　4._____。

保险有效期截止日期：_____年_____月_____日。

配置：_____
_____

其他情况：_____
_____

第三条　车辆价款

经协商一致，本车价款定为人民币_____元（大写：_____元），上述
价款包括车辆、备胎及_____等附件。

过户手续费为人民币_____元（大写：_____元），
由_____方负责。

第四条　付款及交付、过户

1. 乙方于合同签订后（当日/____日）内支付价款____%（人民币：_____元，大写：
_____元）作为定金支付给甲方；支付方式____（现金/指定账户）。

2. 甲方于合同签订（当日/____日）内，将本车（过户/转籍）所需的有关证件原件及复
印件交付给____方，由____方负责办理（过户/转籍）手续。

3. 乙方于（过户/转籍）事项完成后（当日/____日）内向甲方支付剩余价款（人民币
____元，大写：_____元）；支付方式____（现金/指定账户）。

第五条　双方的权利和义务

1. 甲方承诺车辆出让时不存在任何权属上的法律问题和各类尚未处理完毕的交通违章
记录，所提供的证件、证明均真实、有效，无伪造情况；否则，致使出让车辆不能过户、转
籍的，乙方有权单方解除本合同或终止本合同的履行，甲方应接收退回的车辆，并向乙方双
倍返还定金和支付实际发生的费用。

____方如在收取有关文件、证明后___日内未办理（过户/转籍）手续或由于____方的过
失导致（过户/转籍）手续不能办理或不能在合理期限内完成（双方约定该合理期限为收取文
件、证明后的___日内），除非有正当理由或不可抗力，否则___方可单方终止本合同，并要
求___方双倍返还定金和支付实际发生的费用。

2. 乙方承诺已对受让车辆的配置、技术状况和原使用性质了解清楚，该车能根据居住

管辖区车辆落籍规定办理落籍手续。如由于乙方的过失导致（过户/转籍）手续不能办理，则甲方可单方终止本合同，并不返还定金，已经发生的费用应由乙方承担。

本合同签订后，乙方如未按本合同规定的时间支付定金，甲方有权单方解除本合同，并要求乙方赔偿相应的经济损失。

第六条　合同在履行中的变更及处理

本合同在履行期间，任何一方要求变更合同条款的，应及时书面通知对方，并征得对方的同意后，在约定的时限＿＿日内，签订补充条款，注明变更事项。未书面告知对方，并征得对方同意，擅自变更造成的经济损失，由责任方承担。

本合同履行期间，双方因履行本合同而签署的补充协议及其他书面文件，均为本合同不可分割的一部分，具有同等效力。

第七条　违约责任

甲、乙双方如发生违约行为，违约方给守约方造成的经济损失，由守约方按照法律、法规的有关规定和本合同有关条款追偿。

第八条　风险承担

本车在过户、转籍手续完成前由甲方作为所有人承担一切风险责任；本车在过户、转籍手续完成后由乙方作为所有人承担一切风险责任。

第九条　其他规定

本合同未约定的事项，按照有关法律、法规的规定执行。

第十条　发生争议的解决办法

甲、乙双方在履行本合同过程中发生争议，由双方协商解决；协商不成功的，提请二手车交易市场或二手车交易管理协会调解。调解成功的，双方应当履行调解协议；调解不成功的，按本合同约定的下列第＿＿项进行解决：

1. 向仲裁委员会申请仲裁；
2. 向法院提起诉讼。

第十一条　合同效力和订立数量

本合同内，空格部分填写的文字，其效力优于印刷文字的效力。本合同所称"日"，均指工作日。

本合同经双方当事人签字、盖章后生效。本合同一式三份，由甲方、乙方、二手车交易市场各执一份，均具有同等的法律效力。

　　甲方（出售方）名称：＿＿＿＿＿＿＿＿＿＿＿＿＿＿＿＿＿＿

　　法定代表人/自然人（签章）：＿＿＿＿＿＿＿＿＿＿＿＿

　　经办人（签章）：＿＿＿＿＿＿＿＿＿＿＿＿＿＿＿＿

　　开户银行：＿＿＿＿＿＿＿＿＿＿＿＿＿＿＿＿＿＿＿＿

　　账号：＿＿＿＿＿＿＿＿＿＿＿＿＿＿＿＿＿＿＿＿＿＿

　　乙方（购车方）名称：＿＿＿＿＿＿＿＿＿＿＿＿＿＿＿＿＿＿

　　法定代表人/自然人（签章）：＿＿＿＿＿＿＿＿＿＿＿＿

　　经办人（签章）：＿＿＿＿＿＿＿＿＿＿＿＿＿＿＿＿

　　开户银行：＿＿＿＿＿＿＿＿＿＿＿＿＿＿＿＿＿＿＿＿

　　账号：＿＿＿＿＿＿＿＿＿＿＿＿＿＿＿＿＿＿＿＿＿＿

（2）二手车居间合同（式样）。

二手车居间合同

合同编号：_____

签订时间：_____年_____月_____日

委托出售方（简称甲方）：_____

居间方：_____

委托购买方（简称乙方）：_____

第一条 目的

依据国家有关法律、法规和本市有关规定，三方在自愿、平等和协商一致的基础上，就居间方接受甲、乙双方的委托，促成甲、乙双方二手车交易，并完成其他委托的服务事项达成一致，订立本合同。

第二条 当事人及车辆情况

一、甲方基本情况

（1）单位代码证号□□□□□□□□□□□□□-□，经办人_____，身份证号码□□□□□□□□□□□□□□□□□□。

单位地址_____，联系电话_____。

（2）自然人身份证号码□□□□□□□□□□□□□□□□□□。

现常住地址_____，联系电话_____。

二、乙方基本情况

（1）单位代码证号□□□□□□□□□□□□□-□，经办人_____，身份证号码□□□□□□□□□□□□□□□□□□。

单位地址_____，联系电话_____。

（2）自然人身份证号码□□□□□□□□□□□□□□□□□□。

现常住地址_____，联系电话_____。

三、出售车辆基本情况

车辆牌号_____，车辆类别_____

厂牌型号_____，颜色_____

初次注册登记日_____，登记证号_____

发动机号码_____，车架号_____

行驶里程_____km，允许使用年限至_____年_____月_____日。

车辆年检签证有效期至_____年_____月。

车辆购置费完税证明号_____/免税缴纳（有证/无证）。

车辆保险险种：1._____ 2._____ 3._____ 4._____。

保险有效期截止日期：_____年_____月_____日。

配置：_____

_____

其他情况：_____

_____。

第三条 车辆价款

经协商一致，本车价款定为人民币_____元（大写：_____元），上述价款包括车辆、备胎及_____等附件。

过户手续费为人民币_____元（大写：_____元），
由_____方负责。

第四条　付款及交付、过户

1. 乙方于合同签订后（当日/____日）内支付价款____%（人民币：_____元，大写：_____元）作为定金支付给甲方；支付方式____（现金/指定账户）。

2. 甲方于合同签订（当日/____日）内，将本车存放于居间方指定地点，由居间方和乙方查验认可，出具查验单后，由居间方代为保管或三方约定由甲方继续使用本车。甲方于合同签订后____日内将本车有关证件原件及复印件交付给乙方，并协助乙方办理过户手续。

3. 乙方于(过户/转籍)事项完成后(当日/____日)内向甲方支付剩余价款(人民币____元，大写：_____元)；支付方式____（现金/指定账户）。

第五条　佣金标准、数额、收取方式和退赔

（一）居间方已完成本合同约定的委托人甲方委托的事项，委托人甲方按照下列第____种方式计算支付佣金（任选一种）。

1. 按照该二手车成交价_____的____%，具体数额为人民币_____元作为佣金支付给居间方。

2. 按双方约定，佣金为人民币_____元，支付给居间方。

（二）居间方已完成本合同约定的委托人乙方委托的事项，委托人乙方按照下列第____种方式计算支付佣金（任选一种）。

1. 按照该二手车成交价_____的____%，具体数额为人民币_____元作为佣金支付给居间方。

2. 按双方约定，佣金为人民币_____元，支付给居间方。

（三）居间方未完成本合同委托事项，按照下列约定退还佣金。

1. 居间方未完成委托人甲方委托的事项，将按本合同约定收取佣金的____%，具体数额为人民币_____元退还给委托人甲方，已发生费用由居间方承担。

2. 居间方未完成委托人乙方委托的事项，将按本合同约定收取佣金的____%，具体数额为人民币_____元退还给委托人乙方，已发生费用由居间方承担。

第六条　甲方的权利和义务

甲方承诺车辆出让时不存在任何权属上的法律问题和各类尚未处理完毕的交通违章记录，所提供的证件、证明均真实、有效，无伪造情况；否则，致使出让车辆不能过户、转籍的，乙方有权单方解除本合同或终止本合同的履行，甲方应接收退回的车辆，全额退回车款，向居间方支付佣金和实际发生的费用，并承担赔偿责任。

本合同有效期内，甲方委托出让的车辆根据本合同约定将本车存放在指定的地点，并按规定支付停车费，因保管不善造成车辆毁损、灭失的，由责任方承担赔偿责任。

甲方不提供相关文件、证明，或未按本合同第四条第二款的约定将本车存放于指定地点，除非有正当理由或不可抗力，否则乙方有权终止本合同并要求双倍返还定金。

第七条　乙方的权利和义务

本合同签订后，乙方应向居间方预付定金（人民币：_____元，大写：_____元）。

乙方履行合同后，定金抵作乙方应当支付给居间方的佣金。如乙方违约，乙方无权要求返还定金并支付实际发生的费用；如居间方违约，应当双倍返还定金。

乙方如未按本合同规定的时间支付定金，甲方有权单方解除本合同，并要求乙方赔偿相

应的经济损失。

乙方如拒绝接受甲方提供的文件、证明，除非有正当理由或不可抗力，否则甲方可单方终止本合同，并不返还定金。

乙方如在收取有关文件、证明后＿＿日内未办理（过户/转籍）手续或由于乙方的过失导致（过户/转籍）手续不能办理或不能在合理期限内完成（双方约定该合理期限为收取文件、证明后的＿＿日内）。除非有正当理由或不可抗力，否则甲方可单方终止本合同，并不返还定金，已经发生的费用应由乙方承担。

第八条 居间方的权利和义务

居间方应向甲、乙双方出示营业执照等有效证件。

居间方的执业经纪人应向甲、乙双方出示经纪执业证书，并应亲自处理委托事务，未经甲、乙双方同意，不得转让委托。

居间方应按照甲、乙双方的要求处理委托事务，报告委托事务处理情况，为甲、乙双方保守商业秘密。

居间方应按约定或规定收取甲、乙双方支付的款项并开具收款凭证。

居间方不得采取胁迫、欺诈、贿赂和恶意串通等手段促成交易。

居间方不得伪造、涂改、买卖交易文件、证明和凭证。

第九条 合同在履行中的变更及处理

本合同在履行期间，任何一方要求变更合同条款的，应及时书面通知对方，并征得对方的同意后，在约定的＿＿日内，签订补充条款，注明变更事项。未书面告知对方并征得对方同意，擅自变更造成的经济损失，由责任方承担。

本合同履行期间，三方因履行本合同而签订的补充协议及其他书面文件，均为本合同不可分割的一部分，具有同等效力。

第十条 违约责任

1. 三方商定，居间方有下列情况之一时，应承担违约责任：

（1）无正当理由解除合同；

（2）与他人私下串通，损害委托人甲、乙双方利益；

（3）因其他过失影响委托人甲、乙双方交易。

2. 三方商定，委托人甲、乙双方有下列情况之一时，应承担违约责任：

（1）无正当理由解除合同；

（2）未能按照合同提供必要的文件、证明和配合，造成居间方无法履行合同；

（3）相互或与他人私下串通，损害居间方利益；

（4）其他造成居间方无法完成委托事项的行为。

3. 三方商定，发生上述违约行为的，按照合同约定佣金总数的＿＿%，计人民币违约金＿＿元支付给各守约方。违约方给各守约方造成的其他经济损失，由守约方按照法律、法规的有关规定追偿。

第十一条 风险承担

本车在过户、转籍手续完成前由甲方作为所有人承担一切风险责任；本车在过户、转籍手续完成后由乙方作为所有人承担一切风险责任。

第十二条 其他规定

本合同未约定的事项，按照有关法律、法规的规定执行。

第十三条　发生争议的解决办法

三方在履行本合同过程中发生争议，由三方协商解决；协商不成功的，提请二手车交易市场或二手车交易管理协会调解。调解成功的，三方应当履行调解协议；调解不成功的，按本合同约定的下列第＿＿＿项进行解决：

1. 向仲裁委员会申请仲裁；

2. 向法院提起诉讼。

第十四条　合同效力和订立数量

本合同内，空格部分填写的文字，其效力优于印刷文字的效力。本合同所称"日"，均指工作日。

本合同经三方当事人签字、盖章后生效。本合同一式四份，由甲方、乙方、居间方、二手车交易市场各执一份，均具有同等的法律效力。

委托出售方（甲方）：＿＿＿＿＿＿＿＿＿＿＿＿＿＿＿＿＿＿＿＿＿＿＿

法定代表人/自然人（签章）：＿＿＿＿＿＿＿＿＿＿＿＿＿＿＿＿＿＿＿＿

经办人（签章）：＿＿＿＿＿＿＿＿＿＿＿＿＿＿＿＿＿＿＿＿＿＿＿＿＿

开户银行：＿＿＿＿＿＿＿＿＿＿＿＿＿＿＿＿＿＿＿＿＿＿＿＿＿＿＿＿

账号：＿＿＿＿＿＿＿＿＿＿＿＿＿＿＿＿＿＿＿＿＿＿＿＿＿＿＿＿＿＿

居间方（名称）：＿＿＿＿＿＿＿＿＿＿＿＿＿＿＿＿＿＿＿＿＿＿＿＿＿

营业执照注册号：＿＿＿＿＿＿＿＿＿＿＿＿＿＿＿＿＿＿＿＿＿＿＿＿＿

法定代表人（签章）：＿＿＿＿＿＿＿＿＿＿＿＿＿＿＿＿＿＿＿＿＿＿＿

执业经纪人（签章）：＿＿＿＿＿＿＿＿＿＿＿＿＿＿＿＿＿＿＿＿＿＿＿

执业经纪证书（编号）：＿＿＿＿＿＿＿＿＿＿＿＿＿＿＿＿＿＿＿＿＿＿

开户银行：＿＿＿＿＿＿＿＿＿＿＿＿＿＿＿＿＿＿＿＿＿＿＿＿＿＿＿＿

账号：＿＿＿＿＿＿＿＿＿＿＿＿＿＿＿＿＿＿＿＿＿＿＿＿＿＿＿＿＿＿

委托购买方（乙方）：＿＿＿＿＿＿＿＿＿＿＿＿＿＿＿＿＿＿＿＿＿＿＿

法定代表人/自然人（签章）：＿＿＿＿＿＿＿＿＿＿＿＿＿＿＿＿＿＿＿＿

经办人（签章）：＿＿＿＿＿＿＿＿＿＿＿＿＿＿＿＿＿＿＿＿＿＿＿＿＿

开户银行：＿＿＿＿＿＿＿＿＿＿＿＿＿＿＿＿＿＿＿＿＿＿＿＿＿＿＿＿

账号：＿＿＿＿＿＿＿＿＿＿＿＿＿＿＿＿＿＿＿＿＿＿＿＿＿＿＿＿＿＿

三、二手车交易程序

二手车交易不像一般商品交易那么简单，需要遵守相关的政策规定，按照一定的交易程序进行，这样才能保障买卖双方的利益。不论是哪一种交易类型，都必须办理过户相关手续，实现车辆所有权变更。目前，我国没有统一的二手车交易程序标准，各地二手车交易市场完成二手车交易过程的程序可能有差异，但主要程序是基本相同的。根据二手车交易类型和开具销售发票的权限，二手车交易程序有直接交易程序、销售交易程序和拍卖交易程序3种。

1．直接交易程序

个人之间完成的二手车交易称为直接交易。对于直接交易和通过二手车经纪机构进行的二手车交易，卖方不能直接给买方开具二手车销售统一发票。根据《二手车流通管理办法》规定，买卖双方达成交易意向后应当到当地二手车交易市场办理过户业务，由二手车交易市场经营者按规定向买方开具税务机关监制的二手车销售统一发票（发票上必须盖有工商验证章才有效），以便办理车辆相关证件及变更手续。直接交易程序如图 3-1 所示。

图 3-1　直接交易程序

（1）买卖双方达成交易意向。买卖双方达成交易意向是指买卖双方已就二手车交易谈妥了相关条件（如成交价格），达成的成交愿望。交易意向的达成是买卖双方的谈判过程，一旦谈妥就可以进入办理过户的相关手续，完成交易。

（2）车辆评估。二手车鉴定评估是买卖双方达成交易意向后自愿选择的项目。在 2005 年 12 月实施《二手车流通管理办法》以前，二手车买卖过程中，二手车交易市场会对车辆进行评估定价，然后在评估价格的基础上收取 2.5%的过户费。实际上，这种评估成了一种强制性规定。但是，由于缺乏统一的标准和规范，导致车辆评估的随意性比较大，评估结果可信度低，强制评估实际上成了收取过户费的工具。《二手车流通管理办法》实施以后明确规定，二手车交易时，除属国有资产的二手车外，二手车鉴定评估应本着买卖双方自愿的原则，不得强制执行，更不能以此为依据强制收取评估费。

消费者要求鉴定评估的目的主要有两个：一是想通过鉴定评估了解二手车的技术状况，尤其是发现车辆存在的故障和安全隐患；二是了解二手车的真实价值。对不熟悉汽车性能的普通消费者来说，在购买二手车时，委托二手车鉴定评估机构做鉴定评估还是十分必要的，但一定要委托正规的、有资质的第三方鉴定评估机构（如二手车鉴定评估中心、资产评估事务所、价格认证中心），并签订鉴定评估委托书，以使自己的权益得到保障。消费者得到的鉴定评估结果是二手车鉴定评估报告，由鉴定评估机构签章后生效，作为车辆交易的参考。

（3）办理过户业务。由二手车交易市场开具二手车交易发票。

（4）办理机动车行驶证、机动车登记证书变更手续。由当地车管所重新核发行驶证或车辆号牌，在机动车登记证书上记载变更事项。

（5）办理其他税、证变更手续。由地方税务局完成车辆购置税完税证明变更，由保险公司完成车辆相关保险的变更。

直接交易程序

2. 销售交易程序

由于二手车销售企业能够直接给购车者开具二手车销售统一发票，所以只要购车者和二手车销售企业达成交易意向，双方即可签订二手车交易合同，购车者付清车款后，企业按规定给购车者开具二手车销售统一发票，然后购车者就可以携带发票和要求的证件去相关部门办理车辆相关证件及变更手续。这种交易程序如图 3-2 所示。有关车辆的合法手续，二手车经销企业在收购车辆时已经查验过，可以通过二手车交易合同加以保证。

3. 拍卖交易程序

根据《二手车流通管理办法》规定，二手车拍卖企业也能够直接给买受人开具二手车销售统一发票，所以在拍卖会结束后，买受人和拍卖企业签订成交确认书（相当于二手车交易合同），交款得到二手车销售统一发票，凭成交确认书到指定地点提车，然后携带发票和要求的证件去相关部门办理车辆相关证件及变更手续。拍卖交易程序如图 3-3 所示。有些拍卖企业虽然有二手车拍卖业务，但没有开具二手车销售统一发票的资格，此时，在交款后需要到指定的二手车交易市场办理相关过户手续，由市场按规定开具二手车销售统一发票。

图 3-2　销售交易程序　　　　　　图 3-3　拍卖交易程序

有关车辆的合法性手续，二手车拍卖企业在接受拍卖委托时已经查验过，可以通过二手车拍卖成交确认书加以保证。

四、机动车转移登记程序

二手车交易像商品房交易一样属于产权交易范畴，涉及相关的证明文件和必要手续。二手车交易后必须办理这些证明文件的转移登记手续，手续完备、合法地成交。根据买卖双方的住所是否在同一车辆管理所管辖区内，机动车产权转移登记可分为同一车辆管理所管辖区内的所有权转移登记（即同城转移登记，也称过户登记）和不同车辆管理所管辖区的所有权转移登记（即异地转移登记）两种方式。

二手车同城转移登记应当在原车辆注册登记所在地公安机关交通管理部门办理。需要进行异地转移登记的，在车辆原属地公安机关交通管理部门办理车辆转出手续，在接收地公安机关交通管理部门办理车辆转入手续。目前国内很多城市均可办理二手车异地转移登记，即二手车的转出和转入均在交易地车辆管理部门一站式办理，大大简化了办理程序。机动车转移登记程序如图3-4所示。

图 3-4　机动车转移登记程序

五、机动车档案管理

机动车档案管理是指车辆管理所对每辆机动车建立档案，任何单位和个人不得擅自修改、涂抹、故意损毁或者伪造机动车档案。机动车档案从办理注销登记之日起保存2年后销毁。

机动车所有人如需查询本人的机动车档案，可携带身份证和机动车登记证书，到车辆管理所按照查阅档案的有关规定进行查询。人民法院、人民检察院、公安机关或者其他行政执法部门、纪检监察部门以及公证机构、仲裁机构、律师事务机构因办案需要，可按法定程序到车辆管理所查阅机动车档案；人民法院、人民检察院、公安机关或者其他行政执法部门可依法查封机动车档案。

【任务实施】

一、引导客户办理交易过户手续

二手车过户过程实际上分为两个步骤，即交易过户和登记过户。交易过户在二手车交易市场办理，获取二手车销售统一发票；登记过户在车管所办理，主要完成机动车登记证书的变更登记、核发机动车行驶证及机动车号牌。

二手车交易时，如果原车主不能到场，可以授权委托其他人来办理交易及过户手续，但必须签署授权委托书。此授权委托书只在办理交易过户时使用，而办理登记过户时不用。典型的授权委托书式样如下。

授权委托书

现有二手车一辆，车辆号牌为_____，车辆型号为_____，需出售。现委托_____以委托人的名义办理上述二手车的交易、过户事宜。

委托人（签章）_____

___年___月___日

注：1. 此原件（或复印件）应由委托人主动向购买二手车的当事人提供，并为"×××二手车买卖合同"的附件。

2. 以下手续由本委托人提供：①车辆登记证书原件；②本人身份证或单位法人代码证书；③车辆行驶证原件；④购车发票。

1．验车

验车是买卖双方到二手车交易市场办理交易过户业务的第一道程序，由市场主办方委派负责过户的业务人员办理。验车的目的主要是检查车辆和行驶证上的内容是否一致，对车辆的合法性进行验证。检查的内容包括车主姓名、车辆名称、车辆的号牌号码、车辆类型、车辆识别代号、发动机号、排气量、初次注册登记日等，经检查无误后，填写车辆检验单，见表3-21，然后进入查验手续阶段。

表3-21　　　　　　　　　　×××二手车交易市场车辆检验单

卖方_____	电话_____
买方_____	电话_____
号牌号码_____	车辆类型_____
车辆名称_____	使用性质_____
车辆识别代号_____	发动机号_____
排气量_____年份_____	颜色_____
注册登记日期_____	登记证号_____
原购车价_____交易管理费_____	有效期_____
验车员_____	年　　月　　日

备注：

号牌号码_____登记日期_____年份_____

厂牌名称_____颜色_____排气量_____

车辆类型_____使用性质_____

原购车价_____经办人_____

年　　月　　日

2．验手续

验手续主要指查验车辆手续和机动车所有人身份证明，目的是检验买卖双方所提供的所有手续是否具备办理过户的条件，检查有无缺失以及不符合规定的手续。

（1）查验车辆手续。

① 查验证件。查验证件的目的是查验交易车辆的合法性。车辆号牌、机动车登记证书、机动车行驶证、机动车安全技术检验合格标志应齐全、合法、有效。

② 查验税费证明。根据《二手车流通管理办法》规定，二手车交易必须提供车辆购置

税实税证明、车船税缴付凭证和车辆保险单等税费缴付凭证。

（2）查验机动车所有人身份证明。如果车主为自然人，则身份证明为个人身份证。个人身份又有本地个人和外地个人之分，本地个人，只需身份证原件；外地个人，需身份证原件和暂住证原件。

如果车主为企业，则身份证明为企业的法人代码证书（或营业执照复印件）。

如果车主为外籍公民，则身份证明为其护照及工作（居留）证。

（3）核查车辆的合法性。交易车辆不属于《二手车流通管理办法》第二十条规定禁止交易的车辆。

（4）核查卖方的所有权或处置权证明。

① 机动车登记证书、机动车行驶证与卖方身份证明名称一致；国家机关、国有企事业单位出售的车辆，应附有资产处理证明。

② 委托出售的车辆，卖方应提供车主授权委托书和身份证明。

③ 二手车经销企业销售的车辆，应具有车辆收购合同等能够证明经销企业拥有该车所有权或处置权的相关材料，以及原车主身份证复印件。原车主名称应与机动车登记证书、行驶证上的名称一致。

3．查违法

查违法就是查询交易的二手车是否有违法行为记录。具体方法是登录车辆管理部门的信息数据库或查询网站进行查询。

4．签订交易合同

二手车经过查验或评估后，其车辆的真实性和基本价格已基本确定。如果买主不同意评估价格，可以和二手车销售企业协商达成最终交易的价格。同时，需要原车主对其车辆的一些其他事宜（使用年限、行驶里程、安全隐患、有无违章记录等）做出书面承诺，这些都以签订交易合同的形式来确定。交易合同是确立买卖双方交易关系和履行责任的法律合约，是办理交易手续和过户手续的必要凭证之一。

5．交手续费

手续费俗称过户费，是指在二手车交易市场中办理交易过户业务相关手续的服务费用。

在 2005 年 10 月颁布实施《二手车流通管理办法》之前，二手车过户费是按照车辆评估价格的一定比例征收的，也是二手车交易市场的主要利润来源。

目前，很多二手车交易市场的服务费是按照汽车的排量来进行定额收取的，小排量少收，大排量多收。如北京市二手车交易市场收取标准按排量、年份、价格来划分，并设有起始价和最低价。在车辆初次注册登记日一年以内的车型按起始价收取费用，然后按使用年份逐年递减，直至最低价。微型轿车的过户费为 200 元起，1.0L 排量的轿车 300 元起，两者的过户费最高均为 600 元。然后随着排量的增大，过户费也随之增加，3.0L 排量的轿车最高的过户费为 4000 元，最低为 500 元。相应的相同排量的客车与货车的过户费低于轿车的，最低的微型货车和农用车的过户费只需 100 元。北京中联二手车交易市场服务费采用定额收取的方式，统一标准为每辆车 800 元。对 1.3～3.0L 排量的车型执行减半，即 400 元的优惠征收标准；对 1.3L 排量以下的车型，执行 200 元的优惠征收标准。

6．开具二手车销售统一发票

二手车销售统一发票是二手车的来历证明，是办理过户登记手续的重要文件，因此，它又被称为"过户发票"。过户发票的过户登记联有效期为一个月，买卖双方应在此期间内，到车辆管理部门办理机动车行驶证、机动车登记证书的相关变更手续。

二手车销售统一发票由二手车交易市场、有开票资格的二手车经销企业或拍卖企业开具；二手车经纪公司和消费者个人之间的二手车销售统一发票由二手车交易市场开具。二手车销售统一发票采用压感纸印制的计算机票，一式5联，其中存根联、记账联、入库联由开票方留存；发票联交给购车方，过户登记联交给公安机关交通管理部门以办理过户手续。二手车统一销售发票的价款中不包括手续费和评估费。

开具的发票必须经驻场工商部门审验合格后，在已经开具的"二手车销售统一发票"上加盖"工商行政管理局二手车市场管理专用章"才能生效，这一步骤称为"工商验证"。

7．交付手续

二手车交易完成后，卖方应当及时向买方交付车辆、号牌及车辆法定证明、凭证。车辆法定证明、凭证主要包括机动车登记证书、机动车行驶证、有效的机动车安全技术检验合格标志、车辆购置税完税证明、车船税缴付凭证、车辆保险单等。

引导客户办理
交易过户手续

二、引导客户办理登记过户手续

已注册登记的机动车在同城（同一车辆管理所管辖区内）发生所有权转移时，需要更改车主姓名（单位名称）、住所等资料，以及机动车登记编号及机动车号牌。这种变更情形习惯上称为登记过户。

1．登记过户程序

登记过户程序如图3-5所示。

图3-5　登记过户程序

表 3-22   **机动车转移登记申请表**

机动车登记证书编号				号牌号码	
申请事项	☐机动车在车辆管理所管辖区内的转移登记 ☐机动车转出车辆管理所管辖区的转移登记				
现机动车所有人	姓名/名称			联系电话	
	住所地址			邮政编码	
	身份证明名称	号码		☐常住人口	☐暂住人口
	居住/暂住证明名称		号码		
机动车	机动车使用性质	☐公路客运 ☐公交客运 ☐出租客运 ☐租赁 ☐货运 ☐旅游客运 ☐非营运 ☐警用 ☐消防 ☐救护 ☐工程抢险 ☐营转非 ☐出租营转非			
	机动车获得方式	☐购买 ☐中奖 ☐仲裁裁决 ☐继承 ☐赠予 ☐协议抵偿债务 ☐资产重组 ☐资产整体买卖 ☐调拨 ☐法院调解、裁定、判决			
	机动车品牌型号				
	车辆识别代号/车架号				
	发动机号码				
相关资料	来历证明	☐销售/交易发票 ☐调解书 ☐裁定书 ☐判决书 ☐仲裁裁决书 ☐相关文书 ☐批准文件 ☐调拨证明 ☐权益转让证明书			
	其他	☐中华人民共和国海关监管车辆解除监管证明书 ☐协助执行通知书 ☐公证书 ☐身份证明 ☐行驶证		现机动车所有人： （个人签字/单位盖章） 年　月　日	
事项明细	转入地车辆管理所名称		车辆管理所		
申请方式	☐由现机动车所有人申请 ☐现机动车所有人委托＿＿＿＿＿＿＿＿代理申请				
代理人	姓名/名称			联系电话	
	住所地址				代理人： （个人签字/单位盖章） 年　月　日
	身份证明名称	号码			
	经办人 — 姓名				
	经办人 — 身份证明名称	号码			
	经办人 — 住所地址				
	经办人 — 签字		年　月　日		

填表说明如下。

（1）填写时使用黑色、蓝色墨水笔，字体工整。

（2）标注"☐"符号的为选择项目，选择后在"☐"中画"√"。

（3）"现机动车所有人"栏的住所地址项目，属于个人的，填写实际居住的地址；属于单位的，填写组织机构代码证书上签注的地址。

（4）"机动车"栏的"机动车品牌型号""车辆识别代号/车架号""发动机号码"项目，按照车辆的技术说明书、合格证等资料标注的内容与车辆核对后填写。

（5）"申请方式"栏属于由机动车所有人委托代理单位或者代理人代为申请的，除在"☐"内画"√"外，还应当在下划线处填写代理单位或者代理人的全称。

（6）"现机动车所有人"栏的个人签字/单位盖章，属于个人的，由机动车所有人签字；属于单位的，盖单位公章。

（7）"代理人"栏，若属于个人代理，填写代理人的姓名、住所地址、身份证明名称、号码，在"代理人"栏内签名，不必填写经办人姓名等项目；若属于单位代理，应填写代理人栏的所有内容，代理单位应盖单位公章，经办人应签字。

表 3-23 机动车变更过户，改装报废审批申请表

机动车变更过户，改装报废审批申请表

区　　　　自检组　　　号代码						
居民身份证号						

填表说明

1. 申请内容栏
   (1) 报废：车主填写报废理由，其单位上级主管部门须签注意见。
   (2) 改装：扼要填写改装理由、项目。
   (3) 变更、过户：填写变更、过户后新车主的情况，新车主须在此栏内签章。
2. 检验结果栏
   改装竣工，检验员签注检验结果。

车主				公、私		
住址			电话		车主签章	
号牌号码		车辆类型				
出厂日期		厂牌型号				
发动机号码		车架号				
申请内容						
监管机关审核意见				检验结果	检验员	
				登记员		

2．需要的材料

（1）机动车转移登记申请表。

（2）现车主的身份证明。

（3）机动车登记证书（原件）。

（4）机动车行驶证（原件）。

（5）解除海关监管的机动车，应当提交监管海关出具的"中华人民共和国海关监管车辆解除监管证明书"。

（6）机动车来历证明（二手车交易的机动车来历证明就是二手车销售统一发票）。

（7）车辆购置税完税证明。

（8）所购买的二手车。

3．不能办理登记过户的情形

有下列情形之一的，不能办理登记过户。

（1）车主提交的证明、凭证无效的。

（2）机动车来历证明被涂改的，或者机动车来历证明记载的车主与身份证明不符的。

（3）车主提交的证明、凭证与机动车不符的。

（4）机动车未经国家机动车产品主管部门许可生产、销售或者未经国家进口机动车主管部门许可进口的。

（5）机动车的有关技术数据与国家机动车产品主管部门公告的数据不符的。

（6）机动车达到国家或地方规定的强制报废标准的。

（7）机动车属于被盗抢骗的。

（8）机动车与该车的档案记载的内容不一致。

（9）机动车未被海关解除监管的。

（10）机动车在抵押期间的。

（11）机动车或者机动车档案被人民法院、人民检察院、行政执法部门依法查封、扣押的。

（12）机动车涉及未处理完毕的道路交通安全违法行为或者交通事故的。

引导客户办理登记过户手续

三、引导客户办理其他税、证变更手续

二手车交易中，买方在变更车辆产权之后还需要进行车辆购置税、保险合同等文件的变更。各地在变更时对文件的要求不同，可以先到规定办理的单位窗口咨询。

1. 车辆购置税的变更手续

车辆购置税的征收部门是车辆注册登记地的主管税务机关，所以车辆购置税的变更手续也需到当地主管税务机关办理。

（1）办理车辆购置税同城过户业务需提交的材料。办理车辆购置税同城过户业务时，应提供以下材料。

① 新车主的身份证明。

② 二手车销售统一发票。

③ 机动车行驶证。

④ 车辆购置税完税证明（正本）。

上述资料均需提供原件及复印件。

（2）办理车辆购置税变更手续流程，如图 3-6 所示。

图 3-6　办理车辆购置税变更手续流程

2. 车辆保险合同的变更手续

机动车保险有关条款规定：机动车在转卖、转让后须到车管所办理过户手续，再到保险公司办理保险批改手续，否则保险公司不承担赔偿责任。因此，为维护二手车购买者的合法利益，必须进行保险批改。

（1）车辆保险过户的方式。有两种车辆保险过户的方式：第一种是对保险单要素进行更改，如更换被保险人与车主；第二种是申请退保，即把原车险退掉，终止以前的合同，这时保险公司会退还剩余的保费。之后，新车主就可以到任何一家保险公司重新办理一份车险。

（2）办理车辆保险合同变更手续的程序，如图 3-7 所示。

图 3-7　办理车辆保险合同变更的程序

引导客户办理车辆购置税和保险合同变更手续

四、引导客户办理网络平台二手车交易业务

1．卖车

二手车网上的卖车流程，如图 3-8 所示。

卖家在线预约 ⟶ 平台全网代卖 ⟶ 买家上门看车 ⟶ 平台代办过户

图 3-8 二手车网上的卖车流程

（1）卖家在网络页面上填写相关信息，提交申请，完成第一步（卖家在线预约）。

（2）网络平台工作人员给卖家打电话，预约看车（上门检测），并协商价格。

（3）卖家同意卖车后，工作人员会采集车辆相关信息并"挂"到网络平台上进行代卖。

（4）买家有意买车时，工作人员会联系卖家陪同看车。

（5）达成交易后，工作人员会代办过户手续（也可自行办理）。

2．包卖

包卖指二手车网络服务平台经营机构承诺在一定时间内，以约定价格卖出客户所有机动车的服务方式。如果车辆到约定时间仍没有卖出，则由二手车网络服务平台经营机构以约定价格收购车辆。

选择包卖服务后，二手车网络服务平台经营机构将委派专人上门评估车况，当天与客户签订包卖合同，并预付 50%以上的车款，尾款将在成交过户后支付。

图 3-9 所示为某二手车平台包卖服务流程。

① 一键预约卖车　　② 坐等上门评估　　③ 12天内成交拿尾款

图 3-9 某二手车平台包卖服务流程

（1）预约。客户只需在网络页面输入手机号，单击"立即预约"即可完成第一步，如图 3-10 所示。

留下手机号，专业评估师免费上门为您服务　　立即预约

图 3-10 某二手车平台包卖服务预约窗口

（2）评估。客户预约后，即会有服务电话联系客户预约看车（评估），与客户协商销售价格，达成意向后即可签订包卖合同，同时支付 50%以上的车款。

（3）销售。由平台在其指定销售店或专属车场全程负责销售、过户等工作。销售成功后，平台将向客户支付尾款；如果在约定时间（如 12 天）内未销售成功，则由平台按约定价格收购车辆。

3．购车

买家可以选择电话咨询购车和上网购车等方式。

（1）电话咨询购车。电话咨询购车流程如图 3-11 所示。

免费电话咨询 ------ 专业顾问陪同看车 ------ 一站交易过户 ------ 安享售后保障

图 3-11　电话咨询购车流程

（2）上网购车。如同一般的网络购物，登录网站，选择"买车"，再选择相关信息，如品牌、车系、价格等，即可看到所选车辆信息，包括基本信息、车检报告、图片合集、车检报告详情、配置参数等，如图 3-12 所示。买家还可以单击"砍价"协商价格。

| 基本信息 | 车检报告 | 图片合集 | 车检报告详情 | 配置参数 | ￥6.69万 新车含税14.08万 | 咨询车况 | ￥ 砍价 |

图 3-12　相关信息

在基本信息页面，单击"预约看车"，如图 3-13 所示，即有工作人员联系买家，协商看车事项。

日产-轩逸 2012款 1.6XL CVT豪华版

卖家报价：￥6.69万　新车含税14.98万　降价提醒

分期买：首付：2.01万　月供：1717元　分期详情

服 务 费：3500元（车价×4%，最低3500）　详情

服 务 项：☑整车质保　☑14天可退　☑249项车况检测

2013年12月 上牌时间 | 5.17万公里 公里数 | 国四 外迁查询 | 1.6L 排量 | 辽A 上牌城市

预约看车　砍价　免费咨询

图 3-13　基本信息页面

达成交易意向后，买家即可进行支付车款、提车和办理过户等手续。也可委托二手车网络服务平台经营机构代办相关手续。买家还需要向二手车网络服务平台经营机构支付服务费，通常为车价的 4%（不同的二手车网络服务平台经营机构要求有所不同）。

（3）分期购车（分期付款购车）。分期购车流程如图 3-14 所示。

① 在线申请 专业顾问快速电话回访 — ② 预约看车 陪同看车 换车仍可分期 — ③ 快速审批 资料提交 当天审批 — ④ 放款提车 办理过户 当天放款

图 3-14　分期购车流程

"申请分期购车"对话框如图 3-15 所示，输入手机号及验证码，单击"提交申请"即可完成申请。

图 3-15　"申请分期购车"窗口

另外，二手车网络服务平台经营机构还可利用平台开展其他业务，如经销新车等。

五、引导客户办理二手车委托拍卖业务

1．办理委托业务

办理委托业务的流程如图 3-16 所示。

图 3-16　办理委托业务的流程

2．拍卖

（1）发布公告。拍卖人于拍卖日期 7 日前发布公告，公告应通过报纸或者其他新闻媒体发布，并载明下列事项：拍卖的时间、地点；拍卖的车型及数量；车辆的展示时间、地点；参加拍卖会需办理的竞买手续；需要公告的其他事项。

（2）车辆展示。拍卖人应在拍卖前展示拍卖车辆，并在车辆显著位置张贴"拍卖车辆信息表"。车辆的展示时间不得少于 2 天。进行网上拍卖时，应在网上公布车辆的彩色照片和"拍卖车辆信息表"，公布时间不得少于 7 天。

（3）拍卖。

① 拍卖人召开拍卖会。

② 拍卖成交后，买受人和拍卖人签署"二手车拍卖成交确认书"。

③ 买受人支付车辆全款。

④ 拍卖人将车辆、随车文件及规定的法定证明、凭证交付给买受人，并向买受人开具二手车销售统一发票，如实填写拍卖成交价格。

⑤ 拍卖人向买受人交付车辆。

引导客户办理二手车委托拍卖业务

（4）后续业务。

① 车辆拍卖成交后，拍卖人向委托人支付拍卖所得车款。

② 如果拍卖未成交，拍卖人按委托拍卖合同的约定向委托人收取佣金。

六、引导客户办理二手车转出登记手续

1. 程序

办理二手车转出登记手续的程序如图 3-17 所示。

现车主

车管所工作人员

图 3-17　办理二手车转出登记手续的程序

2. 相关规定

根据《机动车登记规定》，二手车交易后且现车主的住所不在原车辆管理所管辖区的，现车主应当于机动车转移之日（以二手车销售统一发票上的登记日期为准）起 30 日内，向原二手车管辖地车辆管理所提出转移登记申请，填写"机动车转移登记申请表"，有些地方还要求车主签订外迁保证书。典型的"客户须知及保证书"式样如图 3-18 所示。

3. 需要的材料

现车主在规定的时间内，向原二手车所属管辖区的车辆管理所申请转出登记，并交验以下材料。

（1）机动车转移登记申请表（有的地区规定需"机动车定期检验表"及"机动车档案异动卡"等）。机动车定期检验表样例及机动车档案异动卡样例分别见表 3-24 和表 3-25。

客户须知及保证书

本人居住于 _____ 省 _____ 市，购买 _____ （车牌号）车辆类型 _____ 一辆。在 _____ （二手车交易市场名称）办理过户事宜。本人特做出以下保证。

（1）在过户前已了解、核实清楚此车的所有情况，对车辆状况认可，对交易过程无异议。

（2）在过户前已了解清楚此车可以在本人当地车管所落籍。

（3）如该车不能办理转籍或不能在本人居住地的车管所落籍，一切责任后果均由本人自行承担。

买方签字：

转入地：

年　月　日

图 3-18　典型的"客户须知及保证书"式样

表 3-24　　　　　　　　　　　　**机动车定期检验表样例**

号牌号码						
车主					公、私	车主签章
住址				电话		
车辆类型	厂牌型号	车身颜色	驱动		燃料	
			×			
发动机号码			车架号			
与行车执照记录相比有何变动						
安全联片组初检意见	检验部门、结果		现有效期		监管机关审核意见	
			年　月止			
			检验员			
			登记员			

表 3-25　　　　　　　　　　　　**机动车档案异动卡样例**

原车主		原号牌号码	
车类		车型	
发动机号码		车架号	
车辆报废		年　月　日	
转籍去向		年　月　日	
新车主		新号牌号码	
其他			
备注		经办人	
		档案员	

（2）现车主的身份证明。

（3）机动车登记证书（原件）。

（4）机动车来历证明（二手车销售统一发票注册登记联原件）。

（5）如果属于解除海关监管的机动车，应当提交监管海关出具的"中华人民共和国海关监管车辆解除监管证明书"。

（6）交回机动车号牌和机动车行驶证。

完成转出登记手续的办理后，车管所收回机动车号牌和机动车行驶证，核发临时行驶车号牌，密封机动车档案，交给车主到转入地办理转入登记手续。

七、引导客户办理二手车转入登记手续

1．转入登记的条件

（1）现车主的住所地属于本地车管所登记规定范围。

（2）转入机动车符合国家机动车登记规定。

2．相关规定

根据《机动车登记规定》，机动车档案转出原车管所后，机动车所有人必须在 90 日内携带车辆及档案资料到住所地车管所申请办理机动车转入登记手续。

3．登记程序

提出申请→交验车辆→车管所受理申请→审核资料→办理转入登记手续→核发新的机动车号牌和机动车行驶证。

（1）提出申请。车主向转入地车管所提出转入申请，填写"机动车注册登记/转入申请表"，见表 3-26。

表 3-26　　　　　　　　　机动车注册登记/转入申请表

申请事项			□注册登记		□转入		
机动车所有人	姓名/名称				联系电话		
	住所地址				邮政编码		
	身份证明名称		号码		□常住人口		□暂住人口
	居住/暂住证明名称				号码		
机动车	机动车使用性质		□公路客运　□公交客运　□出租客运　□旅游客运　□租赁　□货运 □非营运　□警用　□消防　□救护　□工程抢险　□营转非　□出租营转非				
	机动车获得方式		□购买　□仲裁裁决　□继承　□赠予　□协议抵偿债务　□中奖 □资产重组　□资产整体买卖　□调拨　□境外自带　□法院调解、裁定、判决				
	机动车品牌型号						
	车辆识别代号/车架号						
	发动机号码						
相关资料	来历证明		□销售/交易发票　□调解书　□裁定书　□判决书 □相关文书　□批准文件　□调拨证明 □仲裁裁决书		机动车所有人签章：		
	进口证明		□货物进口证明 □没收走私汽车、摩托车证明书 □中华人民共和国海关监管车辆进（出）境领（销）牌证通知书				
	其他		□国产机动车的整车出厂合格证 □机动车档案　　　　□身份证明 □协助执行通知书　　□公证书		（个人签字/单位盖章） 　　年　月　日		
申请方式	□由机动车所有人申请 □机动车所有人委托_____代理申请						
代理人	姓名/名称						
	住所地址				联系电话		
	身份证明名称		号码		代理人签章：		
	经办人	姓名					
		身份证明名称	号码				
		住所地址			（个人签字/单位盖章）		
		签字		年　月　日	年　月　日		

填表说明如下。

① 填写时使用黑色、蓝色墨水笔，字体工整。

② 标注"□"符号的为选择项目，选择后在"□"中画"√"。

③ "机动车所有人"栏的住所地址选项，属于个人的，填写实际居住的地址；属于单位的，填写组织机构代码证书上签注的地址。

④ "机动车"栏的"机动车品牌型号""车辆识别代号/车架号""发动机号码"项目，按照车辆的技术说明书、合格证等资料标注的内容与车辆核对后填写。

⑤ "申请方式"栏，属于机动车所有人委托代理单位或者代理人代理申请的，除在"□"内画"√"外，还应当在下划线处填写代理单位或者代理人的全称。

⑥ 机动车所有人的个人签字/单位盖章，属于个人的，由机动车所有人签字；属于单位的，盖单位公章。

⑦ "代理人"栏，属于个人代理的，填写代理人的姓名、住所地址、身份证明名称、号码，在代理人栏内签名，不必填写经办人姓名等项目；属于单位代理的，应填写代理人栏的所有内容，代理单位应盖单位公章，经办人应签字。

（2）交验车辆。车主将机动车送到机动车检测站检测，车管所民警确认机动车的唯一性，查验车辆识别代号（车架号）有无凿改嫌疑。

（3）车管所受理申请。受理转入登记申请，查验并收存机动车档案，向车主出具受理凭证。

（4）审核材料。审批相关手续，符合规定的在计算机登记系统中确认；不符合规定的说明理由并开具退办单，将材料退回车主。

（5）办理转入登记手续。审验合格后，进行机动车号牌选号、照相，确定机动车登记编号，并在机动车登记证书上记载转入登记事项。

（6）核发新的机动车号牌和机动车行驶证。

4．需要的材料

（1）机动车注册登记/转入申请表。

（2）车主的身份证明（原件及复印件）。

（3）机动车登记证书（原件及复印件）。

（4）机动车密封档案（原封条无断裂、破损）。

（5）申请办理转入登记的机动车标准照片。

（6）海关监管的机动车，还应当提交监管海关出具的"中华人民共和国海关监管车辆进（出）境领（销）牌照通知书"。

由于各地区车辆环保要求执行的标准不同，例如北京市执行"国六"标准，并要求所有机动车在办理注册登记和申请转入时，须加装OBD（On-Board Diagnostics，车载诊断系统）。满足上述条件的，允许机动车注册登记，以及接受转入登记的申请。所以，车主在将车辆转入转入地前，应向转入地的车辆管理部门征询该车辆是否符合转入条件。

5．不能办理转入登记手续的情形

有下列情形之一的，不予办理转入登记手续。

（1）机动车所有人擅自改动、更换机动车或者机动车档案。

（2）《机动车登记规定》中列出的"不能办理过户登记的情形"。

（3）外省、市的出租营运车辆或曾经从事出租营运的车辆。

引导客户办理二手车转出、转入登记手续

【任务考核】

（1）教师模拟设置二手车交易市场办公室，本市、区车管所和外地车管所，并安排具体负责人员。每两名学生为一组，互相扮演二手车鉴定评估师和客户。

（2）二手车鉴定评估师扮演者结合本任务的知识与技能介绍，引导客户扮演者办理二手车交易过户、同城转移过户、转出登记和转入登记等业务或手续，并完成实训工单3.3。

（3）教师观察学生操作全过程，并完成考核表（见本书配套教学资源包）。

【学习效果检验】

具体内容见实训手册。

模块 4
二手车收购与销售定价

| 任务 4.1　二手车收购定价 |

如果二手车鉴定评估业务服务于二手车车商（经销商），则包括收购定价和销售定价业务。

在市场经济体制下，价格是一个非常重要的因素，它直接影响企业产品的销售和利润，也是实现企业经营目标的主要手段和策略。因此，必须切实加强定价决策工作，以便扩大市场占有率和追求长期利润的增长。二手车流通企业收购和销售车辆的价格要结合新车市场价格，充分考虑影响二手车收购与销售定价的诸多因素，以市场营销的理念，科学、公正地确定二手车收购与销售价格，才能兼顾企业利润、客户需求和社会利益，把主动权掌握在自己的手里。

【任务分析】

二手车收购定价就是买方估算车辆价格，以便和卖方协商价格，它以经营为目的。那么用什么样的方法得到一辆二手车的收购定价，才能在将来的二手车销售中得到更多期望的利润呢？这是众多车商重点关注的事情。

本任务主要学习二手车收购定价影响因素、方法、计算方法以及二手车收购中的风险与防范。

【学习目标】

1. **知识目标**
(1) 能够用直线折旧法和快速折旧法计算二手车的折旧额。
(2) 能够正确分析二手车收购定价的影响因素。
2. **能力目标**
(1) 能够选择合适的定价方法与计算方法，得到不同类型二手车的收购定价。
(2) 能够引导客户办理二手车收购业务。

3．素质目标
（1）具备公平交易的职业素养。
（2）具备和谐发展的思想素养。

【相关知识学习】

一、机动车折旧

1．概念
所谓机动车折旧，是指机动车随着时间的推移或在使用过程中，由于损耗而转移到产品中的那部分价值。当这部分价值随着车辆经营产生收益的回收、积累，则形成机动车的折旧基金。折旧基金是为了补偿机动车的损耗而逐年提取的专用基金，其主要目的是在旧机动车不能使用或不再使用时，用折旧基金购置新车辆，保证机动车更新。

2．机动车折旧计算方法
二手车作为固定资产，按现行财务制度规定应计提固定资产折旧。固定资产折旧计算方法很多，《金融保险企业财务制度》规定，银行固定资产折旧的计算一般采用平均年限法和工作量法。对于技术进步较快或使用寿命受工作环境影响较大的固定资产，经财政部批准，可采用双倍余额递减法或年份数求和法。机动车折旧根据车辆的价值、使用年限，用所规定的折旧方法计算。对于允许使用的折旧方法，不同的国家有不同的规定，一般有直线折旧法、快速折旧法等多种方法，我国大多数采用直线折旧法。

（1）直线折旧法。直线折旧法又称使用年限法或平均折旧法，是指用车辆的原值减去残值后除以规定使用年限，以求得每年平均折旧额的方法。计算公式为

$$D_t = \frac{1}{N}(K_0 - S_v)$$

式中：D_t——年平均折旧额，元；

K_0——机动车原值，元；

S_v——机动车残值，元；

N——规定使用年限，年。

（2）快速折旧法。快速折旧法常用的计算方法有两种，即年份数求和法和余额递减法。

① 年份数求和法。年份数求和法是指每年的折旧额可用车辆原值减去残值的差额乘以一个逐年变化的递减系数来确定的一种方法。此递减系数的分母为规定使用年限（通常为报废年限）历年数字的和，即每年递减系数的分母均相等；分子的大小等于剩余的使用年限。一般来说，车辆使用年限为N时，递减系数的分母等于$N(N+1)/2$，分子等于$N+1-t$。年份数求和法的计算公式为

$$D_t = (K_0 - S_v) \times \frac{N+1-t}{N(N+1)/2}$$

式中：$\frac{N+1-t}{N(N+1)/2}$——递减系数（或年折旧率）；

t——机动车在使用期限内某一确定年度。

② 余额递减法。余额递减法是指任何年的折旧额等于现有车辆原值乘以在车辆整个寿

命期内恒定的折旧率，接着用车辆原值减去该年折旧额作为新的原值，下一年重复这一做法，直到折旧总额分摊完毕。在余额递减法中所使用的折旧率，通常大于直线折旧率，当使用的折旧率为直线折旧率的 2 倍时，称为双倍余额递减法。双倍余额递减法的计算公式为

$$D_t = K_0 a (1-a)^{t-1}$$

式中：K_0——机动车原值，元；

　　a——折旧率，直线折旧法折旧率为 $a=1/N$。

应用该公式计算时，在使用期限终仍有余额，为了使折旧总额到使用期限终分摊完毕，到一定年度后，要改用直线折旧法计算。通常，在连续计算各年折旧额时，如果发现使用双倍余额递减法计算的折旧额小于采用直线折旧法计算的折旧额时，就应改用直线折旧法计算折旧额。

案例：某机动车的原值为 10 万元，规定使用年限为 10 年，残值忽略不计，试用上述两种快速折旧法分别计算其折旧额。

解：两种方法的计算过程见表 4-1 和表 4-2。

表 4-1　　　　　　　　　　用年份数求和法计算折旧额

年数	基数/元	递减系数	年折旧额/元	累计折旧额/元
1		10/55	18181	18181
2		9/55	16363	34544
3		8/55	14545	49089
4		7/55	12727	61816
5	100000	6/55	10909	72725
6		5/55	9090	81815
7		4/55	7272	89087
8		3/55	5454	94541
9		2/55	3636	98177
10		1/55	1818	99995

表 4-2　　　　　　　　　　用双倍余额递减法计算折旧额

年数	基数/元	折旧率/%	年折旧额/元	累计折旧额/元
1	100000	20	20000	20000
2	80000	20	16000	36000
3	64000	20	12800	48800
4	51200	20	10240	59040
5	40960	20	8192	67232
6	32768	20	6553.6	73785.6
7	26214.4	25	6553.6	80339.2
8	26214.4	25	6553.6	86892.8
9	26214.4	25	6553.6	93446.4
10	26214.4	25	6553.6	100000

说　明

为使累计折旧额在第 10 年终分摊完毕，表 4-2 中从第 7 年起使用直线折旧法。

机动车折旧（一）　　　机动车折旧（二）

二、二手车收购定价影响因素

二手车收购定价影响因素有车辆的总体价值、二手车收购后应支出的费用、市场宏观和微观环境、经营的需要、品牌知名度和维修服务条件等。

1. 车辆的总体价值

二手车收购要充分考虑车辆的总体价值，它主要包括车辆实体产品价值和各项手续价值。

（1）车辆实体产品价值。除了用鉴定估价的方法评估车辆实体产品价值外，还应根据经验结合目前市场行情综合评定。主要评定的项目包括车身外观整齐程度、漆面质量如何等静态检查项目和发动机怠速声音、尾气排放情况等动态检查项目。另外，配置、装饰、改装等项目也很重要，包括有无 ABS、转向助力装置、真皮座椅、电动门窗、中控防盗锁、CD 音响等。有效的改装包括动力改装、悬架系统改装、音响改装、座椅及车内装饰改装等。

（2）各项手续价值。手续价值主要包括机动车登记证书、原始购车发票或交易过户票、机动车行驶证、车辆购置税本、车船税完税证明、车辆保险合同等。如果收购车辆的证件和规费凭证不全，就会影响收购定价，因为代办手续不但要耗费人工成本，而且可能造成转籍过户中意想不到的麻烦或带来许多难以解决的后续问题。

2. 二手车收购后应支出的费用

二手车收购时除了要支付车辆产品的货币以外，从收购到售出时限内，还要支出的费用有保险费、日常维护费、停车费、收购支出的货币利息和其他管理费等。

3. 市场宏观环境和市场微观环境

（1）市场宏观环境。二手车收购时要注意国家宏观政策、国家和地方性法规的变化因素以及这些影响导致的车辆经济性贬值。

（2）市场微观环境。这里所说的市场微观环境，主要指新车价格的变动以及新车型的上市对收购定价的影响。例如，千里马轿车降价后，旧车的保值率就降低了，贬值后收购定价自然也会降低。另外，新款车型问世挤压旧车型，"老面孔"身价自然受影响。

4. 经营的需要

二手车经营者应根据库存车辆的多少提高或降低收购定价。例如，本期库存车辆减少、货源紧张时，应适当提高车辆收购定价，以补充货源、保证库存稳定。反之，库存车辆多时，则应降低收购定价。另外一种情况是，某一车型出现断档情况，该车型的收购定价会提高。如果某公司本期二手高尔夫轿车销售一空，该公司应马上提高高尔夫车型的收购定价。反之，如果某公司本期二手高尔夫轿车销路不畅，库存积压显著，那么应降低高尔夫轿车的收购定价，同时库存高尔夫轿车的销售定价也会降低。

5. 品牌知名度和维修服务条件

对于不同品牌的二手车，由于其品牌知名度和售后服务的质量不同，也会影响到收购定价。像一汽、上汽、东风、广本等，都是国内颇具实力的企业，其产品具有很高的品牌知名度，技术相对成熟，维修服务体系也很健全，因此其二手车收购定价可以适当提高。

三、二手车收购定价方法

二手车收购定价是根据其特定的目的，在二手车鉴定评估的基础上，充分考虑市场的供求关系，对评估的价格做快速变现的特殊处理。按不同的原则，一般有以下几种方法。

1. 基于现行市价、重置成本的方法

通过现行市价法、重置成本法对二手车进行鉴定评估确定客观价格，再根据快速变现原则，估定一个折扣率并以此得到二手车收购定价。如运用重置成本法估算某机动车的价格为10 万元，据市场销售情况调查，估定折扣率为 20%可出售，则该车辆收购定价为 8 万元。

2. 基于清算价格的方法

清算价格的特点是企业（或个人）由于破产或其他原因，要求在一定的期限内将车辆变现，在企业清算之日预期出卖车辆，收回快速变现金额。具体来说就是主要根据二手车技术状况，运用现行市价法或重置成本法估算其正常价值，再根据处置情况和变现要求，乘以一个折扣率，最后确定评估价格。

基于清算价格的方法得到收购定价，由于客户要求快速转卖变现，因此其估价大大低于二手车市场成交的同类型车辆的公平市价。一般来说该估价也低于车辆现时状态客观存在的价格，所以可作为收购定价的参考。

3. 基于快速折旧的方法

基于快速折旧的方法是根据机动车的重置成本计算折旧额得到收购定价。年折旧额的计算方法建议采用年份数求和法或双倍余额递减法。由于年份数求和法折旧较快，所以通常采用年份数求和法。

二手车收购定价影响因素与定价方法

四、二手车收购定价计算方法

二手车收购定价是指在被收购车辆手续齐全的前提下对车辆实体价格的确定。如果所缺失的手续能以货币支出补办，则收购定价应扣除补办手续的货币支出、时间和精力的成本支出，具体采用以下几种计算方法。

（1）运用重置成本法对二手车进行鉴定评估，然后根据快速变现的原则，估定一个折扣率，将被收购车辆的评估价格乘以折扣率，即得到二手车的收购定价，用数学式表示为

$$收购定价＝评估价格×折扣率$$

（2）运用现行市价法确定二手车评估价格，再根据上述办法计算收购定价，表达式同上式。

折扣率是指车辆能够当即出售的清算价格与现行市价之比。它是经营者根据对市场销售情况的充分调查和了解，凭经验而估算得到的。

（3）运用快速折旧法。首先计算出二手车已使用年数累计折旧额，然后，将重置成本全价减去累计折旧额，再减去车辆维修费用，即得到二手车收购定价，用数学式表示为

$$收购定价＝重置成本全价-累计折旧额-维修费用$$

重置成本全价一律采用国内现行的新车市场价格。

下面通过一个评估案例介绍二手车收购定价中值得注意的一些问题。

在现实的二手车收购业务中，除了参考当前新车的售价以外，有时也要考虑二手车的原始价格，以平衡买卖双方的利益。

例如，在半年前购买的某车，发票上注明的价格是 11.48 万元，而该车当时的厂家指导

价为 11.98 万元，由此可见是优惠了 0.5 万元后购买的。而在半年后，厂家和 4S 店加大了对该车型的优惠幅度，达到 1.5 万元，目前提车时，发票上所注价格为 10.48 万元。那么，根据重置成本法中有关重置成本方面的要求，需要将 10.48 万元作为重置成本评估标准。假如按第一年折旧率 15%~20% 来计算，该车的收购行情价为 8.4 万~8.9 万元。那么就与该车主原购买价有近 3.2 万元的差距。试想一下，11 多万元购买的新车，使用仅半年，且车况良好，卖车时损失近 3.2 万元，车主显然是无法接受的。

在二手车交易具体环节中，买卖双方都会追求自身利益的最大化，只有在交易双方达成一致、认可价格的基础上，才能完成交易。对于上述这辆车，如果二手车经营者想完成交易，就要保证车主的损失不过大，至少应该在其可以接受的范围之内。所以，比较现实的做法就是依据购车发票上的原始价格，即 11.48 万元来进行价值评估，评估价格范围为 9.2 万~9.8 万元。当然，如果收购定价达到 9.8 万元，与当前新车优惠后的购买价，即 10.48 万元过于接近，对二手车经营者来说，必然造成经营风险，所以现实中采取"折中"的办法，一般会选择 9.2 万元的价格，或适当再高一些的价格。因为选择"9 万出头"这样的收购价，二手车商家在转手时，例如，增加 0.7 万~0.9 万元的利润，销售价也不会超过 10 万元，这让消费者在心理上也可以接受。如果收购价超过 9.5 万元，那么想不超过 10 万元转手，利润最多不会超过 0.5 万元。这样对二手车经营者而言，利润显然太微薄了。但如果转手价超过 10 万元，就与新车售价（即 10.48 万元）非常接近，消费者是很难接受的。

从上面的案例可见原购车发票价格的重要性。所以在车辆收购环节中，不应过分依赖评估方法和各种公式，应权衡利弊、斟酌损益。二手车经营的最终目的是顺利地达成交易，获取经济利益。但需要注意的是，一些使用年限短，通常为使用一年或一年以内的车辆适用于上述办法；使用时间超过一年的车辆，采用重置成本法较为有效。

五、二手车收购中的风险与防范

在二手车收购的过程中，环境的变化有可能产生机会，也有可能带来风险。风险是指由于客观环境的变化带来损失，从而难以实现某种目的的可能性。二手车收购中的风险是指由于二手车收购环境的变化，给二手车的销售带来的各种损失。收购环境的变化是绝对的、客观的，并经常发生，因此在二手车收购过程中，既充满了机会，又会面临许多风险。所以，二手车流通企业想要生存与发展，就必须加强收购活动中的风险管理，能否获取期望利润，关键在于能否有效地控制和降低风险损失。

由于二手车价格的某些不可预见的因素，收购过程具有比销售过程更大的风险，对企业造成的潜在损失更大。因此，如何有效地将收购风险控制在一定的范围内，善于分析研究环境变化可能带来的风险，发现并及时规避风险，对降低收购成本、增加企业的利润、最大限度地减小可能遭受的损失具有重大意义。

1. 二手车收购风险防范原则

二手车收购环境的变化是绝对的、必然的，收购风险也势必是存在的。不可能完全避免收购风险，只能掌握战胜风险的策略和技巧，积极化险为夷，把风险变为机会，取得成功，总体原则如下。

（1）要提高识别二手车收购风险的能力。应随时收集、分析并研究市场环境因素变化的资料和信息，判断收购风险发生的可能性，积累经验，培养并增强对二手车收购风险的敏感性，及时发现或预测收购风险。

（2）要提高风险的防范能力，尽可能规避风险。可通过预测风险，尽早采取科学的防范措施来规避风险。在二手车收购工作中，要尽可能谨慎，最大限度地消除二手车收购风险产生的隐患。

（3）在无法避免风险的情况下，要提高处理二手车收购风险的能力，尽可能最大限度地降低损失，并防止引发其他负面效应和有可能派生的消极影响。

2．二手车收购风险的影响因素

在二手车收购风险防范上，具体可从以下几个方面考虑影响二手车收购风险的影响因素，以便积极采取相应的防范措施。

（1）新车型的影响。新车型大量应用了新技术，技术含量的提高使旧车型贬值甚至被淘汰。从国内市场看，新车型投放明显加快，技术含量和配置也越来越高。如转向助力系统、安全气囊、ABS+EBD、电子防盗、CD 音响等都已成了标准装备。以一汽捷达为例，捷达自在国内生产以来经历了多次改款，虽然该车的生产平台未变，但是早期的捷达与现在的新款捷达在外观和装备上已不可同日而语。因此，二手车经营者在收购二手车时应以最新款车的技术装备和价格来做参照，否则会给二手车收购带来一定的风险。

（2）车市频繁降价的影响。在新车市场频繁降价、优惠促销的环境下，二手车经销公司面临着很大的风险，如出现损失只能自己承担。所以，二手车收购价格都是以某一款车目前新车市场的开票价格来计算的，而不会考虑消费者买车时的价格。如果某一款车最近有降价的可能，二手车经销公司要考虑新车降价的风险，开价往往要比正常的收购定价还要低一些。如果某一款车刚降完价，那么收购定价会稳定一段时间。为了规避车辆频繁降价的风险，规范市场、稳定价格成为当务之急。另外通过二手车代卖的方式，一方面可从中收取一定的交易费，另一方面可以降低风险。

（3）折旧加快的影响。从实际行情看，使用期限在 3 年以内的车辆折旧率最高，使用 3 年的车辆往往要折旧率到 40%～50%，其后的几年进入相对稳定的低折旧率期，接近 10 年折旧又开始加快。所以，要收购 3 年以内的车，收购定价要考虑车辆的大幅折旧因素的影响。

（4）排放标准提高的影响。汽车排放标准提高也加速了在用车辆的折旧和淘汰。越来越严格的排放标准将使老旧车型加速淘汰。因此，二手车收购定价时应考虑车辆排放标准提高的影响。

（5）车况优劣的影响。有的车虽然只行驶了两三年，但是机件的磨损很严重，操作起来感觉不好；而有的车已行驶五六年了，发动机的状况依然良好，各机件操作顺畅。这些不同的车辆技术状况自然会影响二手车的收购定价。

（6）品牌知名度的影响。知名品牌的汽车因其市场保有量大、质量可靠而深受消费者的青睐。这些品牌的汽车在新车市场售价较为稳定、口碑好，所以在二手车市场认同率较高，贬值的程度自然要低于其他品牌。

（7）库存的影响。若二手车销售顺畅，求大于供，二手车经销公司的库存急剧减少，商家为了保持正常的经营运转，维持一定的库存，可适当提高收购定价。反之在二手车销售低迷时，商家的库存积压，流通不畅，供大于求，商家的主要矛盾是消化库存，这个时期应压低收购定价，规避由于库存积压所带来的风险。

（8）二手车收购合法性的影响。二手车收购时要防止收购盗抢车、伪劣拼装车等，要预防收购那些伪造手续凭证、车辆档案的二手车。一旦有失误，不仅给公司造成直接经济损失，更重要的是在社会上造成不良影响，从而损害公司的公众形象。

（9）宏观环境的影响。要密切关注国家有关二手车的政策与法规的变化，做到未雨绸缪。要能够根据已有的和即将颁布的国家有关二手车的政策与法规，预测二手车价格的可能变动趋势，及时调整二手车的收购定价，使收购二手车的风险降到最低。

二手车收购中的
风险与防范

【任务实施】

一、折旧法应用实例

1．基本情况

2023 年 1 月，某二手车销售公司欲收购一辆捷达轿车，车辆基本情况如下。

注册登记日期：2020 年 2 月。

行驶里程：38000km。

经核对，相关税费票据、证件（照）齐全、有效。该车型新车目前市场行情价为 7.8 万元，试求出其收购定价（残值忽略不计）。

2．求收购定价过程

（1）相关已知条件。从 2020 年 2 月到 2023 年 1 月，该车已使用约 3 年，$t=3$，按 GB/T 30323—2013 的规定，该车规定使用年限为 15 年，$N=15$。重置成本价格 $K_0=78000$ 元，残值忽略不计，即 $S_v=0$。

（2）以折旧法计算累计折旧额。

① 用直线折旧法计算二手车的累计折旧额。年折旧额为

$$D_t = (K_0 - S_v)/N = 78000/15 = 5200 （元）$$

用直线折旧法计算累计折旧额，见表 4-3。

表 4-3　　　　　　　　　　用直线折旧法计算累计折旧额

年月	重置成本/元	折旧率	年折旧额/元	累计折旧额/元
2020 年 2 月—2021 年 1 月				5200
2021 年 2 月—2022 年 1 月	78000	1/15	5200	10400
2022 年 2 月—2023 年 1 月				15600

② 用年份数求和法计算二手车的累计折旧额。年折旧额计算公式为

$$D_t = (K_0 - S_v) \times \frac{N+1-t}{N(N+1)/2}$$

用年份数求和法计算累计折旧额，见表 4-4。

表 4-4　　　　　　　　　　用年份数求和法计算累计折旧额

年月	重置成本/元	递减系数	年折旧额/元	累计折旧额/元
2020 年 2 月—2021 年 1 月		15/120	9750	9750
2021 年 2 月—2022 年 1 月	78000	14/120	9100	18850
2022 年 2 月—2023 年 1 月		13/120	8450	27300

③ 用双倍余额递减法计算二手车的累计折旧额。

年折旧率＝2/规定使用年限＝2/15，年折旧额计算公式为

$$D_t = K_0 a (1-a)^{t-1}$$

用双倍余额递减法计算累计折旧额，见表 4-5。

表 4-5　　　　　　　　用双倍余额递减法计算累计折旧额

年月	重置成本/元	折旧率	年折旧额/元	累计折旧额/元
2020 年 2 月—2021 年 1 月	78000	2/15	10400	10400
2021 年 2 月—2022 年 1 月			9013	19413
2022 年 2 月—2023 年 1 月			7812	27225

（3）计算二手车收购价格。二手车收购价格计算公式为

$$P = B - \sum D_t - F_s$$

式中：$\sum D_t$ ——二手车已使用年限 t 内的累计折旧额，元；

　　　B ——重置成本；

　　　F_s ——二手车需要的维修费用，元。

任务没有给出需要修理的项目及费用，因此 $F_s=0$。二手车按剩余价值最小（或按累计折旧额最大）进行收购定价。从表 4-3、表 4-4 和表 4-5 中可见，用直线折旧法、年份数求和法和双倍余额递减法 3 种折旧方法计算的累计折旧额中，用年份数求和法计算的累计折旧额最大，因此，该二手车的收购价格为

78000－27300＝50700（元）

二、引导客户收购二手车

1．核查

（1）核查卖方身份。卖方身份证明或者组织机构代码证书原件应合法、有效。

（2）核实卖方对交易车辆的所有权或处置权。

① 机动车登记证书、机动车行驶证上的车主信息与卖方身份证明的名称一致。

② 国家机关、国有企事业单位出售的车辆，应附有资产处理证明。

③ 委托出售的车辆，卖方应提供车主授权委托书和身份证明。

④ 二手车经销企业销售的车辆，应具有车辆收购合同等能够证明经销企业拥有该车所有权或处置权的相关材料，以及原车主身份证复印件。原车主名称应与机动车登记证书、机动车行驶证上记载的车主名称一致。

（3）核查相关手续。车辆号牌、机动车登记证书、机动车行驶证、机动车安全技术检验合格标志真实、合法、有效。

（4）核查车辆合法性。交易车辆不属于《二手车流通管理办法》第二十条规定禁止交易的车辆。

2．磋商价格

与卖方商定收购定价，如对车辆技术状况及价格存有异议，经双方商定可委托二手车鉴定评估机构对车辆技术状况及价值进行鉴定评估。

3．签订收购合同

（1）达成车辆收购意向的，签订收购合同，收购合同中应明确收购方享有车辆的处置权。

（2）按收购合同向卖方支付车款。

【任务考核】

（1）教师为每组学生提供（或学生自己通过各种渠道收集）一款二手车的详细资料，包括技术鉴定情况。

（2）学生根据本任务所学的知识与能力，得出其收购定价，将详细的计算确定过程编制成计算报告，完成实训工单4.1，并将所评估二手车的详细资料作为附件，一并提交。

（3）每两名学生为一组，互相扮演二手车鉴定评估师与客户（二手车收购者），由二手车鉴定评估师扮演者为客户详细讲解二手车收购的流程及注意要点。

（4）教师观察学生演示过程和审阅计算报告后，完成考核表（见本书配套的教学资源包）。

【学习效果检验】

具体内容见实训手册。

| 任务 4.2　二手车销售定价 |

【任务分析】

车商收购二手车，其最终目的是通过车辆的销售，获取自己期望的收益。所以除了以合理的价格收购车辆外，还需要考虑诸多因素，以得出合理的销售定价。

二手车的销售定价是决定二手车流通企业收入和利润的唯一因素。因此，企业必须根据成本、需求、竞争及国家方针、政策、法规并运用一定的定价方法和技巧来对其产品确定切实可行的价格。

那么什么样的销售定价才算合理呢？这需要考虑多方面的影响因素。

本任务主要学习二手车销售定价的影响因素、目标、方法、策略等知识。

【学习目标】

1．知识目标
（1）能够正确解释固定成本和变动成本。
（2）能够分析二手车销售定价的影响因素。

2．能力目标
（1）能够根据企业的定价目标，选择合适的定价方法与计算方法，并选择合适的销售定价策略，确定不同类型二手车的销售定价。
（2）能够引导客户办理二手车销售业务。

3．素质目标
（1）具备公平公正的职业素养。

（2）具备稳定市场秩序的思想观念。

【相关知识学习】

一、二手车销售定价的影响因素

二手车销售定价的主要影响因素有成本、供求关系、竞争状况和国家政策法规等。

1. 成本

成本是销售定价的基础和最低界限，二手车的销售定价如果不能保证成本，企业的经营活动就难以维持。二手车流通企业应分析价格、需求量、成本、销量、利润之间的关系，正确地估算成本，以作为销售定价的依据。二手车销售定价时应考虑收购车辆的总成本费用，总成本费用由固定成本费用和变动成本费用构成。

（1）固定成本费用及其摊销率。

① 固定成本费用。固定成本费用是指在既定的经营目标内，不随收购车辆的变化而变动的成本费用，如分摊在这一经营项目中的固定资产的折旧、管理费等支出。

② 固定成本费用摊销率。固定成本费用摊销率是指单位收购价值所包含的固定成本费用，即固定成本费用与收购车辆总价值之比。如某企业根据经营目标，预计某年度收购 100 万元的车辆，分摊固定成本费用 1 万元，则单位固定成本费用摊销率为 1%。如花费 4 万元收购一辆二手宝来轿车，则应该将 400 元计入固定成本费用。

（2）变动成本费用。变动成本费用指随收购价格和其他费用而相应变动的费用，主要包括车辆实体的价格、运输费、保险费、日常维护费、维修翻新费、资金占用的利息等。

由上述成本分析可知，一辆二手车的总成本费用是这辆车应分摊的固定成本费用与变动成本费用之和，用数学式表达为

$$总成本费用=收购价格×固定成本费用摊销率+变动成本费用$$

2. 供求关系

在市场经济中，产品的价格由买卖双方的相互作用来决定，以市场供求为前提，所以供给和需求也是决定价格的两个基本因素。需求大于供给，价格就会上升；需求小于供给，价格就会下降。市场的一切交易活动和价格的变动都遵循这一规律，即供求规律或称供求法则，它是市场变化的基本规律。供求关系表明价格只能围绕价值上下波动，而价值仍然是确定价格水平及其变动的决定性因素。企业在执行定价决策时，除了以产品价值为基础外，还可以自觉运用供求关系来分析和确定产品的价格。

价格受供求关系影响而有规律性地变动过程中，不同商品的变动幅度是不一样的。因此在销售定价时还要考虑需求价格弹性。所谓需求价格弹性，是指因价格变动而引起的需求相应的变动率，它反映需求变动对价格变动的敏感程度。按照相关经济学理论，当某种产品需求价格弹性较小时，提高价格可以增加企业利润；反之，降低价格也可以增加企业利润，同时还能起到打击竞争对手，提高自己产品市场占有率的作用。

对二手车来说，其需求价格弹性较大，即二手车价格的上升（或下降）会引起需求量较大幅度的减少（或增加）。因此，在销售定价时，应该把价格定得低一些，薄利多销，以达到增加盈利、服务客户的目的。

3．竞争状况

在产品供不应求时，企业选择定价方式的自由度较大；而在供大于求时，竞争必然随之加剧，定价方式的选择只能被动地根据市场竞争的需求来进行。为了稳定维持自己的市场份额，二手车的销售定价要考虑本地区同行业竞争对手的价格状况，根据自己的市场地位和定价的目标，选择与竞争对手相同的价格，甚至低于竞争对手的价格。

4．国家政策法规

任何国家都会对物价进行适度的管理，不同的是，各个国家和地区对价格的控制程度、范围、方式等存在着一定的差异，完全放开和完全控制的情况是没有的。一般而言，国家可以通过物价部门直接对企业定价进行干预，也可以用一些财政、税收手段间接影响企业定价。

二手车销售定价
的影响因素

二、二手车销售定价的目标

二手车销售定价的目标是指二手车流通企业通过确定价格水平，凭借价格产生的效用来达到预期的目的。企业在定价以前，必须根据企业的内部和外部环境，确定出既不违背国家的方针政策，又能协调企业其他经营目标的价格。企业定价目标类型较多，二手车流通企业要根据自己树立的市场观念、市场微观环境和市场宏观环境，确立自己的销售定价目标。企业销售定价目标主要有两大类，即获取利润目标和占领市场目标。

1．获取利润目标

利润是考核和分析二手车流通企业营销工作好坏的一项综合性指标，是二手车流通企业主要的资金来源。获取利润目标有 3 种具体形式，即获取预期收益目标、获取最大利润目标和获取合理利润目标。

（1）获取预期收益目标。预期收益目标是指二手车流通企业以预期利润（包括预交税金）为定价基点，并以利润加上商品的完全成本构成价格出售商品，从而获取预期收益的一种定价目标。预期收益目标有长期和短期之分，大多数企业采用长期目标。预期收益高低的确定，应当考虑商品的质量与功能、同期的银行利率、消费者对价格的反应以及企业在同类企业中的地位和在市场竞争中的实力等因素。预期收益目标定得过高，企业会处于市场竞争的不利地位；定得过低，又会影响企业投资的回收。一般情况下，预期收益目标适中，易获得长期、稳定的收益。

（2）获取最大利润目标。最大利润目标是指二手车流通企业在一定时期内综合考虑各种因素后，以总收入减去总成本的最大差额为基点，确定单位商品的价格，以获取最大利润的一种定价目标。最大利润是企业在一定时期内可能并准备实现的最大利润总额，而不是单位商品的最高价格，最高价格不一定能获取最大利润。当企业的产品在市场上处于绝对有利地位时，往往采取这种定价目标，它能够使企业在一定时期内获得高额利润。最大利润一般应以长期的总利润为目标，在个别时期，甚至允许以低于成本的价格出售。

（3）获取合理利润目标。合理利润目标是指二手车流通企业在补偿正常情况下的社会平均成本的基础上，适当地加上一定量的利润作为商品价格，以获取正常情况下合理利润的一种定价目标。企业在自身力量不足，不能实现最大利润目标或预期收益目标时，往往采取这种定价目标。这种定价目标以稳定市场价格、避免不必要的竞争、获取长期利润为前提，因此商品价格适中，客户乐于接受，政府积极鼓励。

2．占领市场目标

以市场占有率为定价目标是一种"志存高远"的定价选择方式。市场占有率是指一定时期内某二手车流通企业的销售量占当地细分市场销售总量的份额。市场占有率高意味着企业的竞争能力强，说明企业对消费信息把握准确、充分，资料表明，企业利润与市场占有率正向相关，提高市场占有率是增加企业利润的有效途径。

由于企业所处的市场营销环境不同，自身条件与营销目标不同，企业定价目标也大相径庭。因此，二手车流通企业应在综合考虑市场环境、自身实力及经营目标的基础上，将获取利润目标和占领市场目标结合起来，兼顾企业的眼前利益与长远利益，来确定适当的定价目标。

二手车销售定价
的目标

三、二手车销售定价的方法

销售定价的方法是二手车流通企业为了在目标市场实现定价目标，给产品确定基本价格和浮动范围的技术思路。成本、需求和竞争是影响企业定价的基本因素，产品成本决定了价格的最低限度，产品本身的特点决定了需求状况，从而确定了价格的最高限度，竞争者产品与价格又为定价提供了参考的基点。基于上述原因，形成了以成本、需求、竞争为导向的 3 个基本定价思路。

1．成本导向定价法

成本导向定价法可分为成本加成定价法、目标收益定价法和边际成本定价法 3 种。

（1）成本加成定价法。成本加成定价法也称为加额定价法、标高定价法或成本基数法，是一种应用比较普遍的定价方法。它首先确定单位产品总成本（包括变动成本和固定成本），然后在单位产品总成本基础上加上一定比例的利润，从而形成单位产品销售价格。该方法的计算公式为

$$单位产品销售价格=单位产品总成本×(1+成本加成率)$$

由此可以看到，成本加成定价法的关键是成本加成率的确定。成本加成率与单位产品成本、资金周转率及需求价格弹性反向变化。

成本加成定价法深受企业欢迎，主要有以下原因。

① 定价工作简化。由于成本的不确定性一般比需求的不确定性小得多，定价着眼于成本可以使定价工作大大简化，不必随时依需求情况的变化而频繁地调整，因此大大地简化了企业的定价工作。

② 可降低价格竞争程度。只要同行业都采用这种定价方法，那么在成本与加成率相似的情况下价格也大致相同，这样可以使价格竞争减至最低限度。

③ 对买卖双方都较为公平。卖方不利用买方需求量增大的优势趁机哄抬物价，因此有利于买方，固定的加成率也可以使卖方获得相当稳定的投资收益。

（2）目标收益定价法。目标收益定价法又称为投资收益率定价法，根据企业的投资总额、预期销量和投资回收期等因素来确定价格。在产品供不应求的条件下，或产品的需求价格弹性很小的细分市场中，目标收益定价法具有一定的应用价值。

（3）边际成本定价法。边际成本是指每增加或减少单位产品所引起的总成本的增加或减少。采用边际成本定价法时以单位产品的边际成本作为定价依据和可接受价格的最低界限。在价格高于边际成本的情况下，企业出售产品的收入除完全补偿变动成本外，尚可用来补偿一部分固定成本，甚至可能提供利润。边际成本定价法在竞争激烈的市场条件下具有极大的

定价灵活性，在有效地应对竞争、开拓新市场、调节需求的季节差异、形成最优产品组合等方面可以发挥巨大的作用。

2．需求导向定价法

需求导向定价法以消费者的价值认知、需求强度及对价格的承受能力为依据，以市场占有率、品牌形象和最终利润为目标，真正按照有效需求来确定价格。需求导向定价法又称为客户导向定价法，是二手车流通企业根据市场需求状况和消费者的不同反应分别确定产品价格的一种定价方式。其特点是平均成本相同的同一产品价格随需求变化而变化，一般以该产品的历史价格为基础，根据市场需求变化情况，在一定的幅度内变动价格，以致同一商品可以按两种或两种以上价格销售。这种差价可以根据客户的购买能力、对产品的需求情况、产品的型号和式样以及时间、地点等因素而采用不同的形式。

3．竞争导向定价法

竞争导向定价法是根据企业所处的行业地位和竞争定位而确定价格的一种方法，是二手车流通企业根据市场竞争状况确定商品价格的一种定价方式。其特点是价格与成本和需求不发生直接关系。它主要以竞争对手的价格为基础，并与竞争品价格保持一定的比例。竞争品价格未变，即使产品成本或市场需求变动了，也应维持原价；竞争品价格变动，即使产品成本和市场需求未变，也要相应调整价格。

上述定价方法，企业都要考虑产品成本、市场需求和竞争形势等因素，研究价格如何适应这些因素。但在实际定价中，企业往往只能侧重考虑某一类因素，选择某种定价方法，并通过一定的定价策略对计算结果进行修订。

二手车销售定价的方法

四、二手车销售定价的策略

在二手车的市场营销中，尽管非价格竞争作用在增长，但价格仍然是影响销售的重要因素，是营销组合中的关键因素。定价是否恰当，不仅直接关系到二手车的销量和企业的利润，还关系到企业其他营销策略的制定。营销中定价策略的意义在于有利于挖掘新的市场机会，实现企业的整体目标。在市场经济条件下，价格决策已成为企业经营者面临的具有现实意义的重大决策课题。

二手车销售定价策略是指二手车流通企业根据市场中不同变化因素对二手车价格的影响程度而采用不同的定价方法，确定出适合市场变化的二手车销售价格，进而实现定价目标的企业营销战术。

二手车销售定价策略分为阶段定价策略、心理定价策略和折扣定价策略等。

1．阶段定价策略

阶段定价策略就是根据企业不同时期、各阶段不同的市场特征而采用不同的定价目标和对策。投入期以打开市场为主，成长期以获取目标利润为主，成熟期以保持市场份额、利润总量最大为主，衰退期以回笼资金为主。另外，还要兼顾不同时期的市场行情，相应修改销售定价。

2．心理定价策略

不同的消费者有不同的消费心理，有的注重经济实惠、物美价廉，有的注重名牌产品，有的注重产品的文化情感含量，有的追赶消费潮流。心理定价策略就是在补偿成本的基础上，按不同的需求心理确定价格水平和变动幅度。如尾数定价策略就是企业针对消费者的求廉心理，在二手车定价时有意定一个与整数有一定差额的价格。这是一种具有强烈刺激作用的心理定价策略。价格尾数的微小差别，能够明显影响消费者的购买行为，会给消费者一种经过精确计算的、最低价格的心理感觉。如某品牌的二手车标价 69998 元，给人更便宜的感觉，认为只要不到 7 万元就能买一辆质量不错的品牌二手车。

3．折扣定价策略

二手车流通企业在市场营销活动中，一般按照确定的目录价格或标价出售商品。但随着企业内外部环境的变化，为了促进销售者、客户更多地销售和购买本企业的产品，往往需要根据交易数量、付款方式等条件的不同，在价格上给销售者和客户一定的减让，这种生产者给销售者或消费者一定程度的价格减让就是折扣。灵活运用折扣定价策略，可以鼓励需求、刺激购买，有利于企业"搞活"经营，提高经济效益。

二手车销售定价
的策略

五、二手车最终销售定价

二手车流通企业通过以上程序确定的价格只是基本价格，只确定了价格的范围和变化的途径。为了实现定价目标，二手车流通企业还需要考虑国家的价格政策、用户的要求、产品的性价比、品牌价值及服务水平等，应用各种灵活的定价战术对基本价格进行调整，同时将价格策略和其他营销策略结合起来，如针对不同消费心理的心理定价策略和让利促销的各种折扣定价策略等，以得出具体的最终销售定价。

六、汽车置换及其定价

随着汽车产业的快速发展，汽车保有量越来越多，同时人们对汽车的需求也越来越多样化，汽车置换作为汽车交易的一种方式，逐渐显示出满足人们需求的优越性和调节汽车流通的重要作用。

1．定义

置换业务源自国外，有两个英文单词与之相近：Exchange 与 Displacement。就字面意义而言，Exchange 这个词偏重交换的等价性，而 Displacement 则强调的是旧（或次一等，较差的）物品与新（较好的）物品进行交换。这种交换的不等价性由置换方给予差额补贴。

2．国内主要汽车置换运作模式

从国内的交易情况来看，目前在我国进行汽车置换有以下 3 种运作模式。

（1）用本厂二手车置换新车（即以旧换新）。如厂家为"一汽大众"，车主可将二手捷达车折价卖给一汽大众的零售店，再买一辆新宝来车。

（2）用本品牌二手车置换新车。如品牌为"大众"，假设拥有一辆二手捷达的车主看上了帕萨特车，那么他可以在任何一家"大众"的零售店里置换一辆他喜欢的帕萨特车。

（3）只要购买本厂的新车，置换的二手车不限品牌。国外基本采用的是这种汽车置换运作模式。上海通用诚新二手车平台开展的就是这种汽车置换运作模式，消费者可以用各种品牌的二手车置换别克品牌的新车。

如果考虑买车人的选择余地和便利程度，当然是第 3 种方式最佳。不过，这种方式对厂商和经销商而言非常具有挑战性。这是因为我国的车主一般既不从一而终地在指定维修点维护修理，也不保留车辆的维修档案，车况极不透明；再者，不同品牌、不同型号的车在技术状况和零部件上千差万别；而且，个别已经停产车型更换零部件将越来越麻烦。

3．汽车置换授权经销商

车辆更新对车主来说是一个烦琐的过程，首先要到二手车市场把车卖掉，这其中要经历了解市场行情、咨询二手车价格、与买家协商价格直至成交、办理各种手续和等待回款等，至少要好几天，等拿到钱后再到新车市场买新车，又是一番周折。对车主来说，更新一部车比买新车麻烦得多。在生活节奏日益加快的今天，人们期盼能有一种便捷的以旧换新业务，使其在自由选择新车的同时，很方便地处理要更新的旧车。因此，具有汽车置换资质的经销商作为中介的重要作用就显现出来。

汽车置换授权经销商是我国汽车置换运作的中介主体。汽车置换授权经销商的车辆置换服务将消费者淘汰旧车和购买新车的过程结合在一起，一次完成甚至一站完成，为客户解决了要先卖掉旧车再去购买新车的麻烦。我国汽车置换授权经销商的汽车置换服务一般具有以下特点。

（1）打破车型限制。与以往的一些开展汽车置换服务的厂家或品牌专卖店不同，汽车置换授权经销商对所要置换的旧车以及选择购买的新车，都没有品牌及车型的限制，可以任意置换。汽车置换授权经销商采用汽车连锁超市的模式销售新车，连锁超市中经营的汽车品牌众多，可以满足消费者的不同需求，也可根据客户的要求，到指定的经销商处，为客户购进指定的车辆，真正做到无品牌限制的置换。

（2）让利置换，旧车增值。汽车置换授权经销商将车辆置换作为客户购买新车的一项增值服务，与客户将旧车出售给二手车经销公司不同，汽车置换授权经销商通常以二手车交易市场中的最高收购价格确定二手车价格，经双方认可后，置换二手车的钱款直接冲抵新车的价格。

汽车置换授权经销商通常拥有自己的二手车经纪公司，同时与二手车交易市场中的众多经纪公司保持联系，保证市场信息渠道的畅通，以及所置换的旧车能够有快速的通路。车况较好的旧车，汽车置换授权经销商经过整修后，补充到租赁车队中或投放至低端租车市场，用租赁收入弥补旧车的增值部分后，到二手车市场进行处置；或者发挥汽车置换授权经销商租车网络优势，在中小城市租赁运营。

（3）"全程一对一"的置换服务。汽车连锁销售提供的车辆置换服务，采用"全程一对一"的服务模式。由于汽车置换授权经销商的业务涉及汽车租赁、销售、汽车金融以及二手车经纪，因此客户在汽车置换授权经销商处选择置换的购车方式后，从旧车定价、过户手续到新车的贷款、购买、保险、牌照等过程都由汽车置换授权经销商公司内部的专业部门完成，保证效率和服务水准。

（4）完善的售后服务。在汽车置换授权经销商处通过置换购买的新车，汽车置换授权经销商将提供包括保险、救援、替换车、异地租车等服务在内的完善的售后服务。对于符合条件的客户及车辆，汽车置换授权经销商还提供更加个性化的车辆保值回购计划，使客户可以无须考虑再次更新时的车辆残值，安心使用车辆。

4．汽车置换质量认证

汽车置换中一个十分重要且容易引起争议的问题就是置换旧车的质量问题。和新车交易相比，二手车市场存在很多不透明的地方，二手车鉴定评估本身就比较复杂，加上二手车交易又是"一旦售出，后果自理"，所以在购买二手车的时候，大部分的消费者并不信任卖家。

为了保障交易双方权益、减少纠纷，国外汽车厂商从 20 世纪 90 年代就开始对汽车进行质量认证，我国的汽车厂商也从近几年开始进行这一业务。汽车厂商利用自己的技术、设备、人员以及信誉优势，对回购的二手车进行检测、修复，给当前庞大的二手车消费群体提供"放心车""明白车"，即使价格高于其他市场上的二手车，消费者也认为值得。同时汽车厂商介入二手车市场也为规范二手车市场、降低交通安全隐患产生积极影响。

（1）认证的基本概念。经汽车厂商授权的汽车经销商对收购上来的品牌二手车进行一系列检测、维修之后，使该车成为经品牌认证的车辆，销售出去之后给予一定的质量担保和品质保证，这一过程通称为认证。

二手车认证方案的开展是市场对二手车"刮目相看"的首要原因，现在已经得到广泛的支持，很多汽车生产厂家还针对二手车推出一些鼓舞消费者的消费措施。目前，认证方案项目一般包括合格的质量要求、严格的检测标准、质量改进保证、过户保证以及比照新车销售推出的送货方案等，一些大公司开展的认证还包括提供与新车一样利率的购车贷款。通过认证，客户和经销商双方都从中得到了实惠。首先客户对自己购买二手车的心态更加趋于平和，相应地，经销商也实现了认证车辆的溢价销售。而且，客户再不会有车刚到手就发生故障的经历，经销商也不必再与恼怒的客户争吵。

（2）我国的二手车认证。我国的二手车认证主要在一些合资企业中开展，其中以上汽通用公司和一汽大众公司为代表。我国二手车认证流程如图4-1所示。

① 上汽通用公司的二手车认证。上海通用公司认证的二手车要经过多道程序的严格筛选。首先，认证的二手车有自己统一的品牌，是和诚信谐音的"诚新"，能通过认证，并打上这个牌子的二手车要达到以下条件：首先是无法律纠纷，非事故车，无泡水经历；其次是使用年限不超过 5 年，行驶里程 10 万 km 以内；原用途不是营运和租赁。

图 4-1　我国二手车认证流程

上汽通用公司的二手车认证有 106 项检验，这 106 项检验要进行两次，进厂进行一次，整修后还要进行一次。106 项检验包括车身、电气系统、底盘系统、制动系统等的检验六大类，基本囊括整个汽车的零配件。通过筛选的二手车经过整修，再进行 106 项检验，全部合格后才能获得上汽通用公司的认证书。经认证的二手车出售后能获得半年或 1 万 km 的质量保证，在质保期间，如果车辆出现质量问题，客户可以在全国联网的品牌专业维修店获得免费修理和零配件更换服务。

② 一汽大众公司的二手车认证。一汽大众公司的二手车认证有 141 项检测标准，包括：发动机（检查压缩比、排放、点火正时等 11 项）；离合器（离合器线束调整、噪声检测等 5 项）；变速器（变速器各挡位操控性、变速器油位等 8 项）；悬架（减振器泄漏等 5 项）；传动系统（差速器泄漏和噪声等 4 项）；转向系统（转向齿条等 7 项）；制动系统（制动蹄片磨损情况等 8 项）；制冷系统（管道泄漏等 4 项）；轮胎轮辋（前轮定位等 5 项）；仪表（仪表灯亮度等 15 项）；灯光系统（车内外灯光光线、报警灯等 10 项）；电子电器（蓄电池、各种熔断器等 8 项）；车辆外部（刮水器胶皮磨损等 7 项）；车辆内部（座椅、杯架、后视镜等 9

项）；空调（气流、风向等6项）；收音机及CD（播放器、扬声器等3项）；内饰外观（各种塑料件、装饰件等3项）；车身及漆面（破裂、刮蹭等5项）；完备性（备胎、说明书等7项）；最终路试（操控性、循迹性等11项）。

5．汽车置换的服务流程

汽车置换包括旧车出售和新车购买两个环节。不同的汽车置换授权经销商对汽车置换的服务流程规定不完全一样，一汽大众公司汽车置换流程如图4-2所示。

国内一般汽车置换流程如下。

（1）客户通过电话或直接到汽车置换授权经销商处进行咨询，也可以登录汽车置换授权经销商的网站进行置换登记。

（2）旧车评估定价。

（3）汽车置换授权经销商销售顾问陪同选订新车。

（4）签订旧车购销协议以及置换协议。

（5）置换旧车的钱款直接冲抵新车的车款，客户补足新车差价后，办理提车手续；或由汽车置换授权经销商的销售顾问协助在指定的经销商处提取所选订的车辆，汽车置换授权经销商提供"一条龙服务"。

（6）客户如需贷款购买新车，则置换旧车的钱款作为新车的首付款。汽车置换授权经销商为客户办理购车贷款手续，提供因汽车消费信贷所产生的资信管理服务，并建立个人资信数据库。

（7）汽车置换授权经销商办理旧车过户手续，客户提供必要的协助和材料。

（8）汽车置换授权经销商为客户提供全程后续服务。

在汽车置换中，新车可选择仍使用原车牌照，或上新牌照。购买新车需交钱款为新车价格与旧车评估价格的差额，如果旧车贷款尚未还清，可由经销商垫付还清贷款，款项计入新车需交钱款。

图 4-2　一汽大众公司汽车置换流程

七、二手车质量保证

二手车质量保证就是销售商承诺对车辆进行有条件、有范围、有限期的质量保证，并切实履行承诺的责任和义务。

1．意义

（1）保护消费者权益。

（2）促进二手车行业的规范发展。

（3）有利于经营品牌的创立。

（4）有利于开辟新的交易方式。

根据我国目前二手车发展水平，这种质量保证只能是有条件、有范围和有限期的质量保证。

2．前提及质量保证期

二手车质量保证只对二手车经销企业有要求。《二手车交易规范》对质量保证有如下规定。

（1）二手车质量保证的前提：使用年限在 3 年以内或行驶里程在 6 万 km 以内的车辆。

（2）二手车质量保证期限：不少于 3 个月或行驶里程 5000km。

（3）二手车质量保证的范围：发动机系统、转向系统、传动系统、制动系统和悬架系统等。

3．二手车售后服务

（1）二手车售后服务的规定。《二手车交易规范》对二手车售后服务有如下规定。

① 二手车经销企业向最终用户提供售后服务时，应向其提供售后服务清单。

② 在提供售后服务的过程中，不得擅自增加未经客户同意的服务项目。

③ 二手车经销企业应建立售后服务技术档案，售后服务技术档案保存时间不少于 3 年。

（2）售后服务技术档案内容。

① 车辆基本资料。

② 客户基本资料。

③ 维修记录。

【任务实施】

一、二手车销售定价计算实例

1．基本情况

品牌型号：一汽大众捷达 CIF。

号牌号码：辽 A55H3×。

注册登记日期：2018 年 12 月 20 日。

年审检验合格期至 2023 年 6 月。

车辆购置税完税证明：齐全，真实。

某 4S 店于 2023 年 4 月收购该车，收购价格为 4.40 万元。该车计划于 2023 年 6 月前销售出去。

2．销售定价计算

（1）确定固定成本费用摊销率。按该 4S 店的固定成本构成情况分析，分摊在二手车销售这一项的固定成本摊销率为 1%。

（2）确定变动成本。

① 该车实体价格即为收购价格，4.40 万元。

② 收购车辆时的运输费用合计为 65 元。

③ 从收购日起到预计的销售日，分摊在该车的日常维护费用约为 400 元。

④ 该车收购后，维修翻新费用合计 3200 元。

⑤ 车辆存放期间，银行的活期存款利率为 0.36%。

$$变动成本=(收购价格+运输费用+维护费用+维修翻新费用)\times(1+银行活期利率)$$
$$=(44000+65+400+3200)\times(1+0.36\%)\approx47837（元）$$

$$总成本费用 = 收购价格 \times 固定成本费用摊销率 + 变动成本$$
$$= 44000 \times 1\% + 47837 = 48277（元）$$

（3）确定销售价格。按成本加成定价法，本车型属于大众车型，市场保有量较大，且销售情况平稳。根据销售日的市场行情，一般成本加成率为 6% 左右。因此该车的销售定价为

$$销售定价 = 总成本费用 \times (1 + 成本加成率)$$
$$= 48277 \times (1 + 6\%) \approx 51174（元）$$

（4）确定最终销售定价。

① 该 4S 店目前处于比较稳定的经营时期，二手车经销状况也比较稳定，故应以获取合理利润为目标，所以成本加成率不做调整，即仍取 6%。

② 该车不准备采用折扣定价策略，而上述计算结果中有精确的尾数，即采用尾数定价策略，也不再做调整。

故该二手车的最终销售定价为 51174 元。

二手车销售定价
计算实例

二、引导客户办理二手车销售手续

（1）二手车经销企业对车辆进行检测和整备。

（2）二手车经销企业对进入销售展示区的车辆按"车辆信息表"的要求填写有关信息，在显要位置予以明示，并可根据需求增加"车辆信息表"的有关内容。

（3）达成车辆销售意向的，二手车经销企业与买方签订销售合同，并将"车辆信息表"作为合同附件。

（4）按合同约定收取车款，向买方开具税务机关监制的二手车销售统一发票，并如实填写成交价格。

（5）销售企业向买方提供质量保证书，并交付二手车。

（6）买方持规定的法定证明、凭证到公安机关交通管理部门办理过户登记手续。相关的证明、凭证包括以下种类。

① 买方的身份证明。

② 机动车登记证书。

③ 机动车行驶证。

④ 二手车交易市场、经销企业、拍卖公司按规定开具的二手车销售统一发票。

⑤ 属于解除海关监管的车辆，应提供"中华人民共和国海关监管车辆解除监管证明书"。

引导客户办理二
手车销售手续

（7）完成车辆转移登记后，买方应按国家有关规定，持新的机动车登记证书和机动车行驶证到有关部门办理车辆购置税、保险变更手续。

【任务考核】

（1）教师为每组学生提供（或学生自己通过各种渠道收集）一款二手车的详细资料，包括收购日期、收购价格、计划销售日期、收购日期至销售日期的各项费用。

（2）学生根据本任务所学的知识与技能，得出销售定价，将详细的计算过程编制成计算

报告，完成实训工单 4.2，并将所评估二手车的详细资料作为附件，一并提交。

（3）每两名学生为一组，互相扮演二手车鉴定评估师和二手车销售者，由二手车鉴定评估师扮演者为二手车销售扮演者详细讲解二手车销售的流程及注意要点。

（4）教师观察学生演示过程和审阅计算报告后，完成考核表（见本书配套的教学资源包）。

【学习效果检验】

具体内容见实训手册。

参考文献

[1] 郭志军. 二手车鉴定与评估［M］. 2版. 北京：北京理工大学出版社，2013.

[2] 明光星，杨洪庆. 二手车鉴定与评估［M］. 2版. 北京：中国人民大学出版社，2021.

[3] 黄旭. 二手车鉴定与评估［M］. 北京：北京邮电大学出版社，2015.

[4] 王丽姐. 二手车鉴定与评估［M］. 上海：上海交通大学出版社，2016.

[5] 陆炳仁，李明杰，张德虎. 二手车鉴定与评估［M］. 南京：东南大学出版社，2017.

[6] 张飞. 二手车鉴定与评估［M］. 北京：机械工业出版社，2017.

[7] 吕凤军. 汽车性能与检测技术［M］. 北京：北京邮电大学出版社，2012.

[8] 卞良勇. 二手车鉴定与评估［M］. 北京：人民交通出版社，2018.

[9] 杜秀菊，纪世才. 二手车鉴定与评估实用教程［M］. 2版. 北京：机械工业出版社，2018.

目　录

复习题

任务 1.1　学习效果检验 ··· 1

任务 1.2　学习效果检验 ··· 5

任务 1.3　学习效果检验 ··· 10

任务 2.1　学习效果检验 ··· 12

任务 2.2　学习效果检验 ··· 15

任务 3.1　学习效果检验 ··· 21

任务 3.2　学习效果检验 ··· 26

任务 3.3　学习效果检验 ··· 29

任务 4.1　学习效果检验 ··· 34

任务 4.2　学习效果检验 ··· 36

实训工单

实训工单 1.1 ··· 41

实训工单 1.2 ··· 42

实训工单 1.3 ··· 44

实训工单 2.1 ··· 45

实训工单 2.2 ··· 47

实训工单 3.1 ··· 53

实训工单 3.2 ··· 54

实训工单 3.3（二手车鉴定评估师用）··· 55

实训工单 3.3（客户用）··· 56

实训工单 4.1 ··· 57

实训工单 4.2 ··· 58

任务 1.1　学习效果检验

一、思考题

1. 简单描述二手车鉴定评估的作业流程。

2. 为什么汽车要强制报废？

3. 什么是报废机动车？在我国，对于报废机动车应如何处理？

4. 什么是改装机动车、拼装机动车？

5. 什么是汽车的技术使用寿命、经济使用寿命和合理使用寿命？三者之间的关系是怎样的？

6. 二手车鉴定评估有什么意义？

7. 简要说明二手车鉴定评估的目的。

8. 二手车鉴定评估的依据有哪些？

9. 二手车鉴定评估为什么有公证职能？

10. 请解释二手车鉴定评估的中介职能。

二、单项选择题

1. 下列二手车鉴定评估工作步骤中，（　　）是要首先进行的。

   A. 登记基本信息　　　　　　　　　B. 查验可交易车辆

   C. 判别事故车　　　　　　　　　　D. 鉴定技术状况

2. 最新版的《机动车强制报废标准规定》是（　　）颁布实施的。

   A. 2005 年 10 月 1 日　　　　　　B. 2006 年 10 月 1 日

   C. 2013 年 5 月 1 日　　　　　　　D. 2015 年 5 月 1 日

3. 凡达到报废标准的机动车，其所有人应将机动车（　　）。

   A. 赠送给学校作为实习用车　　　　B. 交售给报废机动车回收拆解企业

   C. 卖给农村　　　　　　　　　　　D. 卖给汽车修理厂

4. 小、微型出租客运汽车的报废年限为（　　）年。

   A. 8　　　　　　B. 10　　　　　　C. 15　　　　　　D. 20

5. 其他类大型营运客车的报废年限为（　　）年。

   A. 8　　　　　　B. 10　　　　　　C. 15　　　　　　D. 20

6. 专用校车的报废年限为（　　）年。

   A. 8　　　　　　B. 10　　　　　　C. 15　　　　　　D. 20

7. 大型非营运客车的报废年限为（　　）年。

   A. 8　　　　　　B. 10　　　　　　C. 15　　　　　　D. 20

8. 非营运乘用车的报废年限为（　　）年。
    A. 无　　　　　　B. 10　　　　　　C. 15　　　　　　D. 20

9. 对小、微型出租客运汽车（纯电动汽车除外）和摩托车，省、自治区、直辖市人民政府有关部门可结合本地实际情况，制定严于国家标准使用年限的规定，但小、微型出租客运汽车不得低于（　　）年。
    A. 5　　　　　　　B. 6　　　　　　　C. 8　　　　　　　D. 15

10. 某私用小型轿车，已使用 2.5 年，转为出租车，则该车还有（　　）年的使用寿命。
    A. 5　　　　　　　B. 6　　　　　　　C. 8　　　　　　　D. 10

11. 机动车报废后，其所有人无须将机动车的（　　）交回公安机关交通管理部门注销。
    A. 登记证书　　　B. 驾驶证　　　　C. 号牌　　　　　D. 行驶证

12. 大型客车是指核定载客人数大于等于（　　）人的载客汽车。
    A. 9　　　　　　　B. 19　　　　　　C. 20　　　　　　D. 30

13. 微型载客汽车是指核定载客人数小于等于 8 人，且排气量小于等于（　　）L 的载客汽车。
    A. 0.6　　　　　　B. 1　　　　　　　C. 1.3　　　　　　D. 1.5

14. 机动车使用年限起始日期按照注册登记日期计算，但自出厂之日起超过（　　）年未办理注册登记手续的，按照出厂日期计算。
    A. 1　　　　　　　B. 2　　　　　　　C. 3　　　　　　　D. 4

15. 小、微型非营运载客汽车和大型非营运轿车转为营运载客汽车的，应重新核算，但累计使用年限不得超过（　　）年。
    A. 8　　　　　　　B. 10　　　　　　C. 15　　　　　　D. 20

16. 下列选项中，（　　）不属于报废机动车。
    A. 已经达到国家《机动车强制报废标准规定》的
    B. 达到地方制定的有关报废规定的
    C. 交通事故车辆
    D. 连续 3 次检验不符合国家《机动车运行安全技术条件》规定的

17. 下列选项中，（　　）不属于报废机动车五大总成。
    A. 车架　　　　　B. 变速器　　　　C. 转向机　　　　D. 车轮

18. 下列选项中，（　　）不属于拼装机动车。
    A. 使用报废机动车的发动机及其他零部件组装的机动车
    B. 进口全散件组装的汽车
    C. 进口半散件组装的汽车
    D. 更换了车身壳体的轿车

19. 机动车使用寿命是指从机动车（　　）日开始计算到不能被使用时为止所经历的总使用时间或总行驶里程。
    A. 出厂　　　　　B. 销售　　　　　C. 初次注册登记　　D. 开始使用

20. 车辆从初次注册登记日开始，直至其主要机件到达技术极限状态而不能再继续修理时为止的总工作时间或总行驶里程称为（　　）。
    A. 规定技术使用寿命　　　　　　　B. 技术使用寿命
    C. 经济使用寿命　　　　　　　　　D. 合理使用寿命

21. 从机动车初次注册登记日开始计算，到依据国家或地方的相关法律法规不允许继续使用为止的总使用时间或总行驶里程称为（　　）。

    A. 规定技术使用寿命　　　　　　　　B. 技术使用寿命

    C. 经济使用寿命　　　　　　　　　　D. 合理使用寿命

22. 下列选项中，（　　）不是交易类业务二手车鉴定评估的侧重点。

    A. 市场价格咨询　　　　　　　　　　B. 二手车的来历

    C. 能否进入二手车市场流通　　　　　D. 二手车的估价

23. 购买新车时发票上显示的价格称为（　　）。

    A. 账面原值　　　B. 净值　　　C. 残余价值　　　D. 报废价值

24. 当二手车作为固定资产时，账面原值减去提取的累计折旧额的差值称为（　　）。

    A. 账面原值　　　B. 净值　　　C. 残余价值　　　D. 报废价值

25. 二手零部件回收的价值称为（　　）。

    A. 账面原值　　　B. 净值　　　C. 残余价值　　　D. 报废价值

26. 下列选项中，（　　）不是二手车鉴定评估的原则。

    A. 有效　　　B. 公正　　　C. 真实　　　D. 客观

27. 鉴定评估人员必须处于中立的立场上对车辆进行评估，体现了鉴定评估工作的（　　）。

    A. 公平性　　　B. 独立性　　　C. 客观性　　　D. 科学性

28. 要求二手车鉴定评估人员依据国家的有关法律和规章制度及可靠的资料数据等，对被评估的车辆独立地进行评定，体现了鉴定评估工作的（　　）。

    A. 公平性　　　B. 独立性　　　C. 客观性　　　D. 科学性

29. 选用合理的评估标准和评估方法，体现了鉴定评估工作的（　　）。

    A. 公平性　　　B. 独立性　　　C. 客观性　　　D. 科学性

30. 从事二手车鉴定评估业务，（　　）作为执业水平的有效证明。

    A. 需要考取职业资格证　　　　　　　B. 需要考取职业能力证书

    C. 需要考取职业水平等级证书　　　　D. 不需要考取任何证书

三、多项选择题

1. 国家制定《机动车强制报废标准规定》的目的有（　　）。

    A. 保障道路交通安全　　　　　　　　B. 鼓励技术进步

    C. 加快建设资源节约型、环境友好型社会　　D. 防止非法车辆流入社会

2. （　　）参与制定并公布了《机动车强制报废标准规定》。

    A. 交通运输部　　　B. 商务部　　　C. 公安部　　　D. 生态环境部

3. 下列选项中，（　　）属于报废机动车的五大总成。

    A. 发动机　　　B. 前后桥　　　C. 变速器　　　D. 转向机

4. 机动车使用寿命包括（　　）。

    A. 从买车到初次注册登记经历的时间　　B. 工作时间

    C. 维修时间　　　　　　　　　　　　D. 停驶时间

5. 机动车不能再使用的判断标准有（　　）。

    A. 国家机动车报废标准　　　　　　　B. 技术使用寿命

    C. 经济使用寿命　　　　　　　　　　D. 合理使用寿命

6. 汽车的技术使用寿命主要取决于各部分总成的（　　　）。

    A. 设计水平　　　　B. 制造质量　　　　　C. 车辆使用情况　　　D. 车辆维修状况

7. 二手车交易在技术和管理难度上远远超过一般旧货交易行为，主要是因为（　　　）。

    A. 车辆技术状况各不相同　　　　　　　　B. 判定难度大

    C. 交易价格的构成复杂　　　　　　　　　D. 车辆技术先进

8. 省级（　　　）在各自的职责范围内负责辖区内二手车流通的有关监督管理工作。

    A. 交警部门　　　　B. 商务主管部门　　　C. 工商行政管理部门　D. 税务部门

9. 二手车技术状况鉴定包含（　　　）。

    A. 对二手车技术状况进行缺陷描述　　　　B. 二手车等级评定

    C. 二手车价格估算　　　　　　　　　　　D. 编写评估报告

10. 下列选项中，（　　　）表明二手车鉴定评估具有明显的动态特征。

    A. 经常在不同地区使用　　　　　　　　　B. 产品更新换代快

    C. 市场行情的多变　　　　　　　　　　　D. 技术创新快

四、判断题

（　　　）1. 如果对汽车的使用期限既规定了累计行驶里程数，也规定了使用年限，则以使用年限为准。

（　　　）2. 非营运乘用车，因可以无限期延长使用年限，所以国家对其不规定使用年限。

（　　　）3. 机动车使用年限起始日期按照注册登记日期计算，但自出厂之日起超过 2 年未办理注册登记手续的，按照出厂日期计算。

（　　　）4. 小、微型非营运载客汽车和大型非营运轿车转为营运载客汽车的，按照营运载客汽车的规定报废。

（　　　）5. 公务用车达到报废年限时，可以赠送给学校作为实习用车。

（　　　）6. 对于没收的走私机动车，其注册登记日期按机动车的出厂年份录入年，按确定机动车登记编号的日期录入月、日。

（　　　）7. 报废机动车专指达到国家《机动车强制报废标准规定》中规定的使用行驶里程数或使用年限的车辆。

（　　　）8. 由于全散件进口组装车辆与半散件进口组装车辆均有合法的进口手续，所以不能定义为非法车辆。

（　　　）9. 改变机动车已登记的结构、构造或特征是非法的。

（　　　）10. 改变机动车型号、发动机号、车架号或车辆识别代号是非法的。

（　　　）11. 汽车的使用寿命是指汽车从投入使用到淘汰、报废的整个时间。

（　　　）12. 汽车的自然使用寿命是指在正常使用条件下，从投入使用到由于物理与化学原因而损耗报废的时间。

（　　　）13. 汽车的正常使用是指按照车辆制造厂家提供的使用手册所规定的技术规范使用汽车。

（　　　）14. 汽车的技术使用寿命是指汽车从投入使用，到由于技术落后而被淘汰所经历的时间。

（　　　）15. 一般来说，汽车的技术使用寿命主要受无形损耗影响。

（　　　）16. 汽车的经济使用寿命是指汽车从投入使用，到因维持继续使用的投入过高，导致不经济、成本过高而退出使用所经历的时间。

（　　）17．对汽车使用进行全面经济分析后得出的能获得最大经济效益的使用期限称为合理使用寿命。

（　　）18．购买汽车的单位费用，随行驶里程增加而逐渐下降。

（　　）19．二手车交易必须按照二手车鉴定评估的结果执行。

（　　）20．以全散件报关进口，在国内组装的汽车属于非法拼装车。

（　　）21．合法改装的二手车可以交易。

（　　）22．只要未达到国家《机动车强制报废标准规定》的车辆，就可以进行交易。

（　　）23．所有二手车鉴定评估必须是自愿进行的。

（　　）24．只要进入二手车交易市场进行交易的车辆，二手车鉴定评估机构均有责任为其进行鉴定评估。

（　　）25．二手车经销企业、经纪机构可以代办二手车鉴定评估、转移登记、保险、纳税等手续。

（　　）26．二手车经销机构有定期将二手车交易量、交易额等信息向所在地商务主管部门报送的义务。

（　　）27．二手车鉴定评估机构发现通过盗抢、走私等违法手段获得的车辆，应当向公安机关报告。

（　　）28．二手车交易市场可以建立自己的鉴定评估机构，以方便二手车交易。

（　　）29．二手车交易必经经过二手车交易市场。

（　　）30．二手车鉴定评估的业务类型分为转移产权类业务和不转移产权类业务两大类。

五、综合素养提升

请利用各种渠道，收集我国不同时期的汽车（机动车）报废标准，详细解读标准制定的目的，总结我国在机动车管理方面体现的人性化和创新性。

任务1.2　学习效果检验

一、思考题

1．查验可交易车辆时，需要做哪些工作？

2．机动车的法定证件都有哪些？各种税费证明有哪些？

3．什么是车辆购置税？国家征收车辆购置税的目的是什么？目前车辆购置税的征收标准是什么？

4．哪些种类的机动车免收车辆购置税？

5．车辆识别信息一般包括哪些？各自的作用是什么？

6．说明用经验法判断机动车行驶证真伪的方法。

7．如何鉴别走私车？

二、单项选择题

1．下列选项中，（　　）不是二手车法定证件。

A．原始购车发票　　B．机动车行驶证　　　C．机动车登记证书　　D．驾驶证

2．在核对二手车来历证明时，（　　）车辆不需要公证书。

A．中奖的　　　　　B．经法院判决的　　　C．赠予的　　　　　　D．继承的

3. 下列选项中，（　　）不是人民法院调解、裁定或者判决转移的机动车的来历证明。

　　A. 调解书　　　　B. 裁定书　　　　C. 仲裁裁决书　　　　D. 协助执行通知书

4. 二手车的合法手续证明一般不包括（　　）。

　　A. 车辆来历证明、机动车行驶证　　　　B. 机动车登记证书、车辆号牌、道路运输证

　　C. 车辆购置税、交强险标志　　　　D. 交通事故处理意见书

5. 下列选项中，（　　）不是机动车必须具备的合法手续。

　　A. 机动车来历证明　　　　　　　　B. 道路运输证

　　C. 机动车登记证书　　　　　　　　D. 机动车检验合格标志

6. 如果2020年的机动车检验合格标志是黄色，那么2023年将会是（　　）色。

　　A. 红　　　　B. 黄　　　　C. 绿　　　　D. 蓝

7. 下列选项中，（　　）不是二手车必备的税费证明。

　　A. 车辆购置税完税证明　　　　　　B. 车船税缴付凭证

　　C. 养路费缴付凭证　　　　　　　　D. 车辆保险单

8. 车辆购置税的征收标准，目前是按（　　）计征的。

　　A. 年　　　　B. 月　　　　C. 价　　　　D. 排量

9. 车辆购置税的征收标准，目前是按车辆计税价格的（　　）%计征的。

　　A. 6　　　　B. 8　　　　C. 10　　　　D. 20

10. 纳税人自产、受赠、获奖或者以其他方式取得并自用的车辆，计税依据由车辆购置税征收管理办公室参照国家税务总局核定的应税车辆（　　）核定。

　　A. 最低计税价格　　B. 最高计税价格　　C. 平均计税价格　　D. 标准计税价格

11. 下列选项中，（　　）是我国首个由国家法律规定实行的强制保险制度。

　　A. 车辆损失险　　B. 第三者责任险　　C. 车辆盗抢险　　D. 交强险

12. 《机动车交通事故责任强制保险条例》是国务院在（　　）年3月28日颁布的。

　　A. 2005　　　　B. 2006　　　　C. 2007　　　　D. 2008

13. 道路上行驶的机动车未放置保险标志的，公安机关交通管理部门应当扣留该机动车，通知当事人提供保险标志或者补办相应手续，可以处警告或者20元以上（　　）元以下罚款。

　　A. 100　　　　B. 200　　　　C. 300　　　　D. 500

14. 伪造、变造或者使用伪造、变造的保险标志，或者使用其他机动车的保险标志，由公安机关交通管理部门予以收缴，扣留该机动车，处200元以上（　　）元以下罚款；构成犯罪的，依法追究刑事责任。

　　A. 500　　　　B. 800　　　　C. 1000　　　　D. 2000

15. 下列选项中，（　　）在树立企业形象、培养用户认同感和信赖感等方面有着重要的作用。

　　A. 汽车车标　　B. 车辆铭牌　　C. 车身标识　　D. 车辆识别代号

16. 按目前标准，进口轿车发动机排量在4.0L以上，消费税的适用税率为（　　）。

　　A. 10%　　　　B. 25%　　　　C. 30%　　　　D. 40%

17. 一辆轿车的车辆识别代号是464AH53L8GJ007421，其年份字码表示的年份最有可能是（　　）年。

　　A. 2013　　　　B. 2015　　　　C. 2011　　　　D. 2016

18. 汽车的车辆识别代号中表示车型年份的是第（　　）位。

    A. 8　　　　　　　B. 10　　　　　　　C. 9　　　　　　　D. 11

19. 车辆识别代号由（　　）位字码组成。

    A. 7　　　　　　　B. 10　　　　　　　C. 17　　　　　　　D. 22

20. 车辆识别代号的数字和字母经过排列组合的结果可以使同一车型在（　　）年内不会发生重号现象。

    A. 20　　　　　　　B. 30　　　　　　　C. 40　　　　　　　D. 50

21. 车辆识别代号的第一位通常表示（　　）。

    A. 地理区域　　　B. 国家　　　　　C. 制造厂　　　　　D. 车型类别

22. 车辆识别代号若直接打印在汽车和挂车（车架、车身等部件）上，则字码高度至少应为（　　）mm。

    A. 0.3　　　　　　　B. 4　　　　　　　C. 5　　　　　　　D. 7

23. 大众1.4L排量的车型，TSI标志（　　）。

    A. 是全红色的　　B. SI是红色的　　C. 只有I是红色的　　D. 是全黑色的

24. 混合动力汽车的车身标识是（　　）。

    A. EV　　　　　　　B. BEV　　　　　　C. DM　　　　　　D. Hybrid

25. （　　）年以前，机动车行驶证正本上的车辆照片是带车牌号的，然后塑封。

    A. 2001　　　　　　B. 2003　　　　　　C. 2005　　　　　　D. 2009

26. 某车的机动车行驶证上面的公章为"××省××市公安局车辆管理所"，据此可判断该车新车应该为（　　）的车。

    A. 2001年前　　　B. 2001年后　　　C. 2004年前　　　D. 2004年后

27. 下列选项中，（　　）的机动车不需要有变更登记记载。

    A. 改变车身颜色　　　　　　　　　　　B. 更换车身或者车架

    C. 营运改为非营运　　　　　　　　　　D. 小、微型载客汽车加装前后防撞装置

28. 下列选项中，（　　）是核查机动车号牌真伪最有效的方法之一。

    A. 望　　　　　　　B. 摸　　　　　　　C. 问　　　　　　　D. 查

29. 小型汽车号牌的标准形式为（　　）。

    A. 黄底黑字黑线框　　　　　　　　　　B. 蓝底白字白线框

    C. 黑底白字白线框　　　　　　　　　　D. 白底黑字黑线框

30. 以欺骗、贿赂等不正当手段办理补领、换领机动车登记证书、号牌、机动车行驶证和检验合格标志等业务的，由公安机关交通管理部门处警告或者（　　）元以下罚款。

    A. 100　　　　　　B. 200　　　　　　C. 300　　　　　　D. 500

31. 机动车检验合格标志灭失、丢失或者损毁的，机动车所有人应当持机动车行驶证向机动车登记地或者检验合格标志核发地车辆管理所申请补领或者换领。车辆管理所应当自受理之日起（　　）日内补发或者换发。

    A. 1　　　　　　　B. 2　　　　　　　C. 3　　　　　　　D. 5

32. 对于正规进口汽车，下列选项中，（　　）不正确。

    A. 前风窗玻璃上有黄色的商检标志

    B. 必须有右驾改左驾的痕迹

    C. 附有中文使用手册和维修手册

D. 车型号必须在我国公布的进口汽车产品目录上

33. 下列选项中，（　　）对判断是否为走私车基本没有帮助。

A. 查看汽车型号，看其是否在我国进口汽车产品目录上

B. 看是否有外文手册

C. 看自动变速器变速杆的保险按钮是否仍在右侧

D. 观察发动机室是否有重新装配和改装的痕迹

34. 某车后风窗玻璃上的生产日期标注为"7····"，则可判断该车玻璃的生产月份为（　　）月。

A. 2　　　　　B. 5　　　　　C. 7　　　　　D. 8

三、多项选择题

1. 查验可交易车辆，即查验车辆相关法定证明、凭证是否（　　），判定待评估车辆是否符合可交易条件。

A. 齐全　　　　B. 完好　　　　C. 合法　　　　D. 有效

2. 下列选项中，（　　）不需要有购车发票就可能是合法交易的车辆。

A. 人民法院调解、裁定或者判决转移的机动车

B. 仲裁机构仲裁裁决转移的机动车

C. 资产重组或者资产整体买卖中包含的机动车

D. 国家机关统一采购并调拨到下属单位未注册登记的机动车

3. 目前二手车的税费包括（　　）。

A. 车辆购置税　　B. 车船税　　　C. 养路费　　　D. 车辆保险费

4. 纳税人购买自用应税车辆的计税价格，包括（　　）。

A. 购车价款　　B. 购车价外费用　　C. 增值税税款　　D. 交强险费用

5. 纳税人购买进口自用的应税车辆的计税价格中，应包括（　　）。

A. 关税完税费用　　B. 保险费　　　C. 关税　　　D. 消费税

6. 下列选项中，主管税务机关根据纳税人提供的"机动车销售统一发票"或有效凭证注明的价格确定计税价格的有（　　）。

A. 进口二手车　　　　　　　　B. 因不可抗力因素导致受损的车辆

C. 库存超过 3 年的车辆　　　　D. 行驶 8 万 km 以上的试验车辆

7. 下列选项中，（　　）一定会在车辆铭牌上标示。

A. 厂牌（品牌）文字或图案　　B. 车辆识别代号

C. 车身颜色代码　　　　　　　D. 发动机型号

8. 在进行二手车鉴定评估时查验车辆的车辆识别代号，可以获得（　　）。

A. 车辆的车型年份　　　　　　B. 发动机型号

C. 故障维修记录　　　　　　　D. 是否为非法车辆

9. 在二手车交易过程中，（　　）都离不开车身标识。

A. 辨别某一款车的特殊性　　　B. 区别同一款车的不同型号、配置

C. 确定车辆年份　　　　　　　D. 鉴定车辆合法性

10. 下列选项中，（　　）是表示全时四轮驱动的车身标识。

A. 4WD　　　　B. AWD　　　　C. xDrive　　　D. 4MATIC

四、判断题

（　　）1. 对于不可交易的车辆，不进行技术鉴定和价值评估。

（　　）2. 在国外购买的机动车，必须有该车销售单位开具的销售发票及其翻译文本。

（　　）3. 如果没有机动车登记证书，则不能进行二手车鉴定评估。

（　　）4. 二手车来历证明专指新车或二手车购置发票。

（　　）5. 对于国有企业，资产重组或者资产整体买卖中包含的机动车，其来历证明是资产主管部门的批准文件和车辆原始发票。

（　　）6. 国家机关统一采购并调拨到下属单位已注册登记的机动车，其来历证明是全国统一的机动车销售发票和该部门出具的调拨证明。

（　　）7. 修理单位开具的发票也可以作为机动车的来历证明。

（　　）8. 资产主管部门的批准文件可以作为机动车的来历证明。

（　　）9. 国家征收车辆购置税的主要目的是用于发放购置新车补贴。

（　　）10. 购买自用或者进口自用车辆，纳税人申报的计税价格低于同类型应税车辆的最低计税价格，按纳税人申报的计税价格计税。

（　　）11. 已缴纳车船税的车船在同一纳税年度内办理转让过户的，需重新纳税。

（　　）12. 二手车上路行驶的手续是指：机动车上路行驶，必须按照国家有关规定办理相关证件和缴纳的税费。机动车凭这些有效证件及所缴纳税费的证明上路行驶。

（　　）13. 国家税务机关监制的全国统一的二手车交易专用发票是唯一有效的二手车来历证明。

（　　）14. 按照相关法规，机动车交通事故责任强制保险实行全国统一保险保单条款、全国统一基础保险费率、全国统一责任限额。

（　　）15. 机动车所有人为自然人办理补领"机动车登记证书"业务的，应本人到场申请，不能委托他人代理。机动车所有人因死亡、出境、重病残和不可抗力等原因不能到场补领"机动车登记证书"的，应当出具有关证明。

（　　）16. 机动车号牌、行驶证灭失、丢失或者损毁的，机动车所有人应当向登记地车辆管理所申请补领、换领。

（　　）17. 发动机号码、车辆识别代号因磨损、锈蚀、事故等原因辨认不清或者损坏的，应当更换发动机或报废车辆。

（　　）18. 二手车鉴定评估的委托人，如果不是车主，因其对车辆无处置权，故不能为其进行二手车鉴定评估。

（　　）19. 在抵押登记期内的车辆可以进入二手车市场交易。

（　　）20. 2005 年 7 月 1 日后，未投保交强险的车辆不得上路行驶。

（　　）21. 车船税一般采用从价定率的办法计算应纳税额。

（　　）22. 车辆识别代号应尽量置于汽车前半部分、易于观察到且能够防止磨损或更换的部位。

（　　）23. 我国规定，整个车辆识别代号的最后 6 位字码为车辆的生产顺序号，与汽车底盘或车架号相同。故行驶证上的车架号签注的也是 17 位字码。

（　　）24. 车辆的发动机号码、车辆识别代号可以是重新打刻的。

（　　）25. 汽车门锁是新换的，则可断定该车为盗抢车。

五、综合素养提升

请列举《中华人民共和国车船税法》规定的免税车船种类。你个人认为每一类车船免税的理由应该是什么？从中总结出我国车船税管理的合理性有哪些。

任务1.3　学习效果检验

一、思考题

1. 载货汽车、客车和轿车的主参数分别是什么？
2. 分别解释品牌、车系、型号、子车型、车型年份、制造工厂的含义。
3. 二手车鉴定评估有哪几种假设？各假设下要求评估二手车的什么价格？
4. 二手车价格评估有哪些计价标准？各计价标准的概念是什么？
5. 二手车价格评估有哪些评估方法？各评估方法的概念是什么？
6. 分别解释重置成本、实体性贬值、功能性贬值和经济性贬值的含义。
7. 重置成本法有哪些特点？
8. 现行市价法有哪些特点？
9. 现实二手车鉴定评估中，各类型二手车与各评估方法的对应关系是什么？

二、单项选择题

1. EQ1141型载货汽车的总质量为（　　）t。
　　A. 1　　　　　　B. 41　　　　　　C. 4　　　　　　D. 14
2. XMQ6122型客车的车身长度为（　　）m。
　　A. 6　　　　　　B. 12　　　　　　C. 2　　　　　　D. 22
3. 在国产汽车型号中，车辆类别代号为5代表（　　）。
　　A. 自卸汽车　　B. 牵引汽车　　　C. 越野汽车　　　D. 专用汽车
4. 某汽车型号为BJ2020，其车辆类型代号和主参数含义是（　　）。
　　A. 越野车质量2t　B. 载货质量2t　　C. 货车总质量2t　D. 越野车总质量2t
5. 在国产汽车产品型号编制规则中，车辆类别代号为7代表（　　）。
　　A. 自卸汽车　　B. 牵引汽车　　　C. 越野汽车　　　D. 轿车
6. 大客车的主参数是（　　）。
　　A. 发动机排量　B. 总质量　　　　C. 座位数　　　　D. 车辆长度
7. 当车辆主参数有变化，且变化程度大于（　　）%时，应改变主参数代号。
　　A. 5　　　　　　B. 10　　　　　　C. 15　　　　　　D. 20
8. 车辆查询信息的第一级是（　　）。
　　A. 品牌　　　　B. 型号　　　　　C. 车型年份　　　D. 车系
9. 下列选项中，（　　）不是二手车鉴定评估的计价方法。
　　A. 折扣率法　　B. 重置成本法　　C. 收益现值法　　D. 清算价格法
10. 下列选项中，（　　）要求以车辆在公平市场上的销售价格为基础计算车辆评估值。
　　A. 重置成本法　B. 现行市价法　　C. 收益现值法　　D. 清算价格法
11. 下列选项中，（　　）要求根据车辆的预期获利能力大小，以适当的折现率将未来收益折算成现值。

    A. 重置成本法   B. 现行市价法   C. 收益现值法   D. 清算价格法

12. 下列选项中，（　　）不是二手车鉴定评估的主要方法。

    A. 预期收益法   B. 现行市价法   C. 收益现值法   D. 清算价格法

13. 复原重置成本和更新重置成本的关系是（　　）。

    A. 复原重置成本大于更新重置成本   B. 复原重置成本小于更新重置成本

    C. 两者不存在确定关系   D. 复原重置成本等于更新重置成本

14. 下列选项中，（　　）的理论依据是，任何一个精明的投资者在购买某项资产时，他所愿意支付的价格，绝不会超过现时市场上能够购买到的与该项资产具有同等效用的全新资产所需的最低成本。

    A. 重置成本法   B. 现行市价法   C. 收益现值法   D. 清算价格法

15. 下列选项中，（　　）的应用前提是车辆能够以整车状态继续使用。

    A. 重置成本法   B. 现行市价法   C. 收益现值法   D. 清算价格法

16. 下列选项中，（　　）适用于价值较高的中、高档车辆评估。

    A. 重置成本法   B. 现行市价法   C. 收益现值法   D. 清算价格法

17. 下列选项中，（　　）的理论依据是任何一个正常的投资者在购置某项资产时，他所愿意支付的价格不会高于市场上具有相同用途替代品的现行市价。

    A. 重置成本法   B. 现行市价法   C. 收益现值法   D. 清算价格法

18. 所谓近期，是指参照车辆交易时间与被评估二手车评估基准日相差时间相近，一般在（　　）之内

    A. 1周   B. 1个月   C. 1个季度   D. 1年

19. 下列选项中，（　　）适用于产权转让的畅销车型的评估。

    A. 重置成本法   B. 现行市价法   C. 收益现值法   D. 清算价格法

三、多项选择题

1. 二手车价格评估的假设有（　　）。

    A. 继续使用假设   B. 公开市场假设   C. 清算（清偿）假设   D. 收益现值假设

2. 下列对公平市场的描述，（　　）正确。

    A. 买卖双方没有垄断和强制   B. 双方的交易行为都是自愿的

    C. 都有足够的时间与能力了解市场行情   D. 市场必须归政府管理

3. 在运用重置成本法时，决定二手车评估值的主要因素有（　　）。

    A. 重置成本   B. 实体性贬值   C. 功能性贬值   D. 经济性贬值

4. 功能性贬值包括（　　）。

    A. 实体性贬值   B. 一次性功能贬值   C. 营运性功能贬值   D. 经济性贬值

5. 二手车的外部经济环境包括（　　）。

    A. 宏观经济政策   B. 市场需求   C. 通货膨胀   D. 环境保护

6. 下列关于重置成本法特点的描述，正确的有（　　）。

    A. 比较充分地考虑了车辆的各方面损耗

    B. 比较清晰地解析了车辆残值的构成

    C. 能真实和较准确地反映车辆本金化的价格

    D. 能够客观反映二手车目前的市场情况

7. 下列关于应用现行市价法评估二手车的关键要素描述，正确的有（　　　）。

A. 要有一个发育成熟、交易活跃的二手车公开交易市场

B. 有充足的参照车辆

C. 能够获得目前新车价格

D. 能够获得预期收益

四、判断题

（　　）1. 二手车鉴定评估委托书是一项经济合同性质的契约。

（　　）2. 我国汽车产品型号中，企业名称代号由2～3位英文字母组成。

（　　）3. 按国家汽车产品型号编制规则，TJ7130UA 表示天津汽车工业总公司生产的排量为1.3L的三厢式电喷普通级轿车。

（　　）4. 轿车的排量为1.8L，其真实排量一定大于或等于1.8L。

（　　）5. 车型年份表示实际生产的年份。

（　　）6. 按车辆拆零后出售零部件所得收入之和进行估价的方法满足继续使用假设。

（　　）7. 机动车的最大最佳效用，由车辆所在地区具体特定条件以及市场供求规律所决定。

（　　）8. 重置成本标准适用的前提是车辆处于在用状态，一方面反映车辆已经投入使用；另一方面反映车辆能够继续使用，对所有者具有使用价值。

（　　）9. 重置成本的价格需要考虑车辆功能的市场性。

（　　）10. 现行市价随供求关系的变化波动。

（　　）11. 清算价格是非正常市场上的拍卖价格，一般大大低于现行市价。

（　　）12. 选择复原重置成本和更新重置成本的前提是车辆本身的功能不变。

（　　）13. 一般情况下，在选择重置成本时，如果可同时取得复原重置成本和更新重置成本，应优先选择复原重置成本。

（　　）14. 由于技术进步引起的二手车功能相对落后而导致的贬值，属于有形损耗。

（　　）15. 一次性功能贬值是指原有车辆在完成相同工作任务的前提下，在燃料、人力、配件材料等方面的消耗增加，提高了一部分超额运营成本。

（　　）16. 汽车排放标准的变化使在用车产生的贬值属于功能性贬值。

（　　）17. 收益现值法的现值确定依赖于目前市场的新车价格。

（　　）18. 现行市价法是从二手车可能进行交易角度来判断二手车价值的。

（　　）19. 用现行市价法评估二手车时包含被评估二手车的各种贬值因素。

（　　）20. 清算价格法的理论基础是现行市价标准。

（　　）21. 资产抵押中的二手车价格评估不适用现行市价法。

（　　）22. 如果企业丧失车辆处置权，则以买方出价决定车辆售价。

（　　）23. 二手车评估应尽量选择简单、易行的方法。

任务 2.1　学习效果检验

一、思考题

1. 正确解释事故车的3种类型。

2. 详细说明非承载式车身的左右弯曲变形、断裂变形、菱形变形的外观表现。

3. 目视鉴别碰撞事故车时通常需要观察哪些部位？

4. 说明检查车体周正性的正确方法。

5. 对于前纵梁，目视检查的内容有哪些？

6. 如何目视检查车门口？

7. 为了判别是否为泡水车，在检查驾驶室内时都有哪些检查内容？

8. 为了判别是否为火烧车，应进行哪些方面的检查？

二、单项选择题

1. 车门垂直方向缝隙变大，车门宽度方向有皱折，说明车架可能有（　　　）。
   A. 左右弯曲变形　B. 上下弯曲变形　　C. 菱形变形　　　　D. 扭转变形

2. 车身壳体某些部位比正常位置低（或高），说明车架可能有（　　　）。
   A. 左右弯曲变形　B. 上下弯曲变形　　C. 菱形变形　　　　D. 扭转变形

3. 翼子板与门之间的缝隙在顶部变窄、下部变宽，说明车架可能有（　　　）。
   A. 左右弯曲变形　B. 上下弯曲变形　　C. 菱形变形　　　　D. 扭转变形

4. 前机舱盖有明显错位现象，说明车架可能有（　　　）。
   A. 左右弯曲变形　B. 上下弯曲变形　　C. 菱形变形　　　　D. 扭转变形

5. 对于承载式车身，下列（　　　）是通过螺栓安装的。
   A. 前机舱盖　　　B. 翼子板　　　　　C. 车门　　　　　　D. 保险杠

6. 对于承载式车身，下列（　　　）可能是通过点焊安装的。
   A. 前机舱盖　　　B. 翼子板　　　　　C. 车门　　　　　　D. 保险杠

7. 整个车辆呈香蕉状变形，说明车辆发生过（　　　）。
   A. 前部碰撞　　　B. 中部碰撞　　　　C. 顶部碰撞　　　　D. 后部碰撞

8. 车顶纵梁、后顶盖侧板有向下弯曲的折痕，说明车辆可能发生过（　　　）。
   A. 前部碰撞　　　B. 中部碰撞　　　　C. 顶部碰撞　　　　D. 后部碰撞

9. 下列选项中，（　　　）不是承载式车身碰撞损伤。
   A. 弯曲变形　　　B. 断裂变形　　　　C. 扭转变形　　　　D. 菱形变形

10. 通过测量发现，车身某部件的高度超出配合公差标准，说明车辆可能存在（　　　）。
    A. 左右弯曲变形　B. 断裂变形　　　　C. 上下弯曲变形　　D. 菱形变形

11. 传统型（溶剂涂料）单工序素色漆膜从金属底材到表面的总膜厚约为（　　　）μm。
    A. 80　　　　　　B. 100　　　　　　C. 150　　　　　　D. 180

12. 双工序金属漆膜从金属底材到表面的总膜厚大约为（　　　）μm。
    A. 80　　　　　　B. 100　　　　　　C. 150　　　　　　D. 180

13. 修补后的漆膜厚度一般会超过（　　　）μm（不包括原子灰层）。
    A. 80　　　　　　B. 100　　　　　　C. 150　　　　　　D. 180

14. 在检查车体周正性时，车体外缘左右对称部位的高度差不应大于（　　　）mm。
    A. 30　　　　　　B. 40　　　　　　C. 50　　　　　　D. 60

15. 经修理厂维修后的焊点直径较大，一般为（　　　）mm 左右。
    A. 5　　　　　　B. 8　　　　　　C. 10　　　　　　D. 12

16. 揭开轿车地毯，发现地板有明显的焊接痕迹，说明车辆可能（　　　）。
    A. 出过交通事故　B. 使用年限较长　　C. 被火烧过　　　　D. 被偷盗过

17. 通过测量发现，前机舱对角尺寸不相等，说明此处存在（   ）。
    A. 左右弯曲变形　　B. 断裂变形　　　　C. 上下弯曲变形　　D. 菱形变形

18. 鉴别事故车时，前机舱内无须检查的系统是（   ）。
    A. 冷却系统与进气系统　　　　　　　B. 润滑系统与供油系统
    C. 点火系统　　　　　　　　　　　　D. 曲柄连杆机构

19. 检查车身各部的周正性、对称性，可从汽车的前面或后面走出（   ）m蹲下，沿轮胎和汽车的外表面观察，两侧前、后轮应成一条直线。
    A. 1～2　　　　　B. 2～3　　　　　C. 3～4　　　　　D. 5～6

20. 承载式车身前、后纵梁并没有连接，因此，并不存在真正意义上的（   ）。
    A. 侧弯　　　　　B. 凹陷　　　　　C. 菱形变形　　　　D. 扭曲

21. 下列选项中，（   ）是判断车辆事故状况须检查的项目。
    A. 发动机是否大修　　　　　　　　　B. 车体是否周正
    C. 变速器是否大修　　　　　　　　　D. 车桥是否大修

三、多项选择题

1. 在二手车鉴定评估中，事故车包括（   ）。
    A. 严重碰撞车　　B. 泡水车　　　　C. 火烧车　　　　D. 大修车

2. 下列选项中，（   ）的车辆可认为是严重碰撞车。
    A. 车架左、右纵梁弯曲变形、断裂后修复或更换过
    B. 散热器框架和悬架安装部位被撞伤后修复或更换过
    C. 车身后翼子板碰撞后修复或更换过
    D. 门框上、下边梁，A柱、B柱、C柱碰撞变形后修复或更换过

3. 下列选项中，（   ）的车辆可认为是泡水车。
    A. 水深超过车轮直径的2/3　　　　　B. 水深超过车轮
    C. 水深超过前机舱盖，水线达到前风窗玻璃的下沿　　　D. 积水漫过车顶

4. 对于承载式车身，下列（   ）是通过铰链安装的。
    A. 前机舱盖　　B. 翼子板　　　　C. 车门　　　　D. 保险杠

5. 下列车身壳体上的构件，（   ）属于结构件。
    A. 前纵梁　　　B. B柱　　　　　C. 车门槛　　　　D. 挡泥板

6. 下列选项中，（   ）说明汽车可能发生过严重碰撞。
    A. 车门口线条有类似波浪的形状　　　B. 车门槛磨损严重
    C. 车门槛线形不平直　　　　　　　　D. B柱有焊接的痕迹

7. 检验汽车前端尺寸时，轨道式量规测量的最佳位置有（   ）。
    A. 前纵梁棱线　　　　　　　　　　　B. 悬架安装点
    C. 机械元件上的安装点　　　　　　　D. 前翼子板边沿

8. 在确定是否为泡水车时，前机舱内重点检查的部位有（   ）。
    A. 前围上盖板　　B. 线束　　　　C. 熔丝盒　　　　D. 前纵梁

9. 在确定是否为泡水车时，驾驶室内重点检查的部位有（   ）。
    A. 地毯　　　　　　　　　　　　　　B. 座椅支架
    C. 安全带　　　　　　　　　　　　　D. 转向柱裸露的金属部位

10. 下列描述中，（　　　）的车辆说明可能为火烧车。

    A. 前机舱内外有近期喷漆痕迹   B. 前机舱有大量线束更换过的迹象

    C. 前机舱盖保温板异常新   D. 前机舱塑料件有大量更换过的迹象

四、判断题

（　　　）1. 如果车身有焊接的痕迹，说明车辆有可能出过碰撞事故。

（　　　）2. 事故车的主要表现是存在严重的结构性损伤。

（　　　）3. 事故车指发生过严重碰撞事故的车辆。

（　　　）4. 泡水车是指进水时，水线超过前机舱盖、水线达到前风窗玻璃的下沿且浸泡时间较长的车辆。

（　　　）5. 轿车的翼子板是通过螺栓与车身壳体连接的。

（　　　）6. 通常，测量的尺寸越长，其精确度越高。

（　　　）7. 前部车身损伤变形的程度也可用轨道式量规或卷尺来确定。

（　　　）8. 碰撞力在汽车上传递距离和二次损伤程度取决于碰撞力的大小和作用方向，以及吸收碰撞能的各个结构件的强度。

（　　　）9. 车身检查首要目的是看"伤"，即看二手车有没有严重碰撞的痕迹。

（　　　）10. 车辆碰撞或撞击后，车架大梁弯曲变形、断裂后修复的属于事故车。

（　　　）11. 水箱及水箱支架被撞伤后修复或更换的不属于事故车。

（　　　）12. 车身后翼子板碰撞后被切割或更换的不属于事故车。

五、综合素养提升

目前二手车市场确实存在故意隐瞒事故车的现象，给购买者带来经济损失和安全隐患，你认为应如何解决这一问题？

任务 2.2　学习效果检验

一、思考题

1. 汽车技术状况变差的外观症状有哪些？

2. 解释整车装备质量、最大装载质量、最大总质量、最大轴荷质量等名词的含义。

3. 正确描述车辆长、宽、高的定义。

4. 解释动力性、燃料经济性、制动性、操纵稳定性、操纵轻便性、行驶平顺性、通过性、机动性、环保性等名词的含义。

5. 在进行二手车拍照时，对车辆有哪些要求？

6. 说明在进行车辆外观检查时，前保险杠的检查内容。

7. 说明在进行车辆外观检查时，左前车门的检查内容。

8. 说明发动机的检查内容。

二、单项选择题

1. 汽车技术状况的变化取决于（　　　）的综合性能。

    A. 机构   B. 总成   C. 结构件   D. 组成零件

2. 造成汽车外观症状的主要原因是（　　　）。

    A. 设计或制造缺陷   B. 使用不当

C. 维修不良　　　　　　　　　　　　D. 长期运行的正常磨损

3. 垂直于车辆纵向对称平面，并分别抵靠在汽车前、后最外端突出部位的两垂面之间的距离称为（　　）。

    A. 车长　　　　　　B. 车宽　　　　　　C. 车高　　　　　　D. 轴距

4. 平行于车辆纵向对称平面，并分别抵靠车辆两侧固定突出部位两平面之间的距离称为（　　）。

    A. 车长　　　　　　B. 车宽　　　　　　C. 车高　　　　　　D. 轴距

5. 通过车辆同一侧相邻两车轮的中点，并垂直于车辆纵向对称平面的两垂线之间的距离称为（　　）

    A. 车长　　　　　　B. 车宽　　　　　　C. 车高　　　　　　D. 轴距

6. 我国公路车辆极限尺寸规定的轿车总长不大于（　　）m。

    A. 6　　　　　　B. 8　　　　　　C. 10　　　　　　D. 12

7. 我国公路车辆的极限尺寸规定车辆总宽不大于（　　）m。

    A. 2　　　　　　B. 2.5　　　　　　C. 3　　　　　　D. 3.5

8. 我国公路车辆的极限尺寸规定车辆总高不大于（　　）m。

    A. 2.5　　　　　　B. 3　　　　　　C. 3.5　　　　　　D. 4

9. 下列选项中，（　　）属于汽车的被动安全装置。

    A. ABS　　　　　　B. ASR　　　　　　C. ESP　　　　　　D. SRS

10. 下列对二手车拍照一般要求的描述，不正确的是（　　）。

    A. 车身要擦洗干净　　　　　　B. 前风窗玻璃及仪表盘上无杂物

    C. 机动车号牌无遮挡　　　　　　D. 前轮处于向右偏驶状态

11. 造成轮胎胎冠呈波浪状或碟边状磨损的原因是（　　）。

    A. 前束不正确　　　　　　B. 轮胎不平衡

    C. 主销内倾角不正确　　　　　　D. 转身节臂弯曲变形

12. 车辆的外观检查不包括（　　）。

    A. 鉴别套牌车　　　　　　B. 鉴别事故车

    C. 检查前机舱、车舱和行李舱　　　　　　D. 检查车辆底部

13. 汽车技术状况变化的主要原因有磨损、腐蚀损坏、变形、老化和（　　）。

    A. 穴蚀　　　　　　B. 疲劳损坏　　　　　　C. 电化学腐蚀　　　　　　D. 超负荷

14. 下列关于二手车技术状况的一般检查叙述，不正确的是（　　）。

    A. 水箱的检查重点是加注冷却液与否

    B. 蓄电池的检查重点是生产日期

    C. 空气滤清器的检查重点是滤芯脏污情况

    D. 机油的检查重点是机油状况

15. 如果发动机机油加注口盖底面有一层具有黏稠度的深色乳状物，还有与油污混合的小水滴，原因很可能是（　　）。

    A. 机油加注盖不密封　　　　　　B. 缸垫、缸盖或缸体有损坏

    C. 气缸窜气过多　　　　　　D. 前机舱盖不密封

16. 发动机机油加注口盖的底面有一层黏稠的浅棕色乳状物，这可能是（　　）。

    A. 发动机需要大修　　　　　　B. 发动机经常过热的结果

C. 发动机缺乏日常维护　　　　　　　D. 正常的

17. 将机油滴在白纸上，若黑点里有较多的沥青质及炭粒等，表明（　　）。

　　A. 机油变质　　　　　　　　　　　B. 使用了劣质机油

　　C. 机油滤清器作用不良　　　　　　D. 发动机烧机油

18. 如果前风窗玻璃密封胶条上沾有油漆，说明车辆可能（　　）。

　　A. 属于油漆厂　　　　　　　　　　B. 制造质量较差

　　C. 前风窗玻璃可能破碎过　　　　　D. 出过碰撞事故

19. 下列选项中，（　　）不能明确反映车辆的使用程度。

　　A. 机油的量　　　　　　　　　　　B. 地毡或地板胶残旧程度

　　C. 座椅的新旧程度　　　　　　　　D. 内外的完好与清新程度

20. 转向系统的检查不包括（　　）。

　　A. 转向盘自由行程　　　　　　　　B. 转向盘与转向柱的连接是否松旷

　　C. 转向柱是否弯曲　　　　　　　　D. 转向轮是否异常磨损

21. 如果离合器踏板已更换了新的踏板胶皮，说明该车行驶里程已达（　　）万km以上。

　　A. 3　　　　　　B. 4　　　　　　C. 5　　　　　　D. 6

22. 按规定量加好机油，经过使用后，机油油面增高，这说明（　　）。

　　A. 汽油混入曲轴箱　　　　　　　　B. 水混入曲轴箱

　　C. 油底壳沙砾金属沫沉淀太多　　　D. 曲轴箱通风不够，压力太大

23. 制动踏板的自由行程一般不超过（　　）mm。

　　A. 20　　　　　　B. 30　　　　　　C. 40　　　　　　D. 50

24. 离合器踏板的自由行程一般不超过（　　）mm。

　　A. 10　　　　　　B. 15　　　　　　C. 20　　　　　　D. 25

25. 离合器踏板力应不大于（　　）N。

　　A. 200　　　　　　B. 300　　　　　　C. 400　　　　　　D. 500

26. 要求拉起驻车制动操纵杆不超过（　　）响，即可达到足够的制动效能。

　　A. 2　　　　　　B. 3　　　　　　C. 4　　　　　　D. 5

27. 车辆在（　　）次内能够顺利起动，说明起动性良好。

　　A. 1　　　　　　B. 2　　　　　　C. 3　　　　　　D. 4

28. 汽油机怠速一般为（　　）r/min左右。

　　A. 600　　　　　　B. 700　　　　　　C. 800　　　　　　D. 1000

29. 车用柴油机怠速一般不超过（　　）r/min。

　　A. 520　　　　　　B. 600　　　　　　C. 650　　　　　　D. 800

30. 汽车路试一般在（　　）km左右。

　　A. 10　　　　　　B. 20　　　　　　C. 30　　　　　　D. 50

31. 下列选项中，（　　）不是车辆路试检查项目。

　　A. 轮胎的技术状况　　　　　　　　B. 传动系统技术状况

　　C. 转向系统技术状况　　　　　　　D. 制动系统技术状况

32. 下列选项中，（　　）不能用路试检查。

　　A. 传动系统技术状况　　　　　　　B. 转向系统技术状况

　　C. 侧滑量　　　　　　　　　　　　D. 车辆制动性能

33. 发动机曲轴不能转动而导致发动机无法起动，其原因不可能是（　　　）。
   A. 蓄电池电量不足
   B. 起动机工作不良
   C. 发动机运转阻力过大
   D. 燃油供给不良

34. 下列对离合器分离不彻底现象的描述中，（　　　）不正确。
   A. 在发动机怠速状态中，踩下离合器踏板几乎触底时，才能切断离合器
   B. 踩下离合器踏板，感到挂挡困难或变速器齿轮发出刺耳的撞击声
   C. 挂挡后不抬离合器踏板，车辆开始行进
   D. 起步困难、加速无力

35. 打开点火开关，通常发动机故障灯在点亮（　　　）s 后自动熄灭，表明发动机电子控制系统正常。
   A. 3
   B. 4
   C. 5
   D. 6

36. 踩下制动踏板时有海绵感，可能的原因是（　　　）。
   A. 制动片磨损超限
   B. 制动管路进空气
   C. 制动液液位过高
   D. 制动盘磨损超限

37. 车辆以 90km/h 以上的速度行驶，汽车出现摆头现象，可能原因是（　　　）。
   A. 车轮不平衡
   B. 轮胎气压过低
   C. 轮胎气压过高
   D. 减振器故障

38. 发动机机油量不足，补充后，需在（　　　）min 后再次检查油位。
   A. 2
   B. 3
   C. 5
   D. 10

39. 对汽车做动态检测时，不属于路试检测的项目是（　　　）。
   A. 轮胎磨损程度
   B. 滑行情况
   C. 加速性能
   D. 制动性能

40. 踩住制动踏板，起动发动机，感觉踏板没有下移现象，说明（　　　）。
   A. 内部泄漏
   B. 外部泄漏
   C. 有空气
   D. 真空助力装置功能失效

41. 采用点制动方式检查行车制动性能时，最佳制动初速度为（　　　）km/h。
   A. 10
   B. 20
   C. 30
   D. 50

42. 检查乘用车制动距离时，以 50km/h 的初速度紧急制动，空载制动距离应不大于（　　　）m。
   A. 15
   B. 19
   C. 20
   D. 25

43. 试车时，发现踩下制动踏板的位置很低，连续踩几脚后，踏板才逐渐升高，但仍感觉比较"软"，这很可能是因为（　　　）。
   A. 制动管路内有空气
   B. 踏板自由行程过大
   C. 缺少制动液
   D. 制动主缸损坏

44. 轿车满载时的制动距离要求是，初速度为 50km/h 时的制动距离应小于等于（　　　）m。
   A. 22
   B. 20
   C. 24
   D. 19

45. 路试后检查各部件温度，冷却液温度不应超过（　　　）℃
   A. 80
   B. 85
   C. 90
   D. 95

46. 路试后检查各部件温度，发动机润滑油温度不应超过（　　　）℃。
   A. 80
   B. 85
   C. 90
   D. 95

47. 路试后检查各部件温度，齿轮油温度不应超过（　　　）℃。
   A. 80
   B. 85
   C. 90
   D. 95

三、多项选择题

1. 汽车技术状况变化的主要原因有（ ）。

A. 零件之间相互摩擦而产生的磨损
B. 零件与有害物质接触而产生的腐蚀
C. 零件在交变载荷作用下产生疲劳
D. 由于偶然事件造成零件损伤

2. 渗漏容易造成（ ）等故障。

A. 过热　　　　B. 烧损　　　　C. 制动机件失灵　　　　D. 磨损加剧

3. 机件过热可能是（ ）的故障表现。

A. 运转不正常　　B. 润滑不良　　C. 散热不好　　　D. 疲劳损坏

4. 车辆外观异常会导致（ ）等故障。

A. 方向不稳　　　B. 行驶跑偏　　C. 质心转移　　　D. 车轮吃胎

5. 下列选项中，（ ）属于汽车的质量参数。

A. 整车装备质量　B. 最大装载质量　C. 最大总质量　　D. 最大轴荷质量

6. 货车改装加长了货箱，则（ ）可能发生变化。

A. 轴距　　　　　B. 后悬　　　　C. 车长　　　　　D. 离去角

7. 下列选项中，（ ）可评价汽车动力性。

A. 最高车速　　　B. 百千米加速时间　C. 最大爬坡度　D. 最大载质量

8. 下列选项中，（ ）是汽车制动效能的评价指标。

A. 制动时间　　　B. 制动减速度　　C. 制动跑偏量　　D. 制动距离

9. 下列选项中，（ ）可改善汽车的操纵轻便性。

A. ABS　　　　　B. EPS　　　　　C. 中控门锁　　　D. AT

10. 以下关于二手车拍照技术要求的描述，正确的是（ ）。

A. 拍摄的影像尽量充满整个像面

B. 采用正面拍摄

C. 对于前机舱、驾驶室内部可采用俯拍

D. 尽量采用正面光拍照

11. 下列选项中，（ ）属于车轮的检查内容。

A. 轮胎的磨损情况　　　　　　　B. 轮胎的老化情况

C. 轮圈的损伤情况　　　　　　　D. 轮胎的生产日期

12. 下列选项中，（ ）说明前机舱盖可能经过修理。

A. 内护板凸筋的形状不顺畅　　　B. 内护板凸筋有折痕

C. 内护板很新　　　　　　　　　D. 内护板表面沾有与面漆颜色一样的油漆

13. 如果发现机油的颜色变灰、变白或有乳化现象，说明（ ）。

A. 机油中混入水　　　　　　　　B. 燃油系统有连通泄漏情况

C. 烧机油　　　　　　　　　　　D. 机油长时间没更换

14. 下列选项中，（ ）是离合器分离不彻底的表现。

A. 踩下离合器踏板几乎触底时，才能切断离合器　　B. 起步困难

C. 挂挡后不抬离合器踏板，车辆开始行进　　　　　D. 加速无力

15. 踩下制动踏板并保持，感觉踏板缓慢下移，说明制动系统存在（ ）。

A. 内部泄漏　　　　　　　　　　B. 外部泄漏

C. 有空气　　　　　　　　　　　D. 真空助力装置功能失效

四、判断题

（　　）1. 汽车技术状况是指定量测得的，表征某一时刻汽车的外观和质量参数值的总和。

（　　）2. 整车装备质量不包括随车工具箱。

（　　）3. 最大允许总质量一般比最大设计总质量小。

（　　）4. 轿车车宽应从倒车镜的最外点测量。

（　　）5. 对于三轴以上的车辆，其轴距是最前轴至最后轴之间的距离。

（　　）6. 耗油量是指汽车空载行驶单位里程所消耗的燃油量。

（　　）7. 爬坡能力是指汽车空载时，在坚硬路面上，以 1 挡等速行驶期间所能爬行的最大坡度。

（　　）8. 最高车速是指在无风条件下，在水平、良好的沥青或水泥路面上，汽车空载时所能达到的最大行驶速度。

（　　）9. 单位油耗行程数值越大，汽车的燃料经济性就越好。

（　　）10. 汽车的重心高度越低，稳定性越好。

（　　）11. 通过性是指汽车在满载时，能以较高的平均速度通过各种不平路段和无路地带，克服各种障碍的运行能力。

（　　）12. 正常火花塞电极呈灰色。

（　　）13. 发动机机油检查的重点是机油的质量。

（　　）14. 蓄电池检查的重点是使用年限。

（　　）15. 目视检查灯光时，重点是看所有的灯光是否齐全、完好、有效。

（　　）16. 挂挡后不抬离合器踏板，车辆开始行进，表明离合器打滑。

（　　）17. 汽油车排气颜色为黑色，说明混合气过浓或点火时刻过迟，造成燃烧不完全。

（　　）18. 汽油车排气颜色为白色，说明混合气过浓或点火时刻过迟，造成燃烧不完全。

（　　）19. 汽车的爬坡能力是指汽车满载时，在良好路面上以最高前进挡所能爬上的最大坡度。

（　　）20. 换挡后如果出现变速杆发抖现象，则表明汽车变速器的使用时间已经很久。

（　　）21. 变速器换挡困难，不可能与离合器有关。

（　　）22. 检查刮水器时，如果刮水器关闭，刮片应能立即停止摆动。

（　　）23. 机动车以某一初速度行驶做滑行试验时，滑行距离越长，说明该车传动系统的传动功率越高。

（　　）24. 路试后，正常的机油温度为 95℃ 左右，正常的冷却液温度为 80~90℃。

（　　）25. 检查漏油的情况，应在汽车连续行驶距离不少于 10km，停车 5min 后观察。

五、综合素养提升

二手车数字化评估指的是运用数字化工具及数字化平台支持二手车鉴定评估。请结合实际的二手车技术状况鉴定体验，思考可以采用哪些数字化工具及数字化平台，这些工具及平台如何实现"数字化"？

任务 3.1 学习效果检验

一、思考题

1. 什么是二手车的成新率？它与有形损耗是什么关系？

2. 用使用年限法计算成新率的前提条件是什么？

3. 用行驶里程法计算成新率的前提条件是什么？

4. 什么条件下可使用整车观测法计算二手车的成新率？

5. 在向汽车销售企业（或网上）咨询新车最低裸车价以确定重置成本时，应注意哪些事项？

6. 说明进口二手车重置成本全价的构成及各构成部分的计算方法。

7. 在确定车辆预期收益额时应注意哪些事项？

二、单项选择题

1. 成新率与（   ）一起反映了同一车辆的两个方面。

    A. 功能损耗   B. 经济损耗   C. 有形损耗   D. 无形损耗

2. 通过确定被评估二手车的尚可使用年限与规定使用年限的比值来确定二手车成新率的方法称为（   ）。

    A. 使用年限法   B. 行驶里程法   C. 部件鉴定法   D. 整车观测法

3. 在确定二手车各组成部分技术状况的基础上，按其各组成部分对整车的重要性和价值量的大小加权评分，最后确定成新率的方法称为（   ）。

    A. 使用年限法   B. 行驶里程法   C. 部件鉴定法   D. 整车观测法

4. 采用人工观察的方法，辅助简单的仪器检测，判定被评估二手车的技术等级以确定成新率的方法称为（   ）。

    A. 使用年限法   B. 行驶里程法   C. 部件鉴定法   D. 整车观测法

5. 以使用年限法为基础，综合考虑二手车的实际技术状况、维护状况、制造质量、使用性质及使用条件等多种因素对二手车价值的影响，以调整系数形式确定成新率的方法称为（   ）。

    A. 使用年限法   B. 部件鉴定法   C. 综合成新率法   D. 综合分析法

6. 已使用年限一般取该车从（   ）起至评估基准日所经历的时间。

    A. 新车在公安机关交通管理部门初次注册登记日

    B. 新车出厂日

    C. 新车购买日

    D. 新车第一次上路行驶日

7. 对于《机动车强制报废标准规定》中无报废年限规定的车辆，在进行成新率计算时，通常取（   ）年。

    A. 10   B. 15   C. 20   D. 25

8. 二手车实际累计行驶里程是指被评估二手车从（   ）到评估基准日所行驶的总里程。

    A. 新车在公安机关交通管理部门初次注册登记日

    B. 新车出厂日

C. 新车购买日

D. 新车第一次上路行驶日

9. 用综合分析法计算二手车成新率时，技术状况的权重系数通常取（　　）%。

A. 40　　　　　　B. 30　　　　　　C. 20　　　　　　D. 10

10. 用综合分析法计算二手车成新率时，制造质量的权重系数通常取（　　）%。

A. 40　　　　　　B. 30　　　　　　C. 20　　　　　　D. 10

11. 用综合分析法计算二手车成新率时，对于走私罚没的二手车，其调整系数通常取（　　）。

A. 1.0　　　　　　B. 0.9　　　　　　C. 0.8　　　　　　D. 0.7

12. 用综合分析法计算二手车成新率时，对于国产名牌车，其调整系数通常取（　　）。

A. 1.0　　　　　　B. 0.9　　　　　　C. 0.8　　　　　　D. 0.7

13. 用综合分析法计算二手车成新率时，对于公务用车，其调整系数通常取（　　）。

A. 1.0　　　　　　B. 0.9　　　　　　C. 0.8　　　　　　D. 0.7

14. 下列计算成新率的方法中，（　　）对二手车新旧程度考虑得更全面。

A. 使用年限法　　B. 行驶里程法　　　C. 部件鉴定法　　D. 综合成新率法

15. 在应用综合成新率法计算二手车成新率时，经过大修的车辆，无疑增加了车辆的使用寿命，但通常计算时，价格小于（　　）万元的车辆是不考虑这一点的。

A. 5　　　　　　B. 6　　　　　　C. 7　　　　　　D. 8

16. 下列计算二手车成新率的方法中，（　　）既考虑了二手车实体性损耗，还考虑了二手车维修或换件等追加投资使车辆价值发生的变化。

A. 行驶里程法　　B. 使用年限法　　　C. 部件鉴定法　　D. 综合成新率法

17. 下列运用重置成本法进行二手车鉴定评估时成新率确定方法选择的叙述，不正确的是（　　）。

A. 对于重置成本不高的车辆，采用使用年限法

B. 对于重置成本中等的车辆，采用综合分析法

C. 对于重置成本较高的车辆，采用部件鉴定法

D. 以上叙述均不正确

18. 重置成本是由（　　）构成的。

A. 运输成本与使用成本　　　　　　B. 直接成本与间接成本

C. 出厂成本与销售成本　　　　　　D. 销售成本与运输成本

19. 间接成本是指（　　）。

A. 使用环节的税费　　　　　　　　B. 销售环节的税费

C. 生产和销售环节的税费　　　　　D. 生产和使用环节的税费

20. 目前我国的增值税税率为（　　）%。

A. 8　　　　　　B. 10　　　　　　C. 17　　　　　　D. 25

21. 根据我国加入WTO的承诺，自2006年7月1日起，轿车的关税税率为（　　）%。

A. 10　　　　　　B. 17　　　　　　C. 20　　　　　　D. 25

22. 在二手车原始成本的基础上，通过现行物价指数确定其重置成本的方法称为（　　）。

A. 重置核算法　　B. 物价指数法　　　C. 综合分析法　　D. 技术分析法

23. 重置成本法既充分考虑了被评估二手车的重置成本全价，又考虑了该二手车已使用年限内的各种贬值，但（　　）没有考虑。

A. 磨损   B. 功能性贬值

C. 经济性贬值   D. 二手车市场参考价格

24. 进口车辆的到岸价是指（   ）。

    A. 车辆的离岸价+进口关税   B. 车辆的离岸价+海外运杂费+进口关税

    C. 车辆的离岸价+海外运杂费+境外保险费   D. 车辆的离岸价+境外保险费

25. 采用重置成本法评估二手车时，一般使用的是（   ）。

    A. 折旧成本   B. 更新重置成本   C. 复原重置成本   D. 税后成本

26. 对于非产权转让的咨询类评估业务，重置成本中应包括（   ）。

    A. 销售成本   B. 直接成本与间接成本

    C. 生产成本   D. 生产和销售成本

27. 用重置成本与有形损耗率来计算车辆实体性贬值的方法称为（   ）。

    A. 有形损耗法   B. 成新率法   C. 使用年限法   D. 修复费用法

28. 从使用寿命的角度来估算实体性贬值率的方法称为（   ）。

    A. 有形损耗法   B. 成新率法   C. 使用年限法   D. 修复费用法

29. 如国家提高对汽车排放标准的要求，实施国六排放标准，原来执行国五排放标准的在用车就会因此而贬值。这种贬值属于（   ）。

    A. 经济性贬值   B. 一次性功能贬值   C. 营运性功能贬值   D. 实体性贬值

30. 国家规定，从 2001 年 9 月份起，全面禁售化油器汽车，致使化油器二手车的价格大幅度下降，由此给化油器二手车所带来的价格损耗，属于（   ）。

    A. 有形损耗   B. 经济性贬值   C. 功能性贬值   D. 自然损耗

31. 决定能否使用重置成本法的关键因素是（   ）。

    A. 能否获得二手车交易市场参考价格   B. 能查询到相同车型新车的市场报价

    C. 二手车的未来收益可以预测   D. 交易必须在受迫的条件下进行

32. 更新重置成本减去复原重置成本就是（   ）。

    A. 营运性功能贬值   B. 实体性贬值

    C. 一次性功能贬值   D. 经济性贬值

33. 预期收益额是指被评估二手车在其剩余使用寿命期内的使用过程中，可能带来的年（   ）。

    A. 毛收入   B. 毛利润   C. 纯收益额   D. 纯纳税额

34. 下列选项中，（   ）不是收益现值法的依据三要素。

    A. 被评估二手车的预期收益   B. 折现率或资本化率

    C. 被评估二手车的预期收益持续时间   D. 具有可比性的二手车市场价格

35. 用收益现值法评估二手车，确定预期收益额的可行性分析中，有一项不可预见的开支费用，一般不可预见开支费用最高为其总支出的（   ）%。

    A. 3   B. 5   C. 7   D. 10

36. 无风险报酬率一般是指同期国库券利率或同期银行定期（   ）年存款利率。

    A. 3   B. 5   C. 7   D. 10

37. 车辆不能继续使用，只能按拆件处理时，应用（   ）法评估其价格。

    A. 重置成本   B. 收益现值   C. 现行市价   D. 清算价格

38. 现行市价法中，关于二手车交易的可比性叙述，不正确的是（   ）。

A. 参照的二手车在近期市场上交易过

B. 参照的二手车与被评估二手车型号及使用年限相同

C. 与参照的二手车比较的指标、技术参数资料可收集

D. 价值影响因素明确，可以量化

39. 在运用现行市价法评估二手车时，要求参照车辆是近期的、可比较的。所谓近期，是指参照车辆交易时间与被评估二手车评估基准日相差时间相近，一般在（　　　）之内。

A. 1 周　　　　　　B. 1 个月　　　　　　C. 1 个季度　　　　　　D. 半年

40. 在运用现行市价法评估二手车时，参照物的价格应为（　　　）。

A. 新车的报价　　　　　　　　　　B. 预测的车价

C. 新车的现行市价　　　　　　　　D. 二手车市场的现行市价

41. 在运用现行市价法评估二手车价格时，应选择（　　　）辆以上参照车辆。

A. 1　　　　　　B. 2　　　　　　C. 3　　　　　　D. 4

42. 若参照车辆的交易时间在评估基准日之前，可采用（　　　）将销售时间差异量化并调整。

A. 使用年限法　　B. 价格指数法　　C. 折现法　　　　D. 重置核算法

43. 下列选项中，（　　　）不是应用清算价格法评估的具体方法。

A. 重置核算法　　B. 评估价格折扣法　　C. 模拟拍卖法　　D. 竞价法

三、多项选择题

1. 下列对使用年限法估算二手车的成新率假设的描述，正确的有（　　　）。

A. 二手车在规定使用年限期间，实体性贬值与时间呈线性递增关系

B. 车辆里程表的记录必须是原始的，不能被人为更改

C. 二手车价值的降低与其损耗大小成正比

D. 它既考虑了二手车实体性损耗，还考虑了二手车维修或换件等追加投资使车辆价值发生的变化

2. 折算年限既反映了汽车的使用情况，又体现了（　　　）。

A. 管理水平　　B. 维护水平　　C. 运行条件　　D. 自然损耗

3. 应用使用年限法计算得到的成新率实际上反映的是车辆的（　　　）。

A. 时间损耗　　B. 日常使用强度　　C. 车况　　D. 时间折旧

4. 下列成新率计算方法中，（　　　）用于价值较高的二手车评估。

A. 使用年限法　　B. 部件鉴定法　　C. 综合成新率法　　D. 综合分析法

5. 下列选项中，（　　　）是整车观测法观察和检测的技术指标。

A. 二手车的现时技术状态　　　　B. 已使用年限及行驶里程

C. 主要故障经历及大修情况　　　D. 各部件的耗损情况

6. 在用综合成新率法计算二手车成新率时，理论成新率包括（　　　）计算的成新率。

A. 使用年限法　　B. 部件鉴定法　　C. 行驶里程法　　D. 综合分析法

7. 重置成本中，间接成本是指购车时所支付的（　　　）。

A. 购置税　　B. 注册登记费　　C. 车船税　　D. 保险费

8. 下列对重置成本确定的描述中，正确的有（　　　）。

A. 尽可能地避免使用一些过时的价格资料

B. 应该使用被评估对象所在地的价格资料

C. 从汽车销售市场直接获得的现时价格，可靠性相对较高

D. 要充分考虑原始发票显示的价格

9. 到岸价包含（   ）。

    A. 离岸价   B. 途中保险费

    C. 从装运港到目的港的运费   D. 到岸后的商检费

10. 下列关于参照车辆与被评估车辆可比性的描述，正确的是（   ）。

    A. 类别相同   B. 主要性能参数相同   C. 结构特征相同   D. 生产序号相同

11. 折现率由（   ）组成。

    A. 无风险报酬率   B. 风险报酬率   C. 成新率   D. 通货膨胀率

12. 《二手车鉴定评估技术规范》推荐的重置成本法计算公式中，综合成新率由（   ）组成。

    A. 年限成新率   B. 里程成新率   C. 部件成新率   D. 技术鉴定成新率

四、判断题

（   ）1. 综合成新率法就是采用定性和定量分析的方法，综合多种单一因素对二手车成新率的估算结果，并分别赋予不同的权重，计算加权平均成新率。

（   ）2. 通过使用年限法、行驶里程法和部件鉴定法计算二手车成新率只从单一或某些方面考虑了二手车的新旧程度，是不完全也是不完整的。

（   ）3. 计算低档车的成新率时，一般采用整车观测法即可。

（   ）4. 在采用重置成本法时，若车辆档次较高，可采用部件鉴定法确定成新率。

（   ）5. 二手车成新率是表示二手车的功能或使用价值占全新机动车的功能或使用价值的比率。

（   ）6. 重置核算法利用成本核算原理，根据重新取得一辆与二手车车型和功能一样的新车所需的费用项目，逐项计算后累加得到二手车的重置成本全价。

（   ）7. 国产车和进口车的重置成本全价的构成是相同的。

（   ）8. 我国实行从价定率的办法计算车辆购置税。

（   ）9. 用物价指数法计算二手车重置成本时，应选用环比物价指数。

（   ）10. 用物价指数法计算二手车重置成本时，必须获得新车现时价格。

（   ）11. 属于所有权转让的经济行为，可将被评估车辆的新车现行市场成交价格作为被评估车辆的重置成本全价。

（   ）12. 用重置成本法计算二手车价格时，是不考虑二手车当初购买时的购置价（历史成本）的。

（   ）13. 如果在目前的市场上能够买到与被评估车辆相同的，且制造厂继续生产的全新车辆，那么被评估车辆原购车价与全新车辆的市场价之间的差值，即可以看作该车辆的一次性功能贬值额。

（   ）14. 二手车的重置成本是其评估价格的最大可能值。

（   ）15. 如果同时取得复原重置成本和更新重置成本，应优先选择复原重置成本。

（   ）16. 更新重置成本指的是被评估二手车的性能变化（更新）后的重置成本。

（   ）17. 在实际评估中，重置成本全价通常取更新重置成本，即被认为已考虑了其一次性功能贬值和经济性贬值。

（   ）18. 二手车经济性贬值是由于技术进步引起的二手车功能相对落后而导致的贬值。

（   ）19. 全新车辆当前的市场价反映了车辆的功能性贬值。

（　　）20. 风险报酬率是指在无风险收益率以上部分的投资回报率。

（　　）21. 无风险报酬率就是同期国库券利率。

（　　）22. 在运用收益现值法进行二手车鉴定评估时，可以认为，二手车的未来收益是逐年减少的。

（　　）23. 在运用收益现值法进行二手车鉴定评估时，收益率越高，则评估价格越低。

（　　）24. 现行市价法用曾经交易过的二手车价格作为被评估车辆的评估价格。

（　　）25. 二手车清算价格是二手车在强制条件下的变现价格。

（　　）26. 清算价格一般由买方决定。

（　　）27. 在运用清算价格法进行车辆评估时，应给予车辆清理费用及其他费用充分的考虑。如果这些费用太高，拍卖变现后所剩无几，则不适合采用清算价格法。

（　　）28. 规定的拍卖时限长，售价会高些。

（　　）29. 即使采用清算价格法评估二手车，但市场参照车辆价格高，车辆出售的价格也会高些。

（　　）30. 成本比率法也称为保值率法，是根据某款车的市场保值情况来确定二手车价格的一种方法。

五、综合素养提升

目前的二手车经销企业及个人，有时会将二手车的里程表数值调低，以掩盖车辆行驶里程多的事实。请结合你所学到的关于汽车里程表结构、工作原理及控制原理的知识，提出你的创新技术理念，以限制或制止这种不诚信行为。

任务 3.2　学习效果检验

一、思考题

1. 二手车鉴定评估报告对鉴定评估机构有哪些作用？

2. 编制二手车鉴定评估报告时有哪些基本要求？

3. 简要说明编制二手车鉴定评估报告的步骤。

4. 编制二手车鉴定评估报告时应注意哪些事项？

二、单项选择题

1. 下列对二手车鉴定评估报告的描述，不正确的是（　　）。

　　A. 二手车鉴定评估报告是提交给委托方的法定性文件

　　B. 二手车鉴定评估报告是二手车鉴定评估机构对二手车的作价意见

　　C. 二手车鉴定评估报告是二手车鉴定评估机构履行评估合同情况的总结

　　D. 二手车鉴定评估报告是二手车鉴定评估机构为其所完成的鉴定评估结论承担相应法律责任的证明文件

2. 下列关于二手车鉴定评估报告对委托方作用的描述，不正确的是（　　）。

　　A. 作为产权交易变动的作价依据

　　B. 作为法庭辩论和裁决时确认财产价格的举证材料

　　C. 作为统计评估业务的基础材料

　　D. 作为支付评估费用的依据

3. 鉴定评估报告不需要（　　　）签章。

    A. 鉴定评估人员　　B. 复核人　　　　　　C. 财务人员　　　　　　D. 鉴定评估机构

4. 下列选项中，（　　　）不属于二手车鉴定评估报告的附件。

    A. 二手车鉴定评估委托书　　　　　　　B. 车辆照片

    C. 二手车鉴定评估师资格证书复印件　　D. 依据的法律文件

5. 下列选项中，（　　　）不是鉴定评估报告中陈述的特别事项。

    A. 已确定评估结果的前提下，鉴定评估人员揭示在评估过程中已发现可能影响评估结论，
       但非鉴定评估人员执业水平和能力所能评估的有关事项

    B. 提示鉴定评估报告使用者应注意特别事项对评估结论的影响

    C. 揭示鉴定评估人员认为需要说明的其他问题

    D. 鉴定评估报告的法律效力时限

6. 鉴定评估报告提交给委托方的最迟时间为评估基准日后（　　　）天。

    A. 1　　　　　　　　B. 3　　　　　　　　C. 5　　　　　　　　D. 7

7. 二手车鉴定评估报告的法律效力一般为（　　　）天。

    A. 30　　　　　　　B. 60　　　　　　　C. 90　　　　　　　D. 180

8. 经国有资产管理行政主管部门确认的资产评估价值，不可作为（　　　）。

    A. 资产经营的底价　　　　　　　　　　B. 产权变动的底价

    C. 资产拍卖的最终价格　　　　　　　　D. 资产清查的作价依据

9. 二手车鉴定评估报告的复核人必须是（　　　）。

    A. 鉴定评估机构负责人　　　　　　　　B. 参与评估工作的鉴定评估师

    C. 高级二手车鉴定评估师　　　　　　　D. 上级主管部门领导

10. 鉴定评估基准日即为（　　　）的日期。

    A. 签订二手车鉴定评估委托书　　　　　B. 签订二手车鉴定评估作业方案

    C. 开始鉴定评估　　　　　　　　　　　D. 向委托方送交鉴定评估报告

三、多项选择题

1. 二手车鉴定评估报告应有（　　　）的签字。

    A. 二手车鉴定评估师　　　　　　　　　B. 二手车鉴定评估机构法人代表

    C. 二手车鉴定评估机构财会主管　　　　D. 委托人

2. 二手车鉴定评估报告的附件有（　　　）。

    A. 评估方法说明和计算过程　　　　　　B. 资产评估机构评估资格证明文件复印件

    C. 被评估单位占有资产的证明文件复印件　D. 其他与评估有关的文件资料

3. 下列选项中，（　　　）属于二手车的技术鉴定资料。

    A. 车辆技术参数表　　　　　　　　　　B. 车辆检测报告单

    C. 现场查勘记录表　　　　　　　　　　D. 保险公司提供的事故理赔清单

4. 二手车鉴定评估报告法律效力的内容中，应包括（　　　）。

    A. 揭示鉴定评估报告的有效日期

    B. 提示鉴定评估基准日的期后事项对评估结论的影响

    C. 鉴定评估报告的使用范围

    D. 鉴定评估报告的包装方式

5. 二手车鉴定评估报告由（　　　）审核。

    A. 项目负责人　　　　　　　　　　B. 高级二手车鉴定评估师

    C. 鉴定评估机构负责人　　　　　　D. 鉴定评估机构财务主管

6. 下列关于编制二手车鉴定评估报告的基本要求，正确的有（　　　）。

    A. 鉴定评估报告必须依照客观、公正、实事求是的原则

    B. 鉴定评估报告要写明鉴定评估基准日，并且不得随意更改

    C. 鉴定评估报告应有明确的鉴定估算价值的结果

    D. 鉴定评估报告应有齐全的附件

7. 二手车鉴定评估报告中的委托方与车辆所有方简介中，应写明（　　　）。

    A. 委托方联系人的名称、联系电话及住址

    B. 委托方的身份证号码

    C. 车主的名称

    D. 委托方要求评估的目的

8. 鉴定评估报告中陈述的特别事项是指（　　　）。

    A. 已确定评估结果的前提下，鉴定评估人员揭示在评估过程中已发现可能影响评估结论，但非鉴定评估人员执业水平和能力所能评估的有关事项

    B. 提示鉴定评估报告使用者应注意特别事项对评估结论的影响

    C. 揭示鉴定评估人员认为需要说明的其他问题

    D. 鉴定评估报告的法律效力时限

9. 下列关于二手车鉴定评估报告的描述，正确的有（　　　）。

    A. 鉴定评估机构对该鉴定评估报告承担法律责任

    B. 二手车鉴定评估报告所提供的车辆评估值为鉴定评估基准日的价值

    C. 二手车鉴定评估报告的使用权归鉴定评估机构所有

    D. 若二手车鉴定评估报告用于本次二手车评估之外的目的，二手车鉴定评估机构不承担相应法律责任

10. 下列关于二手车鉴定评估报告的描述，正确的有（　　　）。

    A. 二手车鉴定评估报告应送交二手车鉴定评估主管机关审查使用

    B. 因使用鉴定评估报告不当而产生的任何后果与签署报告的鉴定评估人员无关

    C. 二手车鉴定评估机构在任何情况下，不得将鉴定评估报告向他人提供

    D. 二手车鉴定评估主管机关可以将二手车鉴定评估报告公开

四、判断题

（　　　）1. 二手车鉴定评估报告具有公证书的作用。

（　　　）2. 二手车鉴定评估报告必须有鉴定评估机构法人代表的签字。

（　　　）3. 鉴定评估报告要写明鉴定评估基准日，并且不得更改。

（　　　）4. 二手车鉴定评估机构有服务商标的，可以在鉴定评估报告封面载明其图形标志。

（　　　）5. 二手车鉴定评估的行为依据就是鉴定评估委托书。

（　　　）6. 对于二手车鉴定评估报告中的评定及取价依据，编写得越多越好。

（　　　）7. 在二手车鉴定评估报告中要简要说明选择评估方法的依据或原因。

（　　　）8. 在二手车鉴定评估报告中，对于所选择的特殊评估方法，应适当介绍其原理与适用范围。

（　　　）9. 在编制二手车鉴定评估报告的过程中，不需要与委托方交换意见。

（　　）10. 对于咨询类服务，由于其要求并不严格，所以二手车鉴定评估时只提供鉴定估价作业表供存档即可。

（　　）11. 如果因客观原因，使鉴定评估时间延长，则应更改鉴定评估报告的评估基准日。

（　　）12. 在选择评估目的时，可以同时选择两个。

（　　）13. 在确定评估方法时，可以同时选择两个。

（　　）14. 在二手车鉴定评估报告有效期内，即使二手车市场价格发生变化，也不需要重新评估。

（　　）15. 鉴定评估报告先由项目负责人审核，再报鉴定评估机构经理审核签发，同时要二手车鉴定评估人员签字并加盖鉴定评估机构公章。

（　　）16. 鉴定评估报告送达客户签收，要求客户必须在收到鉴定评估报告后按送达回证上的要求认真填写，并要求收件人签字确认。

（　　）17. 二手车鉴定评估报告的拟订人应是二手车鉴定评估机构的负责人。

（　　）18. 二手车鉴定评估报告属于保密文件。

（　　）19. 二手车鉴定评估报告需要打印两份。

（　　）20. 二手车鉴定评估报告档案保存年限一般不低于 5 年。

任务 3.3　学习效果检验

一、思考题

1. 什么是机动车过户？

2. 什么是机动车转出和转入登记？

3. 什么情况下不能办理过户手续？

4. 什么是机动车变更登记？机动车在什么情况下需办理变更登记手续？

5. 请简要说明二手车的直接交易程序。

6. 什么情况下可以进行二手车交易合同的变更或解除？

7. 什么情况下，二手车交易合同的一方当事人应当承担违约责任？

8. 二手车交易完成后，卖方应向买方交付哪些手续？

9. 简要描述办理二手车转移过户的程序。

10. 说明车辆保险合同变更的程序。

二、单项选择题

1. 二手车交易必须完成（　　）才算合法、完整。

A. 过户登记　　　B. 交易过户　　　C. 注册登记　　　D. 变更登记

2. 已注册登记机动车的所有权发生转移，且原机动车所有人和现机动车所有人的住所在同一车辆管理所管辖区的，现机动车所有人应当于车辆所有权转移之日起（　　）日内，到机动车管辖地车辆管理所申请办理过户登记手续。

A. 7　　　　　B. 10　　　　　C. 20　　　　　D. 30

3. 现机动车所有人于住所迁出或者机动车所有权转移之日起（　　）日内，向机动车管辖地车辆管理所申请办理转出登记手续。

A. 10　　　　　B. 20　　　　　C. 30　　　　　D. 60

4. 机动车所有权发生转移且现机动车所有人的住所不在原车辆管理所管辖区，并已在原车辆管理所办理了转出登记，现机动车所有人应当自办理转出登记之日起（　　）日内，向机动车管辖地车辆管理所申请转入登记。

    A. 10　　　　　　　B. 20　　　　　　　C. 30　　　　　　　D. 90

5. 下列对车辆转入的叙述，不正确的是（　　）。

    A. 剩余使用年限不足一年的车辆，不能转入

    B. 出过严重交通事故的车辆，不能转入

    C. 出租车，不能转入

    D. 曾经从事过出租的车辆，不能转入

6. 二手车个人直接交易和通过二手车经纪机构进行的二手车交易，需在（　　）办理交易过户手续。

    A. 公安机关交通管理部门　　　　　　　B. 经纪机构

    C. 二手车鉴定评估机构　　　　　　　　D. 二手车交易市场

7. 下列选项中，（　　）不需要申请变更登记。

    A. 机动车所有人更改姓名、单位名称或者身份证号码的

    B. 改变车身颜色的

    C. 机动车所有人住所迁至外地的

    D. 因故损坏无法修复需要更换同型号车身或者车架的

8. 下列事项中，（　　）不被允许。

    A. 更换车身颜色　　　　　　　　　　　B. 更换车主名称、地址

    C. 更换上牌日期　　　　　　　　　　　D. 贴太阳膜

9. 办理注销登记时，不收回（　　）。

    A. 机动车驾驶证　　　　　　　　　　　B. 机动车号牌

    C. 机动车行驶证　　　　　　　　　　　D. 机动车登记证书

10. 二手车交易合同的标的是指（　　）。

    A. 被交易的二手车　　　　　　　　　　B. 车主

    C. 二手车鉴定评估机构　　　　　　　　D. 二手车鉴定评估人员

11. 二手车技术状况的简要描述反映的是二手车交易合同主要条件的（　　）。

    A. 标的　　　　　B. 数量　　　　　C. 质量　　　　　D. 违约责任

12. 下列选项中，（　　）不是承担违约责任的方式。

    A. 继续履行　　　　B. 保证金　　　　C. 违约金　　　　D. 赔偿金

13. 下列选项中，（　　）不是二手车交易合同纠纷的处理方式。

    A. 诉讼　　　　　B. 仲裁　　　　　C. 协商解决　　　　D. 强行管制

14. 下列合同纠纷的解决方式中，（　　）不需要第三方介入。

    A. 协商解决　　　　B. 调解解决　　　　C. 仲裁　　　　D. 诉讼

15. 机动车档案由（　　）建立和管理。

    A. 车辆管理所　　　B. 汽车维修厂　　　C. 交通局　　　　D. 4S 店

16. 机动车档案从办理注销登记之日起保存（　　）年后销毁。

    A. 1　　　　　　　B. 2　　　　　　　C. 3　　　　　　　D. 5

17. 过户发票的过户登记联有效期为（　　）个月。

    A. 1   B. 2   C. 3   D. 4

18. 进行二手车拍卖时，拍卖人于拍卖日期（　　）日前发布公告。

    A. 3   B. 5   C. 7   D. 10

19. 进行二手车拍卖时，车辆的展示时间不得少于（　　）天。

    A. 2   B. 3   C. 7   D. 10

20. 进行网上二手车拍卖时，应在网上公布车辆的彩色照片和"拍卖车辆信息表"，公布时间不得少于（　　）天。

    A. 2   B. 3   C. 7   D. 10

21. 办理转出登记时，需要携带机动车来历证明，此来历证明是指（　　）。

    A. 新车发票原件   B. 二手车销售统一发票原件

    C. 权益转让书   D. 二手车销售统一发票注册登记联原件

22. 办理转出登记时，车辆管理所不收回（　　）。

    A. 机动车登记证书原件   B. 二手车销售统一发票注册登记联原件

    C. 机动车号牌   D. 机动车行驶证

三、多项选择题

1. 凡销往外地的二手车，交易完成后均需办理（　　）。

    A. 过户登记   B. 转出登记   C. 转入登记   D. 变更登记

2. 过户登记所需的主要证明材料有（　　）。

    A. 现机动车所有人的身份证明   B. 机动车登记证书

    C. 机动车行驶证、机动车来历证明   D. 申请办理过户登记的机动车标准照片

3. （　　），不予办理过户手续。

    A. 利用报废车辆的零部件拼（组）装的车辆

    B. 办理了抵押登记的车辆

    C. 机动车所有人提交资料无效的车辆

    D. 机动车所有人的住所不在车辆管理所管辖区内的车辆

4. 下列选项中，（　　）应该申请注销登记。

    A. 达到了国家或地方规定的报废标准的车辆

    B. 灭失的车辆

    C. 因故不在我国境内道路上使用的车辆

    D. 汽车生产商召回的车辆

5. 我国合同当事人按其法律地位来划分，包括（　　）。

    A. 成年人   B. 法人   C. 其他组织   D. 自然人

6. 下列选项中，（　　）属于二手车交易合同中的其他条款。

    A. 根据法律规定的或按合同性质必须具备的条款

    B. 合同的包装要求

    C. 某种特定的行业规则

    D. 当事人之间交易的惯有规则

7. 下列选项中，（　　）可以变更或解除合同。

    A. 当事人双方经协商同意，并且不因此损害国家利益和社会公共利益

B. 由于不可抗力致使合同的全部义务不能履行

C. 由于另一方在合同约定的期限内没有履行合同

D. 尚未成立的合同

8. 下列选项中，（　　）不属于二手车交易合同违约责任的性质。

    A. 违约惩罚　　　　B. 违约保证　　　　C. 等价补偿　　　　D. 刑事处罚

9. 二手车交易合同可分为（　　）。

    A. 二手车买卖合同　　　　　　　　B. 二手车抵押合同

    C. 二手车居间合同　　　　　　　　D. 二手车拍卖合同

10. 下列选项中，（　　）具有开具二手车销售统一发票的资格。

    A. 二手车经纪机构　　　　　　　　B. 二手车交易市场

    C. 二手车拍卖公司　　　　　　　　D. 二手车经销企业

11. 机动车所有人如需查询本人的机动车档案，可携带（　　），到车辆管理所按照查阅档案的有关规定进行查询。

    A. 身份证　　　　　　　　　　　　B. 行驶证

    C. 登记证书　　　　　　　　　　　D. 车辆购置税完税证明

12. 二手车交易市场开具二手车销售统一发票时，需将（　　）交给购车人。

    A. 发票联　　　　B. 过户登记联　　　　C. 记账联　　　　D. 存根联

13. 下列情形中，不予办理转入登记的有（　　）。

    A. 机动车所有人擅自改动、更换机动车或者机动车档案的

    B. 《机动车登记规定》中列出的"不能办理过户登记的情形"的

    C. 外省市的出租营运车辆

    D. 曾经从事出租营运的车辆

14. 在办理转出登记手续时，需提交的材料有（　　）。

    A. 原车主的身份证明　　　　　　　B. 现车主的身份证明

    C. 机动车登记证书原件　　　　　　D. 机动车行驶证

四、判断题

（　　）1. 并不是所有机动车都可办理过户手续。

（　　）2. 机动车所有人的住所不在该车辆管理所管辖区内的，不能办理过户手续。

（　　）3. 办理机动车过户手续时，原车主与新车主必须在同一个车辆管理所管辖区。

（　　）4. 交易后的二手车，必须先办理过户手续后，方可办理其他税费变更。

（　　）5. 机动车所有权转移日，是指重新办理了机动车登记的日期。

（　　）6. 二手车交易成功后，应先办理机动车过户登记手续，后办理保险批改手续。

（　　）7. 二手车转出时，可以带原牌照一起转出。

（　　）8. 对于办理了抵押登记的机动车，不能办理过户登记。

（　　）9. 对超过检验周期的二手车，应先进行安全检验后才能办理过户手续。

（　　）10. 机动车过户后，应重新核发机动车行驶证。

（　　）11. 机动车不在环保和安全检验合格有效期内，不能办理转出登记手续。

（　　）12. 机动车只要符合转出地的环保规定即可办理转入登记。

（　　）13. 机动车或者机动车档案被人民法院、人民检察院、行政执法部门依法查封扣押的不能办理过户。

（　　）14. 机动车的来历证明（海关监管车辆除外）、车辆购置税完税证明或者免税证明记载的内容与机动车不一致的不能办理过户。

（　　）15. 办理机动车转出登记时，应交回机动车登记证书、机动车号牌和机动车行驶证。

（　　）16. 办理机动车抵押登记时，机动车所有人为抵押权人。

（　　）17. 机动车变更登记时，须交回原机动车行驶证，领取重新核发的机动车行驶证。

（　　）18. 如果机动车维修时更换了发动机，则必须申请变更登记。

（　　）19. 二手车交易合同应当在当事人之间充分协商、意思表示一致的基础上订立。

（　　）20. 在订立二手车交易合同时，政府部门可以干预。

（　　）21. 在二手车交易合同中，当事人一方要求必须规定的条款不属于主要条款。

（　　）22. 交易合同在签字成立之前，对合同内容做一定的修改称为变更。

（　　）23. 由于另一方在合同约定时间内没有履行合同，则本方可以要求解除合同。

（　　）24. 合同当事人违反合同，无论这种违约是否已经给对方当事人造成财产损失，都要依照法律规定或合同约定，承担相应的违约责任。

（　　）25. 违约方在支付了违约金、赔偿金后，合同关系即视为终止。

（　　）26. 承担违约责任，并不是接受法律制裁。

（　　）27. 受让人是指有意出让二手车合法产权的组织或自然人。

（　　）28. 合同当事人违反合同，只有这种违约已经给对方当事人造成财产损失，才要依照法律规定或合同约定，承担相应的违约责任。

（　　）29. 如果两个人之间私下达成二手车交易，则没必要开具二手车销售统一发票。

（　　）30. 交易过户业务在二手车交易市场办理，主要目的是获取二手车销售统一发票。

（　　）31. 达成二手车交易意向后，在二手车交易市场获取二手车销售统一发票时，二手车交易市场还需要进行车辆和各项证件核查。

（　　）32. 二手车经纪机构能够直接给买方开具二手车销售统一发票。

（　　）33. 二手车销售统一发票的价款中包括评估费。

（　　）34. 如果二手车交易成功后，没有办理保险批改手续，则原保险的受益人为原车主。

（　　）35. 二手车交易后，车辆购置税可以不进行变更。

（　　）36. 二手车购买人取得二手车销售统一发票、机动车行驶证和机动车登记证书，就完成了车辆的所有权转移。

（　　）37. 在二手车经销企业购买二手车，因为要签订二手车交易合同，所以不需要核查有关车辆的合法性手续。

（　　）38. 在拍卖会上，买受人和拍卖企业也必须签订二手车交易合同。

（　　）39. 在拍卖会上购买二手车时，不需要核查有关车辆的合法性手续。

（　　）40. 二手车交易市场开发票时，需要核查车辆相关的手续，其中查违法就是核查二手车是否为非法车辆。

（　　）41. 车辆拍卖成交后，购买者向委托人支付拍卖所得车款。

（　　）42. 如果拍卖未成交，拍卖人不得向委托人收取佣金。

（　　）43. 办理转入登记手续时，车管所需重新核发机动车登记证书。

（　　）44. 办理转出登记手续时，原机动车号牌可以不交回。

任务 4.1　学习效果检验

一、思考题

1. 什么是机动车折旧？为什么要设置机动车折旧基金？

2. 什么是年份数求和折旧法？

3. 什么是余额递减折旧法？

4. 影响二手车收购定价的因素有哪些？

5. 简单描述二手车收购定价的 3 种计算方法。

二、单项选择题

1. 为计算机动车的年折旧额，常用的方法是（　　）。

　　A. 平均年限法　　　B. 直线折旧法　　　C. 年份数求和法　　　D. 余额递减法

2. 二手车提取折旧基金的根本目的是（　　）。

　　A. 保证机动车更新　　　　　　　　B. 积累企业资产

　　C. 合理避税　　　　　　　　　　　D. 评价机动车剩余的价值

3. 每年的折旧额可用车辆原值减去残值的差额乘以一个逐年变化的递减系数来确定的方法称为（　　）。

　　A. 直线折旧法　　　B. 快速折旧法　　　C. 年份数求和法　　　D. 余额递减法

4. 任何年的折旧额等于现有车辆原值乘以在车辆整个寿命期内恒定的折旧率，接着用车辆原值减去该年折旧额作为新的原值，下一年重复这一做法，直到折旧总额分摊完毕。这一折旧方法称为（　　）。

　　A. 直线折旧法　　　B. 快速折旧法　　　C. 年份数求和法　　　D. 余额递减法

5. 根据机动车的重置成本计算折旧额来得出收购定价，所采用的折旧计算方法最佳为（　　）。

　　A. 直线折旧法　　　B. 快速折旧法　　　C. 年份数求和法　　　D. 双倍余额递减法

6. 下列关于二手车收购定价的叙述，不正确的是（　　）。

　　A. 应根据其特定的目的　　　　　　B. 以二手车鉴定评估为基础

　　C. 要充分考虑市场的供求关系　　　D. 要考虑车辆的未来用途

7. 收购定价受（　　）的作用，其价格大大低于市场价格。

　　A. 鉴定评估　　　　　　　　　　　B. 供求关系

　　C. 快速变现原则　　　　　　　　　D. 社会必要的劳动时间

8. 二手车收购定价应（　　）市场价。

　　A. 大于　　　　　B. 小于　　　　　C. 等于　　　　　D. 不一定

9. 使用（　　）年的车辆，往往价格要折旧到 40%～50%。

　　A. 3　　　　　　B. 5　　　　　　C. 10　　　　　　D. 15

10. 二手车使用接近（　　）年折旧又开始加快。

　　A. 5　　　　　　B. 10　　　　　C. 15　　　　　D. 20

三、多项选择题

1. 直线折旧法又称为（   ）。
    A. 使用年限法　　B. 平均折旧法　　C. 快速折旧法　　D. 线性折旧法

2. 下列选项中，（   ）是二手车从收购到售出时限内，还要支出的费用。
    A. 保险费　　　　　　　　　　B. 日常维护费
    C. 收购支出的货币利息　　　　D. 各项手续费

3. 二手车收购的市场微观环境主要指（   ）。
    A. 新车价格的变动　　　　　　B. 供求关系
    C. 环保法规　　　　　　　　　D. 新车型的上市对收购定价的影响

4. 下列关于二手车收购定价影响因素的描述，正确的有（   ）。
    A. 二手车总体价值高，则收购定价高
    B. 二手车收购后需要支出的费用高，则收购定价高
    C. 二手车经销企业库存量大，则收购定价高
    D. 二手车品牌知名度高，则收购定价高

5. 在二手车收购定价时，如果缺失的手续可以补办，则收购定价应扣除（   ）。
    A. 补办手续费　　　　　　　　B. 时间成本费
    C. 精力成本费　　　　　　　　D. 上述 3 项费用的利息

6. 下列关于二手车收购定价计算中折扣率的描述，正确的是（   ）。
    A. 折扣率是车辆的清算价格与现行市价之比
    B. 折扣率是经营者基于对市场情况的了解，凭经验确定的
    C. 折扣率越大，收购定价越高
    D. 用快速折旧法计算收购定价时，不再用到折扣率

7. 运用快速折旧法计算二手车收购定价时，需用重置成本全价减去（   ）。
    A. 实体性贬值　　B. 功能性贬值　　C. 累计折旧额　　D. 维修费用

8. 下列关于防范二手车收购风险原则的描述，正确的是（   ）。
    A. 如果判断存在风险，则不要收购二手车
    B. 要提高识别二手车收购风险的能力
    C. 要提高风险的防范能力，尽可能规避风险
    D. 在无法避免风险的情况下，要提高处理二手车收购风险的能力

9. 下列描述中，正确的是（   ）。
    A. 使用年限在 3 年以内的车辆折旧率最高
    B. 使用接近 10 年后的车辆折旧率高
    C. 尾气排放标准提高，二手车的收购价格应提高
    D. 收购非法车辆可能会获得更高的利润

10. 在收购 4S 店经销的二手车时，为核查其所有权或处置权，需要确认（   ）。
    A. 4S 店组织机构代码证书合法、有效
    B. 机动车登记证书、机动车行驶证与卖方身份证明一致
    C. 车辆收购证明或其他证明材料
    D. 原车主的身份证明

四、判断题

（　　）1. 所谓机动车的折旧，是指机动车随着时间的推移或在使用过程中，由于损耗而转移到产品中的那部分价值。

（　　）2. 在余额递减法中所使用的折旧率，通常大于直线折旧率。

（　　）3. 通常，在连续计算各年折旧额时，如果发现使用余额递减法计算的折旧额小于采用直线折旧法计算的折旧额时，就应改用直线折旧法计算折旧额。

（　　）4. 当机动车作为固定资产时，才存在折旧基金。

（　　）5. 某一车型出现断档情况时，该车型的收购定价会降低。

（　　）6. 车辆的总体价值包括各项手续的价值。

（　　）7. 二手车鉴定评估的价格，其实就是二手车的收购定价。

（　　）8. 二手车的收购定价是买方估算车辆价格以便和卖方协商价格，它是以经营为目的。

（　　）9. 车辆收购定价是指在被收购车辆手续齐全的情况下，对车辆完全价值的确定。

（　　）10. 风险是指由于客观环境的变化带来损失，从而难以实现某种目的的可能性。

（　　）11. 用快速折旧法计算二手车折旧额时，要用到机动车原值，即机动车的账面原值。

（　　）12. 二手车收购定价计算方法中的折扣率，是指车辆能够当即出售的清算价格与现行市价之比。

（　　）13. 二手车收购风险是指由于二手车收购环境的变化，给二手车的销售带来的各种损失。

（　　）14. 二手车经营者在收购二手车时应以最新款车的技术装备和价格来做参照。

（　　）15. 二手车收购定价都以某一款车目前新车市场的开票价格来计算，而不会考虑消费者买车时的价格。

（　　）16. 品牌知名度低的车辆，由于市场认同率低，收购后可能产生的利润就低。

任务4.2　学习效果检验

一、思考题

1. 二手车销售定价的影响因素有哪些？
2. 解释：变动成本费用、固定成本费用摊销率、固定成本费用。
3. 什么是需求价格弹性？在二手车销售定价时，如何运用这一规律？
4. 解释：获取合理利润目标、获取最大利润目标、获取预期收益目标。
5. 二手车销售定价的方法有哪些？
6. 解释：边际成本定价法、目标收益定价法、成本加成定价法。
7. 为什么成本加成定价法深受企业欢迎？
8. 简单分析二手车销售定价的策略。

二、单项选择题

1. 下列选项中，（　　）是销售定价的基础和最低界限。

A. 成本　　　　B. 供求关系　　　　C. 竞争状况　　　　D. 利润

2. 下列选项中，（　　）不属于固定成本。

    A. 房租　　　　　B. 车辆维护费　　　C. 管理费　　　　　D. 折旧

3. 固定成本费用摊销率是固定成本费用与（　　）之比。

    A. 固定资产值　　B. 收购车辆总价值　C. 销售总额　　　　D. 利润总额

4. 供求关系表明，价格与价值的关系是（　　）。

    A. 相等　　　　　　　　　　　　　B. 价格高于价值

    C. 价格低于价值　　　　　　　　　D. 价格只能围绕价值上下波动

5. 在（　　）时，定价方式的选择只能被动地根据市场竞争的需求来进行。

    A. 供大于求　　　B. 供等于求　　　　C. 供小于求　　　　D. 上述 3 种情况

6. 买主最难获得的二手车信息是（　　）。

    A. 价格　　　　　B. 品牌　　　　　　C. 性能　　　　　　D. 服务

7. 二手车销售定价的目标是指二手车流通企业通过确定价格水平，凭借（　　）产生的效用来达到预期的目的。

    A. 价格　　　　　B. 品牌　　　　　　C. 性能　　　　　　D. 服务

8. 以预期利润（包括预交税金）为定价基点，并以利润加上商品的完全成本构成价格出售商品，从而获取预期收益的一种定价目标，称为（　　）目标。

    A. 长远利润　　　B. 预期收益　　　　C. 最大利润　　　　D. 合理利润

9. 在补偿正常情况下的社会平均成本基础上，适当地加上一定量的利润作为商品价格，以获取正常情况下合理利润的一种定价目标，称为（　　）目标。

    A. 长远利润　　　B. 预期收益　　　　C. 最大利润　　　　D. 合理利润

10. 下列选项中，（　　）不是获取利润目标的形式之一。

    A. 获取收益现值　B. 获取预期收益　　C. 获取最大利润　　D. 获取合理利润

11. 下列选项中，（　　）是一种高瞻远瞩的目标。

    A. 获取预期收益　B. 获取最大利润　　C. 获取合理利润　　D. 占领市场

12. 下列选项中，（　　）不是二手车销售定价的基本思路之一。

    A. 收益　　　　　B. 成本　　　　　　C. 需求　　　　　　D. 竞争

13. 下列选项中，（　　）为定价提供了参考的基点。

    A. 收益目标　　　B. 成本　　　　　　C. 需求　　　　　　D. 竞争者产品与价格

14. 下列选项中，（　　）不是成本导向定价法的基本方法之一。

    A. 利润定价法　　B. 成本加成定价法　C. 目标收益定价法　D. 边际成本定价法

15. 首先确定单位产品总成本（变动成本和固定成本），然后在单位产品总成本基础上加一定比例的利润，从而形成单位产品的销售价格，此种销售定价方法称为（　　）。

    A. 利润定价法　　B. 成本加成定价法　C. 目标收益定价法　D. 边际成本定价法

16. 根据企业的投资总额、预期销量和投资回收期等因素来得到销售定价的方法称为（　　）。

    A. 利润定价法　　B. 成本加成定价法　C. 目标收益定价法　D. 边际成本定价法

17. 在销售定价时，首先考虑应用（　　）定价法。

    A. 成本加成　　　B. 目标收益　　　　C. 需求导向　　　　D. 边际成本

18. 下列关于二手车阶段定价策略的叙述，不正确的是（　　）。

    A. 投入期以打开市场为主

B. 成长期以稳定市场为主

C. 成熟期以保持市场份额、利润总量最大为主

D. 衰退期以回笼资金为主

19. 预期收益高低的确定，可不考虑（　　）。

　　A. 商品的质量与功能　　　　　　B. 同期的银行利率

　　C. 在市场竞争中的实力　　　　　D. 管理费

20. 下列选项中，（　　）不是二手车流通企业销售定价应考虑的影响因素。

　　A. 收购价格　　B. 需求量　　C. 购买后的用途　　D. 利润

21. 下列选项中，（　　）不是成本加成定价法的优点。

　　A. 对买卖双方都较为公平　　　　B. 可降低价格竞争程度

　　C. 可以实现企业的最大利润目标　　D. 简化定价工作

22. 按供求基本原理，求大于供时，价格就会（　　）。

　　A. 上升　　B. 下降　　C. 不变　　D. 不一定

23. 汽车置换中一个十分重要且容易引起争议的问题就是（　　）问题。

　　A. 旧车价格　　B. 旧车的质量　　C. 新车的价格　　D. 售后服务

24. 经汽车厂商授权的汽车经销商将收购上来的该品牌二手车进行一系列检测、维修之后，使该车成为经品牌认证的车辆，销售出去可以给予一定的质量担保和品质保证，这一过程通称为（　　）。

　　A. 整修　　B. 回收　　C. 置换　　D. 认证

25. 诚新二手车是（　　）公司的二手车品牌。

　　A. 上海通用　　B. 一汽大众　　C. 东风日产　　D. 广州本田

26. 下列选项中，（　　）不能成为认证二手车。

　　A. 刚上牌的新车　　B. 非本地牌照车　　C. 出租车　　D. 保险已到期的车辆

27. 使用年限在（　　）年以内的车辆方可享有二手车质量保证。

　　A. 3　　B. 4　　C. 5　　D. 6

28. 行驶里程在（　　）万 km 以内的车辆方可享有二手车质量保证。

　　A. 3　　B. 4　　C. 5　　D. 6

29. 二手车质量保证期限为不少于（　　）个月。

　　A. 3　　B. 4　　C. 5　　D. 6

30. 二手车质量保证期限为不少于（　　）km。

　　A. 3000　　B. 4000　　C. 5000　　D. 6000

31. 二手车售后服务技术档案保存时间不少于（　　）年。

　　A. 1　　B. 2　　C. 3　　D. 4

三、多项选择题

1. 二手车销售定价的主要影响因素有（　　）等。

　　A. 成本　　B. 供求关系　　C. 竞争状况　　D. 国家政策法规

2. 下列选项中，（　　）属于变动成本费用。

　　A. 管理费　　B. 运输费　　C. 资产的折旧　　D. 资金占用的利息

3. 下列选项中，（　　）属于固定成本。

　　A. 折旧　　B. 管理费　　C. 日常维护费　　D. 维修翻新费

4. 下列选项中，（　　）属于获取利润目标。
   A. 获取长远利润　　B. 获取预期收益　　C. 获取最大利润　　D. 获取合理利润
5. 预期收益高低的确定，应当考虑（　　）等因素。
   A. 商品的质量与功能　　　　　　　B. 同期的银行利率
   C. 消费者对价格的反应　　　　　　D. 企业在同类企业中的地位
6. 下列选项中，（　　）是成本加成定价法的优点。
   A. 对买卖双方都较为公平　　　　　B. 可降低价格竞争程度
   C. 可以实现企业的最大利润目标　　D. 简化定价工作
7. 下列选项中，（　　）是二手车销售定价策略。
   A. 阶段定价策略　　B. 心理定价策略　　C. 折扣定价策略　　D. 长远定价策略
8. 广义的汽车置换概念是指在以旧换新业务基础上，同时兼容（　　）。
   A. 二手商品整新　　B. 跟踪服务　　C. 二手商品再销售　　D. 折抵分期付款
9. 下列选项中，（　　）是汽车置换授权经销商可以开展的业务。
   A. 旧车定价　　B. 过户手续　　C. 新车的贷款　　D. 保险
10. 目前，二手车认证方案项目一般包括（　　）。
    A. 合格的质量要求　　　　　　　　B. 严格的检测标准
    C. 质量改进保证　　　　　　　　　D. 过户保证
11. 下列对二手车售后服务规定的描述，正确的有（　　）。
    A. 二手车经销企业向最终用户提供售后服务时，应向其提供售后服务清单
    B. 在提供售后服务的过程中，不得擅自增加未经客户同意的服务项目
    C. 二手车经销企业应建立售后服务技术档案
    D. 售后服务技术档案保存时间不少于 5 年

四、判断题

（　　）1. 二手车的总成本费用由固定成本费用和变动成本费用构成。
（　　）2. 在既定的经营目标内，不随收购车辆的变化而变动的成本费用称为变动成本。
（　　）3. 需求大于供给时，价格就会上升。
（　　）4. 需求价格弹性，是指因价格变动而引起的需求相应的变动率。
（　　）5. 由于二手车的需求价格弹性小，所以提高价格可能会增加企业利润。
（　　）6. 提高二手车的收购价格，就意味着将来销售利润的减少。
（　　）7. 如果从竞争状况考虑，二手车销售定价时，应选择与竞争对手相同甚至低于竞争对手的价格。
（　　）8. 二手车销售定价是受国家相关法律制约的。
（　　）9. 要获取最大利润，二手车经销企业必须采用高的销售定价。
（　　）10. 预期收益定得高些，二手车经销企业在未来就会有更大的利润。
（　　）11. 二手车的销售定价为最高价，方可实现最大利润目标。
（　　）12. 获取最大利润目标能够使企业长期获得高额利润。
（　　）13. 以单位产品的边际成本作为定价依据和可接受价格的最低界限的销售定价方法称为成本加成定价法。
（　　）14. 成本加成率与单位产品成本、资金周转率及需求价格弹性反向变化。
（　　）15. 用单位产品总成本和成本加成率即可计算二手车的销售定价，因此可以认

为成本加成率与单位产品总成本成正比。

（　　）16. 只有当二手车的销售定价高于其边际成本时，才有可能为企业创造利润。

（　　）17. 竞争导向定价法是二手车流通企业根据市场竞争状况确定二手车价格的一种定价方式。

（　　）18. 当采用竞争导向定价法进行二手车销售定价时，其价格将与成本和需求无关。

（　　）19. 同一辆二手车可以按两种或两种以上价格销售。

（　　）20. 竞争导向定价法要求：竞争品价格未变，即使产品成本或市场需求变动了，也应维持原价。

（　　）21. 根据成本加成定价法可知，如果某产品的需求价格弹性较大，加成率也应提高。

（　　）22. 汽车置换授权经销商通常以二手车交易市场中最高收购价格确定二手车价格。

（　　）23. 二手车的折扣定价，意味着经销企业收入将减少。

（　　）24. 车辆置换业务就是指以旧换新。

（　　）25. 汽车置换授权经销商对其销售的新车必须提供车辆保值回购服务。

（　　）26. 二手车价格具有很强的时间性。

（　　）27. 二手车经销企业在提供售后服务的过程中，可以增加但不能减少服务项目。

（　　）28. 二手车质量保证只对二手车经销企业有要求。

五、综合素养提升

在二手车经营业务中，有一辆20万元左右的二手车，销售利润达4万元左右（严重超过正常的利润点）。请详细分析出现这一现象的原因，从维护稳定二手车交易市场的目的出发，提出解决这一问题的措施。

实训工单 1.1

任务名称：受理二手车鉴定评估委托

班级学号		姓名	

1．请描述你所了解到的车主的基本情况。

_____

_____。

2．车主要求评估的目的是_____。

3．请描述委托评估二手车的基本情况。

（1）二手车的类别_____。

（2）二手车品牌_____，车系_____，车款_____，

型号_____。

（3）二手车生产厂家_____，生产日期_____。

（4）二手车初次注册登记日_____，表征里程_____。

（5）新车来历_____。

（6）车籍_____。

（7）二手车使用性质_____。

（8）手续是否齐全（若不齐全，请记录缺少的相关材料种类）_____。

（9）是否进行了年检（如果未进行年检，请记录原因）_____。

4．请记录你了解到的其他信息。

_____。

5．是否达成委托鉴定评估意向？□是　　□否。

如果达成委托鉴定评估意向，请记录车主要求的评估时限及期望的价格。

_____。

如果没达成委托鉴定评估意向，请记录原因。

_____。

6．自我评价（个人技能掌握程度）：□非常熟练　□比较熟练　□一般熟练　□不熟练。

教师评语：（根据工单填写情况、语言表达、态度及沟通技巧、委托书填写情况等方面，并按等级制给出成绩）

成绩_____　　　教师签字_____　　　____年___月___日

实训工单 1.2

任务名称：查验可交易车辆

班级学号		姓名	

1．你所核查的车辆是否有来历证明：□有 □没有。

（1）如果有来历证明，则来历证明是＿＿＿＿＿＿＿＿＿＿，□真 □伪。

（2）如果没有来历证明，原因是＿＿＿＿＿＿＿＿＿。是否可以补办？□是 □否。

① 如果可以补办，理由是＿＿＿＿＿＿＿＿＿＿＿＿＿＿＿＿＿＿。补办时需要的费用应该是＿＿＿＿＿＿元。

② 如果不可以补办，理由是＿＿＿＿＿＿＿＿＿＿＿＿＿＿＿＿＿。你应该采取的措施是＿＿＿＿＿＿＿＿＿＿＿＿＿＿＿＿＿＿。

2．你所核查的车辆是否有机动车行驶证：□有 □没有。

（1）如果有行驶证，□真 □伪。

（2）如果没有行驶证，原因是＿＿＿＿＿＿＿＿＿＿＿。是否可以补办？□是 □否。

① 如果可以补办，理由是＿＿＿＿＿＿＿＿＿＿＿＿＿＿＿＿＿＿。补办时需要的费用应该是＿＿＿＿＿＿元。

② 如果不可以补办，理由是＿＿＿＿＿＿＿＿＿＿＿＿＿＿＿＿＿。你应该采取的措施是＿＿＿＿＿＿＿＿＿＿＿＿＿＿＿＿＿。

3．你所核查的车辆是否有机动车登记证书：□有 □没有。

（1）如果有机动车登记证书，□真 □伪。

（2）如果没有机动车登记证书，原因是＿＿＿＿＿＿＿＿＿＿＿＿。是否可以补办？□是 □否。

① 如果可以补办，理由是＿＿＿＿＿＿＿＿＿＿＿＿＿＿＿＿＿＿。补办时需要的费用应该是＿＿＿＿＿＿元。

② 如果不可以补办，理由是＿＿＿＿＿＿＿＿＿＿＿＿＿＿＿＿＿。你应该采取的措施是＿＿＿＿＿＿＿＿＿＿＿＿＿＿＿＿＿。

4．你所核查的车辆是否有号牌：□有 □没有。

（1）如果有号牌，号牌的种类是＿＿＿＿＿＿＿＿＿，□真 □伪。

（2）如果没有号牌，原因是＿＿＿＿＿＿＿＿＿＿＿＿。是否可以补办？□是 □否。

① 如果可以补办，理由是＿＿＿＿＿＿＿＿＿＿＿＿＿＿＿＿＿＿。补办时需要的费用应该是＿＿＿＿＿＿元。

② 如果不可以补办，理由是＿＿＿＿＿＿＿＿＿＿＿＿＿＿＿＿＿。你应该采取的措施是＿＿＿＿＿＿＿＿＿＿＿＿＿＿＿＿＿。

5．你所核查的车辆各类检验标志（包括交强险标志）是否齐全：□齐全 □不齐全。

（1）如果齐全，是否有伪造的：□有 □无。伪造的迹象是＿＿＿＿＿＿＿＿＿＿，你应该采取的措施是＿＿＿＿＿＿＿＿＿＿＿＿＿＿＿＿＿。

（2）如果不齐全，缺少的是_____。是否可以补办？□是 □否。

① 如果可以补办，理由是_____。补办时需要的费用应该是_____元。

② 如果不可以补办，理由是_____。你应该采取的措施是_____。

6. 你所核查的车辆各类税费证明是否齐全：□齐全 □不齐全。

（1）如果齐全，是否有伪造的：□有 □无。

判断为伪造的理由是_____，你应该采取的措施是_____。

（2）如果不齐全，缺少的是_____。是否可以补办？□是 □否。

① 如果可以补办，理由是_____。补办时需要的费用应该是_____元。

② 如果不可以补办，理由是_____。你应该采取的措施是_____。

7. 可交易车辆的判别。

根据你对车辆各项手续检查的结果，完成表1。

表1 检查结果

序号	检查项目	判别	
1	是否达到国家强制报废标准	是	否
2	是否处于抵押期间或海关监管期间	是	否
3	是否为人民法院、检察院、行政执法等部门依法查封、扣押期间的车辆	是	否
4	是否为通过盗窃、抢劫、诈骗等违法犯罪手段获得的车辆	是	否
5	发动机号与机动车登记证书登记号码是否一致，且无凿改痕迹	是	否
6	车辆识别代号或车架号与机动车登记证书登记号码是否一致，且无凿改痕迹	是	否
7	是否为走私、非法拼（组）装车辆	是	否
8	是否为法律、法规禁止经营的车辆	是	否

8. 综合判定。

根据以上检查结果，你认为该被评估车辆是否为不可交易车辆：□是 □否。你得出上述结论的理由是_____。

9. 自我评价（个人技能掌握程度）：□非常熟练 □比较熟练 □一般熟练 □不熟练。

教师评语：（根据核查的方法、全面性、准确性等方面，并按等级制给出成绩）

成绩_____ 教师签字_____ _____年____月____日

实训工单 1.3

任务名称：签订二手车鉴定评估委托书

班级学号		姓名	

二手车鉴定评估委托书

委托书编号：＿＿＿＿＿＿＿＿＿＿＿＿＿＿＿＿＿＿＿＿＿

委托方名称（姓名）：＿＿＿＿＿＿＿法人代码证（身份证）：＿＿＿＿＿＿＿＿

委托方地址：＿＿＿＿＿＿＿＿＿＿＿＿＿＿＿＿＿＿＿＿＿

联系人：＿＿＿＿＿＿＿＿＿＿＿电话：＿＿＿＿＿＿＿＿＿＿＿

鉴定评估机构名称：＿＿＿＿＿＿＿＿＿法人代码证：＿＿＿＿＿＿＿

鉴定评估机构地址：＿＿＿＿＿＿＿＿＿＿＿＿＿＿＿＿

因□交易 □典当 □拍卖 □置换 □抵押 □担保 □咨询 □司法裁决 □其他（须明注）需要，委托方与受托方达成委托关系，号牌号码为＿＿＿＿＿＿＿＿＿，车辆类型为＿＿＿＿＿＿＿＿，车架号为＿＿＿＿＿＿＿＿＿＿＿＿的车辆进行技术状况鉴定并出具鉴定评估报告，＿＿＿＿年＿＿＿＿月＿＿＿＿日前完成。

委托评估车辆基本信息

车辆情况	厂牌型号		用途	营运 □ 非营运 □
	总质量/座位/排量		燃料种类	
	初次注册登记日	年　月　日	车身颜色	
	已使用年限	年　个月	累计行驶里程/万km	
	大修次数	发动机/次	整车/次	
	维修情况			
	事故情况			
价值反映	购置日期	年　月　日	原始价格/元	

备注：

委托方：（签字、盖章）　　　　　　　　　受托方：（签字、盖章）

　　　　年　月　日　　　　　　　　　　　　　　年　月　日

教师评语：（根据核查的方法、全面性、准确性等方面，并按等级制给出成绩）

成绩＿＿＿　教师签字＿＿＿＿＿＿＿　＿＿＿年＿＿月＿＿日

实训工单 2.1

任务名称：登记基本信息及判别事故车

班级学号		姓名	

1．请描述你所检查的二手车的基本情况。

（1）车辆号牌号码_____。

（2）车辆类别_____，品牌_____，型号_____。

（3）车辆生产厂家_____，生产日期_____。

（4）初次注册登记日_____，表征里程_____。

（5）车辆识别代号_____。

2．检查漆膜厚度。

（1）你所实测漆膜厚度的位置有_____。

（2）你检测这些部位漆膜厚度的原因是_____。

（3）将实测各位置的漆膜厚度数据记录在表1内。

表 1　　　　　　　　　　　漆膜厚度数据

序号	检测位置描述	实测数据
1		
2		
3		
4		
5		

（4）根据以上检测数据，你得出的结论是：_____

_____

_____。

你得出以上结论的理由是_____。

3．车体左右对称性检测。

（1）你所使用的检测设备是_____。

（2）你所检测的车体部位是_____，测试结果是左侧___mm，右侧___mm，高度差为___mm。

（3）根据这一检测结果，该车体左右对称性是否合格？□是 □否。你得出这一结论的理由是：____

_____。

（4）根据这一实测结果，你得出的结论是_____。

4．车辆其他部位的检查。

（1）将车体左右对称性的实测结果记录在表2中的"缺陷描述"栏内。

（2）按表2的顺序，从序号2开始，逐一检查（检测）各部位，并将检查（检测）到的缺陷以代码形式（见表3）填写在对应的栏内。

表 2	缺陷检查结果					
序号	检查项目	缺陷描述	序号	检查项目	缺陷描述
1	车体左右对称性		8	左前纵梁	
2	左 A 柱		9	右前纵梁	
3	左 B 柱		10	左前减振器悬架部分	
4	左 C 柱		11	右前减振器悬架部分	
5	右 A 柱		12	左后减振器悬架部分	
6	右 B 柱		13	右后减振器悬架部分	
7	右 C 柱				

表 3	缺陷代码					
代码	HH	BX	XS	LW	AX	XF
描述	划痕	变形	锈蚀	裂纹	凹陷	修复

（3）针对表 2 中有缺陷的项目，详细描述你所采用的检查方法、实测数据、判定标准。

5. 通过所有检查结果的分析，请对所检查车辆是否为事故车做结论性描述。

6. 自我评价（个人技能掌握程度）：□非常熟练 □比较熟练 □一般熟练 □不熟练。

教师评语：（根据核查的方法、全面性、准确性等方面，并按等级制给出成绩）

成绩_____ 　教师签字_____ 　_____年___月___日

实训工单 2.2

任务名称：鉴定二手车技术状况

班级学号		姓名	

1. 请描述你所检查的二手本基本情况。

（1）二手车的类别_____。

（2）二手车品牌_____，型号_____。

（3）二手车生产厂家_____，生产日期_____。

（4）二手车初次注册登记日_____，行驶里程_____。

（5）车辆识别代号_____。

2. 车辆技术状况检查。

（1）车辆外观检查。

参照图 1 所示的部位及顺序，检查表 1 中的 26 个项目。如果有缺陷，按实训工单 2.1 中表 3 规定的缺陷状态代码，并根据下述缺陷程度描述规定，将缺陷转义描述填写在相应栏内。例如，21XS2 对应描述为左后车门锈蚀，面积大于 100mm×100mm 并小于或等于 200mm×300mm。

图 1 车身外观展开示意

缺陷程度描述规定：

1——面积小于或等于 100mm×100mm；

2——面积大于 100mm×100mm 并小于或等于 200mm×300mm；

3——面积大于 200mm×300mm；

4——轮胎花纹深度小于 1.6mm。

评分标准：程度为 1 扣 0.5 分，程度每增加 1 加扣 0.5 分。共计 20 分，扣完为止。轮胎部分需高于程度为 4 的标准，不符合标准的扣 1 分。

表1					车身外观检查项目作业表		
序号	检查项目	缺陷描述	扣分	序号	检查项目	缺陷描述	扣分
14	前机舱盖表面			27	后保险杠		
15	左前翼子板			28	左前车轮		
16	左后翼子板			29	左后车轮		
17	右前翼子板			30	右前车轮		
18	右后翼子板			31	右后车轮		
19	左前车门			32	前照灯		
20	右前车门			33	尾灯		
21	左后车门			34	前风窗玻璃		
22	右后车门			35	后风窗玻璃		
23	行李舱盖			36	四车门窗玻璃		
24	行李舱内			37	左后视镜		
25	车顶			38	右后视镜		
26	前保险杠			39	轮胎		

缺陷描述＿＿＿＿＿＿＿＿＿＿＿＿＿＿＿＿＿＿＿＿＿＿＿＿＿＿＿＿＿＿＿＿＿＿＿

＿＿＿＿＿＿＿＿＿＿＿＿＿＿＿＿＿＿＿＿＿＿＿＿＿＿＿＿。

车辆外观检查总得分＿＿＿＿＿＿。

（2）前机舱检查。

按表2要求检查10个项目。根据检查结果选择A、B、C对应的损伤情况级别。

扣分标准：选择A不扣分，第40项选择B或C扣15分；第41项选择B或C扣5分；第44项选择B扣2分，选择C扣4分；其他各项选择B扣1.5分，选择C扣3分。共计20分，扣完为止。

表2	前机舱检查项目作业表				
序号	检查项目	A	B	C	扣分
40	机油有无冷却液混入	无	轻微	严重	
41	缸盖外是否有机油渗漏	无	轻微	严重	
42	前翼子板内缘、散热器框架、前横梁、前纵梁有无凹凸和修复痕迹	无	轻微	严重	
43	散热器格栅有无破损	无	轻微	严重	
44	蓄电池电极桩柱有无腐蚀	无	轻微	严重	
45	蓄电池电解液有无渗漏、缺少	无	轻微	严重	
46	发动机皮带有无老化	无	轻微	严重	
47	油管、水管有无老化、裂痕	无	轻微	严重	
48	线束有无老化、破损	无	轻微	严重	
49	其他	只在此处描述缺陷，不扣分			

缺陷描述_____

_____。

前机舱检查总得分_____。

（3）驾驶舱检查。

按表3要求检查15个项目。根据检查结果选择A、C对应的损伤情况级别。

扣分标准：选择A不扣分，第50项选择C扣1.5分；第51项和52项选择C扣0.5分；其他各项选择C扣1分。共计10分，扣完为止。

如检查第60项时发现安全带结构不完整或功能不正常，则应在"二手车鉴定评估报告"或"二手车技术状况鉴定书"的技术状况缺陷描述中予以注明，并提示修复或更换前不宜使用。

表3　　　　　　　　　驾驶舱检查项目作业表

序号	检查项目	A	C	扣分
50	车内是否无水泡痕迹	是	否	
51	车内后视镜、座椅是否完整、无破损、功能正常	是	否	
52	车内是否整洁、无异味	是	否	
53	转向盘自由行程转角是否小于15°	是	否	
54	车顶及周边内饰是否无破损、松动及裂缝和污迹	是	否	
55	仪表台是否无划痕，配件是否无缺失	是	否	
56	换挡杆手柄及护罩是否完好、无破损	是	否	
57	储物盒是否无裂痕，配件是否无缺失	是	否	
58	天窗是否移动灵活、关闭正常	是	否	
59	门窗密封条是否良好、无老化	是	否	
60	安全带结构是否完整、功能是否正常	是	否	
61	驻车制动系统是否灵活、有效	是	否	
62	玻璃窗升降器、门窗工作是否正常	是	否	
63	左、右后视镜折叠装置工作是否正常	是	否	
64	其他	只描述缺陷，不扣分		

缺陷描述_____

_____。

驾驶舱检查总得分_____。

（4）起动检查。

按表4要求检查10个项目。根据检查结果选择A、C对应的损伤情况级别。

扣分标准：选择A不扣分，第65项和第66项选择C扣2分；第67项选择C扣1分；第68～71项选择C扣0.5分；第72项和第73项选择C扣10分。共计20分，扣完为止。

如检查第66项时发现仪表板指示灯显示异常或出现故障报警，应查明原因，并在"二手车鉴定评估报告"或"二手车技术状况鉴定书"的技术状况缺陷描述中予以注明。

优先选用车辆故障信息读取设备对车辆技术状况进行检测。

表 4	起动检查项目作业表			
序号	检查项目	A	C	扣分
65	车辆起动是否顺畅（时间少于 5s，或一次起动）	是	否	
66	仪表板指示灯显示是否正常，有无故障报警	是	否	
67	各类灯光和调节功能是否正常	是	否	
68	泊车辅助系统工作是否正常	是	否	
69	ABS 工作是否正常	是	否	
70	空调系统风量、方向调节、分区控制、自动控制、制冷工作是否正常	是	否	
71	发动机在冷、热车条件下怠速运转是否稳定	是	否	
72	怠速运转时发动机是否无异响，空挡状态下逐渐增加发动机转速，发动机声音过渡是否无异响	是	否	
73	车辆排气是否无异常	是	否	
74	其他	只描述缺陷，不扣分		

缺陷描述_____

_____。

起动检查总得分_____。

（5）路试检查。

按表 5 要求检查 10 个项目。根据检查结果选择 A、C 对应的损伤情况级别。

扣分标准：选择 A 不扣分，选择 C 扣 2 分。共计 15 分，扣完为止。

如检查第 80 项时发现制动系统出现制动距离长、跑偏等不正常现象，则应在"二手车鉴定评估报告"或"二手车技术状况鉴定书"的技术状况缺陷描述中予以注明，并提示修复前不宜使用。

表 5	路试检查项目作业表			
序号	检查项目	A	C	扣分
75	发动机运转、加速是否正常	是	否	
76	车辆起动前踩下制动踏板，保持 5~10s，踏板是否无向下移动的现象	是	否	
77	踩住制动踏板起动发动机，踏板是否向下移动	是	否	
78	行车制动系统最大制动效能在踏板全行程的 4/5 以内达到	是	否	
79	行驶是否无跑偏	是	否	
80	制动系统工作是否正常、有效，制动不跑偏	是	否	
81	变速器工作是否正常、无异响	是	否	
82	行驶过程中车辆底盘部位是否无异响	是	否	
83	行驶过程中车辆转向部位是否无异响	是	否	
84	其他	只描述缺陷，不扣分		

缺陷描述_____

_____。

路试检查总得分_____。

（6）车底检查。

按表 6 要求检查 8 个项目。根据检查结果选择 A、C 对应的损伤情况级别。

扣分标准：选择 A 不扣分，第 85 项和 86 项选择 C 扣 4 分；第 87 项和 88 项选择 C 扣 3 分；第 89 项、第 90 项和第 91 项选择 C 扣 2 分。共计 15 分，扣完为止。

表 6　　　　　　　　　　　　车底检查项目作业表

序号	检查项目	A	C	扣分
85	发动机油底壳是否无渗漏	是	否	
86	变速器是否无渗漏	是	否	
87	转向节臂球销是否无松动	是	否	
88	三角臂球销是否无松动	是	否	
89	传动轴十字轴是否无松旷	是	否	
90	减振器是否无渗漏	是	否	
91	减振弹簧是否无损坏	是	否	
92	其他	只描述缺陷，不扣分		

缺陷描述_____
_____。

车底检查总得分_____。

（7）功能性零部件检查。

按表 7 要求检查各部分功能。结构功能损坏的，直接进行缺陷描述，不计分。

表 7　　　　　　　　　　功能性零部件检查项目作业表

序号	类别	零部件名称	序号	类别	零部件名称
93	车身外部件	前机舱盖锁止	105	随车附件	备胎
94		前机舱盖液压撑杆	106		千斤顶
95		后门/行李舱液压撑杆	107		轮胎扳手及随车工具
96		各车门锁止	108		三角警示牌
97		前、后刮水器	109		灭火器
98		立柱密封胶条	110	其他	全套钥匙
99		排气管及消声器	111		遥控器及功能
100		车轮轮毂	112		喇叭高低音色
101	驾驶室内部件	车内后视镜	113		玻璃加热功能
102		座椅调节及加热			
103		仪表板出风管道			
104		中央集控			

缺陷描述_____
_____。

3．技术状况缺陷描述。

请将以上所有检查中有缺陷的项目汇总，并用简明的文字描述。

4．二手车技术等级评定。

技术状况检查总得分_____。

根据表8的规定，你所评估的二手车技术状况等级为_____。

表8　　　　　　　　　　车辆技术状况等级分值对应表

技术状况等级	分值区间
一级	鉴定总分≥90
二级	60≤鉴定总分＜90
三级	20≤鉴定总分＜60
四级	鉴定总分＜20
五级	事故车

5．拍摄车辆照片。

请将你所拍摄的二手车照片按外观、驾驶舱和前机舱的顺序粘贴在下面。

6．自我评价（个人技能掌握程度）：□非常熟练　□比较熟练　□一般熟练　□不熟练。

教师评语：（根据核查的方法、全面性、准确性等方面，并按等级制给出成绩）

成绩_____　　教师签字_____　　_____年____月____日

实训工单 3.1

任务名称：估算二手车的价格

班级学号		姓名	

1．所评估二手车基本信息。

2．车辆技术状况鉴定结果描述。

3．价格计算过程。

4．自我评价（个人技能掌握程度）：□非常熟练 □比较熟练 □一般熟练 □不熟练。

教师评语：（根据格式、步骤、准确性等方面，并按等级制给出成绩）

成绩_____ 教师签字_____ _____年___月___日

实训工单 3.2

任务名称：编制二手车鉴定评估报告

班级学号		姓名	

二手车鉴定评估报告

_____评报字〔20   〕第   号

一、绪言

_____接受_____的委托，根据《二手车流通管理办法》和《二手车鉴定评估技术规范》等国家有关评估规定，本着客观、独立、公正、科学的原则，按照公认的评估方法，对牌号为_____的车辆进行了鉴定。本机构鉴定评估人员按照必要的程序，对委托鉴定评估的车辆进行了实地查勘与市场调查，并对其在_____年_____月_____日所表现的市场价值做出了公允反映。现将该车辆鉴定评估结果报告如下。

二、委托方信息

委托方：_____ 委托方联系人：_____

联系电话：_____ 车主姓名/名称：_____

三、鉴定评估基准日

_____年_____月_____日

四、鉴定评估车辆信息

厂牌型号：_____ 牌照号码：_____

发动机号：_____ 车辆识别代号：_____

车身颜色：_____ 表征里程：_____ 初次注册登记日：_____

年审检验合格至：_____ 年_____月 交强险截止日期：_____ 年_____月

车船税截止日期：_____年_____月

是否为查封、抵押车辆：□是 □否 车辆购置税（费）证：□有 □无

机动车登记证书：   □有 □无 机动车行驶证：□有 □无

未接受处理的交通违法记录：□有 □无

使用性质：□公务用车 □家庭用车 □营运用车 □出租车   □其他_____

五、技术状况鉴定结果

技术状况缺陷描述：_____

_____。

技术状况鉴定等级：_____。等级描述：_____。

六、价值评估

价值评估方法：□现行市价法 □重置成本法 □其他_____。

价值评估结果：车辆鉴定评估价值为人民币_____元；金额大写：_____。

七、特别事项说明

无。

八、鉴定评估报告法律效力

本鉴定评估结果可以作为作价参考依据。本项鉴定评估结论有效期为 90 天，自鉴定评估基准日起至_____年____月____日止。

九、声明

（1）本鉴定评估机构对该鉴定评估报告承担法律责任。

（2）本报告所提供的车辆评估价值为评估基准日的价值。

（3）该鉴定评估报告的使用权归委托方所有，其鉴定评估结论仅供委托方为本项目鉴定评估目的使用和送交二手车鉴定评估主管机关审查使用，不适用于其他目的，否则本鉴定评估机构不承担相应法律责任；因使用本报告不当而产生的任何后果与签署本报告的鉴定评估人员无关。

（4）本鉴定评估机构承诺，未经委托方许可，不将本报告的内容向他人提供或公开，否则本鉴定评估机构将承担相应法律责任。

附件

二手车鉴定评估师（签字、盖章）   复核人（签字、盖章）

                                                年   月   日

    年   月   日   （二手车鉴定评估机构盖章）

实训工单 3.3（二手车鉴定评估师用）

任务名称：引导客户办理二手车交易后续业务

班级学号		姓名	

1. 客户一般信息。

2. 客户提出的咨询问题记录。

3. 你提出的解答记录。

4. 自我评价。
你认为是否非常清楚地给予解答：□非常清楚 □比较清楚 □一般 □不清楚。

教师评语：（根据格式、步骤、准确性等方面，并按等级制给出成绩）

成绩_____   教师签字_____   _____年___月___日

实训工单 3.3（客户用）

任务名称：引导客户办理二手车交易后续业务

班级学号		姓名	
1．二手车鉴定评估师一般信息。			
2．你提出的咨询问题记录。			
3．二手车鉴定评估师的解答记录。			

4．自我评价。
你提出的问题是否非常清楚地给予解答：□非常清楚　□比较清楚　□一般　□不清楚。

教师评语：（根据格式、步骤、准确性等方面，并按等级制给出成绩）

成绩_____　　教师签字_____　　_____年____月___日

实训工单 4.1

任务名称：用快速折旧法计算二手车的收购定价

班级学号		姓名	
1．二手车基本情况。			
2．收购定价计算过程记录。			

备注：请将所评估二手车的详细资料作为附件，一并提交。

3．自我评价。

你认为个人技能掌握程度：□非常熟练　□比较熟练　□一般熟练　□不熟练。

教师评语：（根据格式、步骤、准确性等方面，并按等级制给出成绩）

成绩_____　　教师签字_____　　____年___月___日

实训工单 4.2

任务名称：计算二手车的销售定价

班级学号			姓名	
1．二手车基本情况。				
2．销售定价计算过程记录。				

3．自我评价。
你认为个人技能掌握程度：□非常熟练　□比较熟练　□一般熟练　□不熟练。

教师评语：（根据格式、步骤、准确性等方面，并按等级制给出成绩）

成绩_____　　教师签字_____　　_____年___月___日